미국이 굶는다

경제에세이 in LA

이 도서의 국립중앙도서관 출판시도서목록(CIP)은 e-CIP홈페이지(http://www.nl.go.kr/ecip)와 국가자료공동목록시스템(http://www.nl.go.kr/kolisnet)에서 이용하실 수 있습니다.(CIP제어번호 : CIP2012005927)

미국이 굶는다

차례

2008년 7월 6일, 뭐에 꽂혔는지 옆 동네로 이사하듯 그렇게, 미국에서의 타향살이를 시작했다. 앞도 보고 옆도 보면서 그렇게, 사는 것처럼 살았다. 평생 잊지 못할 3년 반의 세월, 꼽아보니 얼추 1,300여 일이다. 시작은 많이 설레고 들떴었나 보다. 미국으로 향하기 전날 밤의 일기는 자못 비장하기까지 하다.

…… 나를 잘 안다는 지인들마저 나의 이 무모한 도전에 대해 우려의 눈빛을 거두지 않았기에 지난 몇 달은 참으로 고단한 시기였다. 위장된 교육이민이라는 의심(?)에서부터 갔다 와서 뭘 먹고 살려 하느냐는 애정 어린 염려까지 스펙트럼은 다양했다. 더군다나 집 한 채 달랑인 나의 경제력을 잘 아는 일단의 친구들은 술김을 빌려 은근히 비아냥대기도 했다.(중략)

왜 가려하며 도대체 무엇을 쟁취하고 싶은 것인가? 되뇌면 되뇔수록 모호해지기까지 하는 질문이지만, 여전히 나는 스스로 묻고 또 스스로 답한다. '시간이 없다. 서둘러야 한다. 그리고 새롭게 출발해야 한다.' 오랜 시간 나의 관심영역 밖이었던 이른바 공부라는 것을 해볼 생각이다. 그것도 열심히 말이다. 기왕지사 아메리카에 갔으니 영어공부는 기본일 테고, 금융으로 시작해서 금융으로 마지막을 보낸 한국에서의 20년을 없었던 일로 만들지 않기 위해서라도 나의 공부는 금융의 전반을 넘나들어야 하며 세계금융의 심장을 도려낼 정도의 치밀함을 견지해야 하리라. 또한 나의 관심은 조국을 향할 것이다. 미국 대중의 경제적 삶과 금융시스템에 천착할 것이며, 그리하여 우리와의 차이를 찾아내어 이른바 대안금융의 가능성을 타진해보리라.

내일 출발한다. 그러나 지금 이 순간 외로움에 진저리 치고 있다. 나이 먹은 자식 머나먼 타국에 보내는 것이 못내 걸리시는지 연신 한숨을 쉬고 계시는 노모의 주름진 얼굴이 아프고, 오랜 시간 보지 못할 그리운 얼굴들이 떠올라 고독하다. 스스로의 다짐의 무게로 몹시 지쳐 있다. 밤이 너무 길다.

돌이켜보면 나의 최근 10년은 제법 드라마틱했다. 공부하고, 대학 가고, 취직하고, 결혼하고……. 30여 년의 시간이 교과서였다면 이후의 세월은 반전의 연속이었다. 익숙할라치면 또 새로운 세계와 대면해야 하는, 3년마다 반복되는 변화에 늘 불안하고 허기졌다. 사업이 맨 먼저였다. 다니던 회사가 망하자 남들도 다 한다는 벤처를 기웃거렸다. 고군분

투. 그러나 3년을 채우지 못하고 '대박신화'는 막을 내렸다. 그래도 그때가 내 청춘의 황금기가 아니었나 싶다. 끊임없이 고민하고 도전했던, 뭔가를 해보겠다는 열망으로 가득 찼던 서른 중반이었다. 이후 정치와 인연을 맺게 됐다. 첫 시작은 1997년으로 거슬러 올라가지만 그저 흠모하던 분을 자연인으로서 도왔을 뿐이고, 직업이 된 것은 '국민의 정부'에 합류하면서부터다. 도왔으니 마무리하고픈 욕심이 있었다. 권력의 심장부에서 숨겨진 나의 꿈을 발견했다. 세상을 바꾸어보고 싶노라! 이 소망은 '참여정부'로 이어졌다. 그러나 또 한 번 3년을 채우지 못하고 나는 휴지기에 들어갔다. 2004년 말 무렵이다. 이후 나는 본업인 금융쟁이로 돌아갔다. 본디 금융회사에서 사회의 첫발을 내디뎠으나 5년의 방황 끝에 이어진 본업으로의 복귀인지라 제법 묵직한 도전이었다. 그러나 그마저도 그리 오래가지 않았다. 마흔 줄에 어렵사리 쟁취한(?) 에누리 없는 3년간의 '낙하산' 생활을 접은 때가 2007년 말이다. 새로운 대통령, 새로운 정부가 들어섰다.

쉬고 싶었다. 머리로만 살았으니 다친 마음을 달래야 했고 받았으니 돌려주는 일이 급했다. 그리고 무언가 다른 것을 채우고 싶었다. 보고 듣고 느끼리라! 미국으로 향한 이유다. 1년 정도의 긴 여행, 미국행을 결정할 당시의 심산이었다. 아이들 공부는 덤이었다. 애써 태연했지만 자식의 '낙오'가 늘 걱정이었나 보다. '파주'가 주지 못한 '네이티브 잉글리시' 세계에 아내도 이내 꽂혔다.

　1년, 2년이 지나자 '조만간 가리라'는 희망은 '언젠가 가리라'로 바뀌었다. '언제 갈 건데'라는 물음이 지겨워졌다. 이미 약속의 둑도 무너진 마당에 또 다른 '연말'을 다짐할 기운도 없다. 자식이 웬수다. 돌아가면 고등학생인데……. 간신히 적응했는데……. 여기서 졸업하고 대학은 한국에서 다니면 안 돼? 집요하다. 자식 앞엔 장사가 없다는 말을 실감했다. 마침 일자리까지 생겼으니 내친 김에 눌러 앉기로 했다. 2009년 얘기다. 또 한 번 '어' 하다 보니, 2~3년을 삼켜버렸다. 올 연말 안에는 무조건 들어간다. 6개월 전부터 세뇌하듯 떠벌렸다. 더 이상의 안주를 막아보려는 고육책이다. 책을 쓰자, 마음먹은 시점이 바로 그때다. 글재주가 있는 것도 아니고, 딱히 쓰지 않으면 안 될 무슨 역사적 사명 따위도 갖고 있지도 않은 마당에 불쑥, 정말로 뜬금없이 '책을 쓰자'고 결심했다. 갈무리하고 싶었기 때문이다. 다시는 돌아오지 않을, 나의 3년 혹은 4년을 남기고 싶었다. 누군가에게 도움을 줄 수 있다면 덤이다.

　아무리 생각해도 나의 졸고가 수십 년 세월을 살아낸 이민자들의 식견을 따라잡을 수는 없을 것 같다. 그렇다고 정보로 승부할 수도 없는 노릇! 인터넷의 바다를 뒤지면 살아 있는 고급 정보가 지천인데 무슨 재주로 미국생활의 '비기'를 선보일 수 있겠는가. 괜히 책 쓴다고 객기를 부린 것 같았다. 고민, 고민 끝에 결론을 내렸다. 나의 전공을 살려 미국의 경제 이야기를 쓰기로 말이다. 배우고 익힌 것이 금융이니 그 출발점은 당연 그곳이 될 수밖에 없었다. 은행에 들르고 금융인들과 인터뷰도 하고 신문과 관련된 책들을 읽기 시작했다. 그러나 이내 지치고 말았다. 전문가적 식견이나 지식이라는 것이 본디 일거에 얻어지는 것이 아닐진대 욕심이 과했다. 또 한 번의 궤도 수정이 필요했다. 미국을 바라보되 경제 현상에 천착할 것, 때론 앞뒤가 맞지 않을지언정 철저히 나의 목소리로 나의 얘기를 풀어낼 것, 뭐 이런 식이었다.

쓰다 보니 한정 없고 말자니 아쉬웠다. 세상물정 모르고 좌충우돌 했던 초기 몇 달간의 정착기(생존기)와 소소한 하루하루의 일상을 담은 생활기는 덤으로 보탰다. 코리아타운의 애환과 직장생활 그리고 그리운 사람들의 얘기 또한 버릴 수 없었다. 느낌과 감상에 머물지 않고 중간 중간에 생생한 현장정보를 담으려 애썼다. 새로이 미국생활을 시작하려는 사람들에게 조금이나마 도움이 됐으면 하는 바람이다. 나의 편향으로 인해 혹여 독자들이 미국생활에 대한 선입견을 갖지나 않을까 걱정이다. 부디 감안해 읽어주시길 부탁드린다.

또한 나의 미국행은 순전히 '지친 심신'을 달래기 위함이었다. 정치의 바다에서 도망치고 싶었다. 채워지기는커녕 자꾸만 비어가는 정신의 고갈을 더 이상 방치할 수가 없었다. 너무도 편안했던 초기 미국생활로 인해 뭔가 모를 미안함과 죄스러움이 밀려올 때쯤 두 분 대통령께서 돌아가셨다. 너무도 황망한 이별에 울음조차 제대로 바치지 못했다. 에필로그에 실은 두 편의 글은 당시의 심경을 쓴 것이다. 이 책의 맥락과는 어울리지 않는 것임을 잘 알고 있다. 다만 다소 불편하더라도 독자 여러분께 양해를 구할 수밖에 없는 것 또한 솔직한 심정이다. 내 청춘의 모두일 수도 있는 두 분, 김대중, 노무현 대통령을 추모하는 글을 게재하는 것만으로 나의 '부재'를 용서받을 수는 없는 노릇이지만 말이다.

시원찮은 밥벌이에도 구박 대신 용기를 북돋아준 아내 정성자에게 이 자리를 빌려 사랑과 고마움을 전한다. 가당찮게 책을 쓸 수 있는 용기를 내게 된 것도 온전히 아내의 덕이다. 끊임없이 격려를 아끼지 않은 딸 지영과 아들 남규, 내 삶의 이유다. 건강하게 잘 살아줘서 고맙다. 오십 줄의 기러기 아들 먹이고 입히느라 주름살이 더 깊어진 우리 어머니, 자랑거리 한 소절 보태드릴 수 있다면 이 또한 감사할 일이다. 특히나 경제적 곤궁함을 덜어준 후배 김한신 변호사에게 무한한 존경과 감사를 표한다. 그대 없이는 타향살이가 버거웠을 것이다. 쓰리플러스 김영석 회장님, CKP 최기호 대표님, 자연나라 이승훈 사장님, 그리고 최운화·황덕준 선배, 팍팍한 미국생활을 그래도 꾸역꾸역 살아낼 수 있게 도와주신 고마운 분들이다. 감사할 따름이다. 미국에서 인연을 맺은 모든 선후배 그리고 친구들과 오늘의 기쁨을 함께하고 싶다. 평생 자식만을 위해 사시다 지난 5월 황망히 세상을 뜨신 선친께 이 책을 바친다.

2012년 겨울, 상도동에서

금융 공화국의 몰락

금융 공화국의 몰락

01 서브프라임 모기지, 잔치는 끝났다

 '모두가 공포에 떨 때 용기를 내고 모두가 욕심을 낼 때 두려워하라.' 증권에 투자하는 사람이라면 한 번쯤은 들어봤을 투자의 격언이다. 언필칭 절망이 최고조에 이르렀을 때 희망을 찾아내는 사람이야말로 진정 성공의 미래를 만들어낼 수 있다는 뜻이리라. 1,500원을 향해 거침없이 질주하던 환율이 언제 그랬냐는 듯이 수많은 전문가들을 비웃으며 요 며칠 사이 1,300원 밑으로 추락하고 있다. 오늘자 신문을 보니 미국의 제로금리 영향으로 달러화 약세가 지속되어 조만간 1,260원 정도까지 하락할 것 같다는 예의 '환율예측' 기사가 등장했다. 쓴웃음이 나온다. 200달러가 넘을지 모른다고 호들갑을 떨던 유가도 40달러대에 머물러 있고, 7퍼센트는 몰라도 5퍼센트 정도는 충분히 달성 가능하다고 호언장담하던 국내 경제성장률도 마이너스 (실질) 성장을 걱정해야 하는 지경에 이르렀는데, 그놈의 예측은 최소한의 예의도 없다. 틀려서 미안하단 말 한마디 없이 오늘도 내일을 예측하고 1년을 예상하며 경제를 쥐락펴락한다. 어차피 그걸로 밥 벌어먹고 산다는 예측전문가조차 못 맞추는 형국이니 연말이면 연례행사처럼 벌어지는 이 부질없는(?) '경제예측 대회전'에 명함 한 장 내미는 일이 뭐 그리 대수인가 싶다가도, 나의 보잘것없는 식견으로 그렇지 않아도 답답한 사람들의 가슴마저 후벼 팔 수도 있을 것 같기에 조심스럽다. 하여 나는 희망만을 얘기하고자 한다. 낙관이 가져올 선순환의 요술을 꿈꾸면서 말이다.

미국 사람들에게 집은 그리 매력적인 투자대상이 아니었다. 우리처럼 하루가 다르게 집값이 뛰는 것도 아니고 재산세(연 1퍼센트 내외)를 포함해서 소유에 따른 비용도 만만치 않다 보니 굳이 집을 장만할 필요를 느끼지 못하는 것이다. 그러나 IT버블이 꺼지고 초저금리 상황이 연출되자 갈 데 없는 천문학적 금융자본이 부동산시장을 넘보기 시작했다. 신용 상태와 소득에 따라 결정되던 주택대출 관행은 온데간데없이 사라지고, 자신의 소득으로 이자조차 감당하기 어려운 저소득자에게 집값의 90퍼센트(때론 100퍼센트까지)를 빌려주는 일이 벌어졌다. 사면 오르니 집 팔아 갚으면 된다는 식의 투기광풍이 몰아친 것이다. 성공신화에 잔뜩 고무된 금융자본은 이렇게 만들어진 모기지Mortgage(주택저당채권)를 섞고 또 섞어 금융파생상품으로 만들어내는 신기를 발휘한다. 신용평가회사가 한몫 거들자(A학점을 남발한다) 상품은 날개 돋친 듯 팔려나가고, 그 돈은 또다시 새로운 모기지에 쓰인다. 그러나 끝없이 오를 줄만 알았던 집값 상승이 멈추고 때 맞춰 금리가 오르자 상환 능력이 없는 차입자들이 하나둘씩 빛 상환을 거부하기에 이른다. 언터처블 성공신화가 막을 내린 것이다. 이것이 바로 서브프라임 모기지 사태의 전말이다. 그사이 경제가 곧 금융이라며 '금융천하'를 만드는 데 일등공신이었던 수많은 글로벌 플레이어들이 추풍낙엽처럼 사라져갔다. 세상사 한 치 앞도 내다볼 수 없다고들 하지만, 7월의 장밋빛이 5개월도 지나지 않아 이제는 회색빛 일색이다. 실물경제로의 전염이 본격적으로 진행되고 있다. 미국의 자존심인 자동차 빅 3가 함몰 직전이고, 미국 소비 산업의 대명사였던 많은 유통업체들이 파산의 길로 내몰리고 있다. 미국인의 60퍼센트가 생애 최대의 경제공포를 느끼고 있다는 조사가 범상치 않다. 실업률은 기록 갱신의 재미에 푹 빠진 듯 연일 새로운 기록 달성(?) 소식을 전하기에 바쁘다. 소비자는 드디어 지갑을 닫을 준비에 착수한다. 식당의 매출이 줄고 재래시장은 빈 점포가 즐비하다. 미국은 '세일 중'이라는 말이 실감날 정도로 가는 곳마다 할인광고 일색이다. 리세션^{recession}(경기침체)의 공포는 이제 디플레이션^{deflation}의 영역까지 침투하고 있다. 바야흐로 미국에서 대공황의 공포가 시작되고 있다.

생전 듣도 보도 못한 '서브프라임 모기지'발 금융위기가 한국을 덮치는 데는 그리 많은 시간이 걸리지 않았다. 과도하리만치 많이 개방된 탓인가, 코리아 스톡마켓은 한 푼이 아쉬운 외국자본의 탈출 행렬로 인해 그야말로 반 토막 신세로 전락해버렸다. 망한 곳은 미국인데, 천문학적 구제금융방안을 발표한 곳도 바로 아메리카인데, 환율의 시계는 (유독 우리나라만?) 정반대 방향으로 움직인다. 헷징인지 투기인지 모를 이상한 금융상품에 가입한 멀쩡한 중견기업들이 줄도산의 비명을 지르자 제 살길 찾느라 정신없는 은행들은 자금확보 전쟁에 올인 한다. 대출 중단은 기본이요, 차환마저 선별적으로 진행한다. 되는 이유보다 안 되는 이유 찾기에 혈안이 된 사람들은 귀신도 찾아낼 수 없는 부실의 '징후'를 용케도 찾아내어 자금공여를 거부한다. 금융이 막히자 기업은 절규한다. 수출이 어려워질 것이라는 전망(물론 언젠가는 어려워질 것이지만) 하나만으로 모든 것이 얼어붙는다. 소비자는 지갑을 닫고 경제는 추락한다.

장밋빛이 잿빛으로 바뀌는 데 5개월이 채 걸리지 않았듯, 긴 어둠의 터널을 빠져나와 봄의 교향악을 들을 날도 그리 오래 걸리지 않을 것이다. 다행인지 또 다른 재앙의 잉태인지 모르겠으나, 미국은 제로금리를 선택했고 달러 찍어내는 기계를 보유한 유일 강국의 저력을 유감없이 발휘하기 시작했다. 부동산시장의 안정에서 그 해법을 찾고 있는 듯 천문학적인 자금을 쏟아붓는다. 낮아진 집값과 싼 이자율은 벌써부터 신규 주택 구입자의 마음을 흔들어놓고 있다. 기왕에 돈 빌려 집 산 사람들의 이자도 내려줄 태세다. 말발이 먹히는 것인가. 가뭄에 콩 나듯 나오는 신호라지만 집값 하락이 진정되는 기미가 보인다. 연체율 증가가 주춤해지고 있다는 소식도 들린다. 새로운 오바마 정부에 대한 기대도 경제회복엔 긍정적이다. 제2의 뉴딜정책을 추진하겠다는 소식만으로 경제심리는 상당히 안정되는 느낌이다. 미국의 순풍이 태평양을 건너 하루 속히 우리에게 도달하기만을 바랄 뿐이다. 비정상은 정상으로 가기 위한 전조등이라고 하지 않던가. 1,500원이 비정상임을 알아차린 노회한 선각자(?)들이 환율의 조타수를 트는 순간 또다시 환율은 정상을 향해 움직이기 시작할 것이다. 환율이 돌아와야 은행이 숨을 쉬고 자금의 최종 공급자로

서의 본연의 임무에 복귀할 수 있다. 기업은 생산을 하고 월급을 주고 또 시장 개척의 본성을 회복할 것이며, 소비자는 기꺼이 외식과 여행을 즐기고 자동차를 구입할 것이다. 금융이 실물을 흔들었으니, 저주와도 같은 이 악순환의 고리를 끊는 첫 걸음도 금융이 책임져야 한다.

과거의 경험에서 배우지 못하는 민족은 멸망하고야 만다는 것이 역사의 진리다. 최근 정부가 보이고 있는 일련의 응급조치는 시의적절할 뿐만 아니라 10년을 헛되게 보내지 않았다는 믿음을 주기에 충분하다. 효과를 보게 될 것이다. 희망은 갖는 만큼, 보는 만큼, 꿈꾸는 만큼 다가온다고 하지 않던가. 내년 이맘 때 나의 희망이, 나의 이 낙관이 결국 맞지 않았냐며 뽐내고 싶은 마음 굴뚝같다.

못 다한 이야기

왜 이 지경까지 된 것일까? 세계경제와 정치 그리고 국제질서를 쥐락펴락했던, 앞으로도 50년은 끄떡없을 것 같던 언필칭 '세계의 국가'가 남의 돈 떼먹는 후안무치의 나라로 추락하게 된 이유가 무엇일까? 궁금하기만 하다. 2008년 9월, 미국에 발을 내디딘 지 두 달이 지나갈 무렵으로 기억한다. 세계적 금융기관이었던 '리먼 브라더스'가 파산했다. 원인에 대한 분석은 대체로 일치했다. 돈이 부족하면 '달러 공장'에서 찍어내면 그만이었던 시절(지금도 바뀌지 않았지만), '대부조합 사태'로 돈맥 경화에 걸린 미국경제를 구원하기 위해 '달러 찍기' 달인들(연방준비제도이사회)이 유동성을 무차별적으로 공급하면서 불행이 싹트기 시작했다. 돈이 넘쳐나자 이자율은 떨어졌고, 마치 자신들이 애써 번 돈인 양 착각 속에 살던 미국의 장삼이사들조차 '레버리지의 마술'에 사로잡혔다. 남의 돈으로 '내 집 마련'의 꿈에 도전하기 시작한 것이다. 이미 경쟁력을 상실한 미국의 제조업체에 돈을 빌려줄 수도 없어 마땅한 투자처가 없던 금융기관들이 광풍의 대열에 합류했다. 돈의 홍수는 정상적인 대출Prime만으로는 만족할 수 없게 만든다. 금융의 기본으로 인식되던 DTIDebt to Income (소득 대비 부채한도)나 LTVLoan to Value(집값 대비 대출한도) 원칙들이 걸림돌로 작용하기 시작했다. 사면 오르니 부족한 담보 여력쯤이야 얼마든지 벌충할 수 있다는 '감(感)의 계산법'을 믿었는지 이른바 비우량Sub Prime 주택으로 눈을 돌렸다. 소득이 얼마인지 직장이 어디인지는 더 이상 중요하지 않았다. 한 달 전 이민 온 거리의 악사도 간단한 서류 조작이면 '남미의 유명 예술인'으로 둔갑하고 '대출적격자'로 변신할 수 있다. 자신의 자금을 일부라도 부담Down Payment하며 집을 사는 사람은 아예 바보 취급 받기 일쑤였다. 구입 자금의 전부(100퍼센트)를 빌려주는데 굳이 내 돈을 쓸 필요가 없는 노릇 아닌가. 여기서 도덕적 해이가 싹트기 시작했다. 집값이 오르면 팔아 이익을 남기고, 떨어질 경우 집을 포기하면 그만이기 때문이다.

경매를 통해서도 빌려준 돈을 다 회수하지 못하면 다른 재산이나 소득을 추적해서라도 기어이 부족한 돈을 챙기고야 마는 한국과는 달리 미국의 금융시스템은 집을 포기하는 사람들에게 더 이상 빚 갚기를 독촉하지 않는다. 신용이 망가지는 것만 감수하면 되는 일이다. 손바닥도 마주쳐야 소리가 나는 법. 대박신화에 사로잡힌 '1가구 1주택자'가 '집 두 채의 로망'에 꽂히자 월가의 천재들도 이 틈을 놓치지 않았다. '묻지마' 투자를 '선동'할 자금이 부족하자 '파생'이라는 듣기에도 섹시한 금융상품을 만들어냈다. MBSMortgage Backed Securities(주택저당증권), CDOCollateral Debt Obligations(부채 담보부 증권), CDSCredit Default Swap(신용 파산 스와프)……. 비우량 자산도 한 바구니에 모으면 우량으로 둔갑하는 '신기'를 부리니, 미국의 능력을 맹신한 전 지구적 투자자들도 투자의 대열에 합류했다. 마침내 끝 모르고 오르기만 했던 집값이 떨어지기 시작하자 올 것이 오고야 말았다. 빚 갚을 능력이라곤 애당초 없었던 '개미'들이 상환을 중단하자 은행은 비명을 지르고, 모기지 채권은 이내 거품으로 산화하고, 수수료에 눈이 멀어 위험을 기꺼이 감수하기로 작정했던 세계적 투자은행이 파산을 선언했다. 실로 한 편의 드라마였다. 더 기이한 일은 진짜 '큰손'은 미꾸라지처럼 빠져나갔다는 점이다.

02 집값 폭락이 주는 공포와 희망의 아이러니

금요일 오후, 말로만 듣던 스와프미트Swap Meet(한국의 재래시장 같은 곳으로 히스패닉 및 흑인이 주 고객인 저가 시장이다)에 가보았다. 한인 이민사의 영욕을 고스란히 간직하고 있는 곳이다. 초기의 많은 이민자들에게는 경제적 기반을 잡게 해준 '땀과 눈물'의 삶의 현장이었지만, LA폭동과 대형마트의 등장 이후로는 쇠락의 길을 걷고 있는 곳이다. LA 시내에서 차로 20분을 달리자 노스할리우드라는 소도시에 위치한 한 스와프미트가 저만치서 모습을 드러낸다. 절망과 고통의 흔적이 곳곳에서 발견된다. 얼핏 보아도 상가의 반이 비어 있는 것 같다. 한창 바빠야 할 시간임에도 손님은 찾아보기가 어렵다. 오늘 만나기로 한 신발가게 장 사장이

나를 반갑게 맞이한다.

'불황', 절망을 얘기하다!

　　쉰을 바라보는 중년의 A씨는 남미에서 신발 도매로 꽤 성공했던 이력을 갖고 있다. 10년의 남미생활을 청산하고 미국으로 이민 온 지가 올해로 8년째다. 연신 담배를 피워대는 그의 어깨가 무거워 보인다. 참으로 고단했던 그의 2008년으로 되돌아가 본다. 이곳 스와프미트에 터를 잡은 지 3년이 됐다는 그의 첫마디는 '절망'이다. 전체 100여 개 점포 중 영업을 하는 곳은 40여 곳에 불과하다. 한때 90퍼센트를 넘어서기도 했다는 점포 점유율이 수직 하강을 시작한 시기는 작년 하반기 무렵이라고 한다. 약 8만 스퀘어피트(약 2,250평)에 달하는 대규모 상가를 한국인 사업가가 임차(마스터 리스)해서 100여 개 업체에 임대(서브 리스)하고 있었는데, 지난달에는 그나마 남아 있는 40여 점포 중 7개 업체만 월 임대료를 제 날짜에 낼 정도로 상황이 악화되다보니 결국 사업을 포기하고 건물주에게 운영권을 넘기고 말았다고 한다.

　　"매출이 얼마나 줄었어요?" 어렵사리 꺼낸 질문에 착잡한 눈빛이 답을 대신한다. "직원이래 봤자 나와 집사람뿐이니, 인건비 걱정은 없고 월 1,600달러 남짓한 월세만 충당하면 되는데, 매출이 60퍼센트나 줄었어." 마진율을 25퍼센트로 잡고 7,000달러를 팔면 손익분기점이지만, 올 하반기부터는 아예 장부 기장도 하지 않는다고 한다. "재고로 쌓인 신발을 팔아 월세를 충당하고 있으니, 본전은 고사하고 제 살을 깎아먹고 있는 상황이다. 다음 달부터는 집주인과 담판해서 월세라도 줄이고 어떻게 해서든지 살아남아야 하지 않겠냐"며 헛웃음을 짓는다. 짐짓 비장했던 내가 무안할 지경이다.

스와프미트에 오는 손님은 라틴계 이민자(불법체류자가 대부분)와 흑인이 많다. 이른바 저소득층이다. 신용카드 매출이 전체의 10퍼센트도 채 되지 않는 것만 보아도 이를 알 수 있다. 경제가 악화되면 그 고통은 하루 벌어 하루 먹고사는 고단한 인생들에게 가장 먼저 닥쳐올 수밖에 없으니, 그들을 상대하는 스와프미트가 불황의 직격탄을 맞고 있는 셈이다. 예순은 되어 보이는 옆집 네일아트 가게의 여 사장님이 세 명이나 됐던 종업원을 모두 내보내고 주말에만 한두 명씩 파트타임을 쓴다면서 어느새 긴 한숨의 대열에 합류하자, 이런 불황은 살다 살다 처음 겪는다며 여기저기서 한마디씩 거든다. 돌아오는 길에 다시 본 스와프미트의 전경이 몹시 스산하다.

'집값 폭락', 공포에 휩싸이다!

한국에서 증권회사 지점장을 끝으로 10년 전에 이민 와서 지금은 부동산 임대업을 하고 있다는 김 사장과의 약속이 기다리고 있다. 저녁 시간이면 늘 만원사례인 시내 유명 음식점에서의 만남인지라 서둘러 발길을 재촉한다. 그곳도 서브프라임 모기지 사태의 폭탄 세례를 비켜가지 못하고 있는 모양이다. 자리가 듬성듬성 비어 있다. 김 사장은 4,400스퀘어피트(124평) 규모의 아파트 한 동(약 30평 크기의 아파트 4채)과 비슷한 크기의 또 다른 아파트 한 동(4채)을 임대하고 있다. 고통의 무게는 술로도 달래지지 못하는가 보다. 회상은 분노로, 다시 한숨으로 이어진다.

부동산 경기가 정점으로 치닫고 있던 2004년 말, 105만 달러와 85만 달러짜리 아파트(20퍼센트 다운, 30년 모기지) 두 동을 구입한 후 불과 1년도 되지 않아 집값이 150만 달러와 120만 달러로 치솟을 때는 가끔씩 자신의 다리를 꼬집어볼 정도로 행복한 나날의 연속이었단다. "그때는 200만 달러까지 가는 건 시간문제인 줄 알았지." 팔아버리자는 아내의 말을 듣지 않은 것이 두고두고 후회된다면서, 2007년에 들어와 하락한 집값이 어느덧 85만 달러와 65만 달러로 추락해버렸다는 대목에 이르자 한동안 말을 잇지 못했다. 고점 대비 45퍼센트, 원금 대비 20퍼센트가 떨어진 것이다. "이미 투자금액 40만 달러는 온데간데없이 사라져버렸고, 지금은 추락이 멈추기만 초조하게 지켜볼 뿐"이라고 했다. 그나마 아파트가 시내에 있어서 받은 월세로 이자와 관리비를 충당하고도 얼마간을 남길 수 있었는데, 최근에는 월세마저 떨어지는 추세(첫 두 달치 월세를 면제해주겠다는 파격적인 광고가 나오기 시작했다)고 보니 만약 월세로 은행이자를 충당하지 못하면 파산까지 고민해야 할 것 같다며 긴 한숨을 뱉는다. 예순을 바라보는 노신사의 눈길이 어지럽다.

'내 집 장만', 희망을 쏘다!

한편에서 절망과 공포를 얘기할 때 다른 한편에서는 희망을 노래한다. 세상은 이처럼 아이러니의 연속이다. 미국에 이민 와서 10년을 셋집만 전전하며 살았다는 친구의 '내 집 장만의 부푼 꿈'을 듣고 난 이후 줄곧 드는 생각이다. 이곳 모기지(30년 고정)는 이제껏 10만 달러당 월 630달러 정도가 일반적인 상환조건이었다. 그러나 최근 모기지 금리가 연 5.5퍼센트(최우량 신용조건)로 하락하더니 조만간 5퍼센트 미만으로 떨어질 것이라는 보도가 나오고 있다. 10만 달러당 500달러 시대가 도래한다는 뜻이다. 과거에는 80만 달러짜리 집을 구입하려면 다운페이먼트로 10만 달러를 내고도 매월 4,500달러씩 원리금을 갚아야 했다. 그러나 집값이 떨어지는 바람에 동일한 집을 50만 달러면 살 수 있을 뿐만 아니라 모기지 상환액도 매월 2,400달러 미만(10만 달러 다운 조건)이면 가능하게 된 것이다. '반값 아파트 공약'이 한국이 아닌 미국에서 실현되고 있다. 내 집 장만의 절호의 기회가 만들어지고 있는 셈이다. 최소한 내년 상반기까지는 하락 추세가 이어질 것 같다면서 타이밍이 중요하다는 친구의 달뜬 목소리가 전혀 밉지 않다.

온통 절망과 어둠의 메시지만 난무하는 세상에서 누구라도 희망의 끈을 놓지 않고 살아간다면 그건 좋은 일일 게다. 이역만리 이국땅까지 와서 삶의 터전을 가꾸기는커녕 죽음의 계곡으로 내몰리고 있는 한인들에게도 하루빨리 희망의 종소리가 울려 퍼지기를 진심으로 바랄 뿐이다.

03 선진금융에 대한 거친 생각

미국은 금융으로 먹고 산다. 미국 제일의 은행이 세계 제일의 은행이고, 아메리카 넘버 원 투자은행이면 무조건 글로벌 톱이다. 세계 최대의 주식시장도 미국에 있고, 채권이며 선물시장이며 어느 것 하나 세계 최고가 아닌 게 없다. 자국의 통화가 세계의 화폐니 일등을 못하면 그것이 오히려 더 이상한 일일지도 모르겠다. 아무튼 월가로 상징되는 금융왕국 미국에서 지구의 반이 넘는 '돈'이 오늘도 내일도 거래되니 '미국이 금융이고 금융은 미국'이라 해도 과언이 아니다. 금융에 몸담으면서부터 귀에 못이 박히도록 들었던 선진금융, 이왕 미국에 왔으니 말로만 듣던 그 '선진'을 경험하리라 마음먹었다. 다만 중심이 아닌 변방에서, 공급자가 아닌 소비자의 자격으로 경험한 것이니 코끼리 다리만 만졌다는 비판을 들어도 딱히 할 말이 없다. 아쉬운 대목이다.

외환위기라는 절체절명의 국난을 극복한 후부터는 우리나라도 '금융만이 살길이다'를 열창하기 시작했다. 달러 때문에 망했으니 달러를 무작정 비축하는 것이 정부 외환정책의 전부가 되어버렸고, 수백 억 달러를 떡 주무르듯 한다는 이름도 생소한 글로벌 헷지 펀드에 당했으니 조무래기로는 더 이상 승산이 없다며 '큰놈이 장땡이다'를 외친 지도 벌써 강산이 한 번 변했다. 이른바 대형화는 거스를 수 없는 대세를 지나 진리의 반열에 올라버린 느낌이다. 자칫 이에 딴죽을 걸다가는 순 무식쟁이로 매도당하는 것도 순식간이니 그저 입 닥치고 숨죽이고 있을 수밖에. 예금과 대출이라는 전통적인 은행영업방식으로는 도저히 먹고 살 수 없으니 투자의 세계로 눈을 돌리는 길만이 유일한 방안이라 목청을 돋운 일단의 책상물림들이 겸업화를 '대안'으로 내세우기 시작한 시점도 그 무렵이었다. '대형화'와 '겸업화'는 어느덧 우리 은행의 '미래'로 자리 잡았다. 그것이 '선진'이었다.

시스템에 의한 금융, 이것도 선진의 중요한 특징이라 했다. 시스템은 곧 컴퓨터로 인식되던 시절이었으니 금융회사 간판을 단 기업들이라면 모조리 IT에 올인 했다. 재주는 곰이 부리고 돈은 뙤놈이 번다고 했던가. 금융회사로 인해 IT 산업이 때 아닌 특수를 누렸으리라. 여하튼 시스템이 마련되었으니 개별적 경험보다는 집단적 지식이 중요해졌고 매뉴얼에 의한 의사결정이 중시되기 시작했다. 위험도 시스템으로 예방할 수 있다는 믿음이 강고해졌고 신용평가는 컴퓨터의 업무로 바뀌어버렸다. 대출 한 번 받으려면 이른바 끈이 없으면 불가능했던 '낭만(?)의 시대'에서 술 사줘도 안 되는 것은 안 되는 '합리와 이성의 시대'로 옮겨간 것이다.

드디어 우리 금융에도 글로벌 선진의 하드웨어가 완성되어가고 있었다.

　　예금보다 대출, 조달보다 운용이 중요해지는 것도 선진으로 향하는 또 다른 신호라 여겼다. 예금유치의 달인들만이 주요 점포의 지점장을 거쳐 은행의 임원을 할 수 있었던 시절이 있었다. 돈이 없는 게 문제지 돈 쓸 사람은 줄 서 있는 개발도상국이라면 의당 경험하는 항상적인 자금부족의 시대였기에 벌어진 현상이었지만, 대출을 기술art보다 감sense으로만 이해해도 아무런 문제가 되지 않았던 당시의 경제적 상황 때문이기도 했으리라. 이러저러한 역사를 지나 우리에게도 유동성이 강물처럼 불어나는 시대가 도래했다. 이제는 꼭 갚을 것 같은 사람(기업)을 찾기가 더 어렵고 공학으로 무장한 투자기법이 무엇보다 중요한 때가 됐다. 바야흐로 대출의 시대, 금융공학의 시대가 열린 것이다. 선진금융은 이렇듯 우리 곁으로 성큼 다가왔다. 외견상 그래 보였다. 한편으로는 대형화와 겸업화라는 이름으로, 또 다른 한편으로는 시스템과 금융공학이라는 형태로. 미국이 그랬고 서구 열강이 그랬으니 우리도 의당 따르면 될 일이었다. 목표와 방향이 정해졌으니 조금의 의심이나 주저도 허용되지 않았다. 지난 10년, 우리가 앞만 보고 달린 이유다.

　　결코 패배하지 않을 것 같던 금융강국 미국이 추락하자 세계는 금융위기의 수렁으로 빠져버렸다. 100년의 역사를 자랑한다던 글로벌 금융회사들이 하나둘 역사의 뒤안길로 사라지자 영원할 것 같던 '대마불사'의 신화도 깨져버렸고, 상업은행이 쌓아올린 '대출의 모래성' 위에 투자은행이 '종이쪽지(증권)의 마술'을 부리자 형제와 자매가 동시에 몰락해버리는 것으로 '겸업'의 참상이 만천하에 드러났다. 대형화는 깨진 쪽박이고 겸업화는 산산이 부서진 '꾸러미 속 달걀'이었다.

시스템의 벨은 울리지 않았다. 그 속엔 책임과 창의 대신 박제된 공식만 자리하고 있을 뿐이었다. 공식 자체는 맞을지언정 데이터는 죽어 있었다. 대출의 기본보다 현란한 '위험관리'가 우선이었다. 시스템은 금융의 필요조건이지 충분조건이 아니라는, 그리고 데이터는 인간이 만든다는 기본을 잊은 대가는 처참했다. 이렇듯 시스템을 통한 선진금융은 우리가 버리지 못하는 '미명'이었다.

'대출과 투자'의 마력은 투자대상을 가리지 않았고 레버리지의 포만감은 탐욕을 낳았다. '물 좋은' 상품이라면 달러 빚을 내서라도 올인 해야 했다. 그들에게 분산투자란 죽은 경영학 교과서에나 있는 말일 뿐이었다. 그러나 기본이 사라지면 파멸만 기다리는 법, 은행이 망하자 나라가 휘청거린다. 투자기법만으로는 결코 선진금융이 올 수 없었던 것이다.

이렇듯 불패 신화를 자랑하던 글로벌 금융강국들조차 이제는 더 이상 상업은행과 투자은행이 살을 섞지 못하도록 하겠다고 난리 브루스를 추는 지경에 이르렀는데 우리나라만큼은 아직까지 예의 대형화와 겸업화가 금과옥조의 반열에서 내려오려 하지 않는 듯 보이고, 말만 들어도 짜릿한 글로벌 100대 은행이라는 국가적 '소원'을 아직도 꿈꾸고 있으니 딱할 노릇이다. 아직도 미명에서 깨지 못한 조국의 '금융'이 걱정이고, 시시각각으로 변하는 미국의 금융 현실을 목도하자니 착잡하다. 그러나 여전히 '그럼 대안이 무어냐'는 물음 앞에만 서면 그저 서성거릴 수밖에 없으니 이 또한 답답하다. 다만 사이즈(대형화)에 집착하기보다 체질 강화에 주력해야 할 듯싶고, 전혀 성질이 다른 두 개의 영역(상업은행과 투자

은행)을 한 바구니에 함께 넣어서는 안 되며, 하드웨어보다 콘텐츠와 인간이 중심이 되는 소프트웨어 중심의 시스템에 천착해야 하고, 조달과 운용의 균형적 발전이 중요할 뿐 아니라 과도한 레버리지를 통해 초과이윤을 달성하겠다는 미련을 버려야 한다는 점만은 분명하다. 고작 이 정도가 10년은커녕 한 치 앞도 내다보지 못하는 얼치기 금융전문가의 거친 생각이다.

04 급전이 필요하십니까

"Check Cashing." 웬만한 몰mall에서 하나씩은 볼 수 있는 간판이다. '체크(수표)를 현금으로 바꾸어주는 곳'으로 읽힌다. 분명 은행은 아니다. 본인의 은행계좌에 수표를 입금하고 일정한 시간이 지나면 현금으로 인출할 수 있는데 굳이 이런 곳까지 와서 수표를 현금으로 바꾸는 이유가 뭘까. 더구나 이자율도 만만치 않을 텐데 명색이 금융 선진국이라는 미국에서 왜 이런 사금융이 번성하는지 알다가도 모를 일이었다. 얼마 전 나의 오랜 답답함을 풀 수 있는 기회가 생겼다. 한국인의 주요 비즈니스 거점인 '자버Jobber시장'에서 체크 캐싱 사업을 한다는 최 사장을 만났다.

미국으로 이민 온 지 30년이 된, 60대 초반의 구부정한 모습에서 이민의 고단함을 본다. 세탁소, 식당 등 안 해본 것이 없을 정도로 바쁘고 정신없는 세월을 보냈다고 했다. 아이들 모두 대학을 보내고 재산도 제법 모았었다는 말 속에 깊은 회한이 묻어 있다. 빚내서 장만한 상가가 화근이었다. 금융위기로 상가 가격이 폭락하고, 그나마 세를 받아가며 은행이자라도 갚을 수 있었는데 상가 점포 중 반이 비었단다. 모든 재산을 정리하고 나니 남은 것이라고는 깡통주택(갚아야 할 모기지가 집 가격보다 많은 집) 한 채와 사업자금 10만 달러가 전부였다는 최 씨. 갈 곳 없는 그가 선택한 마지막 비상구가 서민들 가슴을 후빈다는 '고리대금업'이었다는 사실이 아이러니하다. 캘리포니아 주 당국에 인가신청을 하고서 꼬박 6개월이 걸려서야 허가를 받았다며 미국의 후진적 행정서비스가 어떻다는 둥 하는 걸 간신히 본론으로 돌려놨더니 "얼마 되지 않았지만 돈 장사만한 것이 없더라"고 이젠 '돈 자랑'에 여념이 없다. 듣자니 씁쓸하다. 경제가 어려우니 서민은 더 힘들 것 아니냐며 이런 때일수록 사금융이 돈 버는 비즈니스라고 한바탕 경제전망까지 늘어놓는 데서는 약간 너무하다는 생각이 들었다. 연민이 실망으로 바뀌었다고나 할까. 아무튼 그의 설명은 생생했다.

'로드리게스'로부터 듣다

점포라고 해봤자 서너 평 남짓, 편안히 얘기 나누기조차 힘든 협소한 공간이다. 은행처럼 여러 점포를 거느리고 있는 대형 체크 캐싱 업체들에 비하면 구멍가게 수준이었다. 부인과 단 둘이서 일한다고 했다. 점포 인근에 위치한 한인 의류업체에서 일하는 히스패닉계 노동자들이 주 고객이라는 설명이다. 비즈니스 성격상 체크를 발행하는 업체의 신용도를 잘 파악하는 것이 성공의 열쇠란다. 결국 체크가 부도나느냐 마느냐는 전적으로 체크를 발행한 사람(기업)에게 달렸으니 체크를 할인하러 오는 사람보다 발행한 사업주의 신용이 핵심이라는 얘기다.

은행에서 계좌를 열 수 없는 불법체류자들이 노동의 대가로 받은 체크를 현금화하기 위해 오기도 하고, 한 달 벌어 근근이 살아가는 급여생활자들이 월급날 갚는 조건으로 자신이 직접 발행한 체크를 할인(현금화)하러 오는 경우도 있다. 받은 수표가 떨어지는 데까지 걸리는 시간은 길어야 2주일, 보통은 일주일 정도면 원금을 회수할 수 있다고 한다. 이렇게 하고서 받는 수수료가 평균 1~3퍼센트 남짓이다. 대출(할인)기간을 평균 열흘로 잡으면 한 달에 세 번은 회전할 수 있으니 금리로 표현하면 월 평균 3~9퍼센트는 벌 수 있다고 한다. 10만 달러를 투자해서 점포 월세 등을 제하고도 한 달에 평균 5,000달러를 번다고 하니 얼추 계산이 맞는다. 사업을 시작한 지 일 년 정도 지났는데 예상외로 받은 수표가 부도나는 경우가 적다며 투자를 받아서라도 규모를 키우고 싶다는 말도 한다. 은근히 나의 투자를 바라는 것 같아 황급히 화제를 바꾼다. 마침 선한 인상의 손님 한 명이 들어온다. '로드리게스', 그의 이름이다.

길 건너 가게에서 일한다며 자신이 발행한 1,000달러짜리 체크를 내민다. 이미 몇 차례 거래가 있었는지 최 사장은 간단한 서류 작성만으로 970달러를 건넨다. 월급날까지 열흘가량 남았으니 수수료로 3퍼센트를 떼겠다는 설명도 덧붙인다. 굳이 이자율로 환산한다면 단순 금리(3퍼센트×월 3회×12개월)로도 연 100퍼센트가 넘는 가히 살인적인 이자다. 수수료를 이자율로 환산하는 것이야말로 분명 난센스지만, 한 달에 두 번씩 주기적으로 할인을 한다면 1,000달러 빌려 월 평균 6달러(3달러×2회)

씩 수수료를 내는 꼴이니 연평균 72퍼센트의 이자를 내는 것과 다를 바 없다고 한들 틀린 말이 아닐 것이다. "우리나라는 간혹 회사에서 가불 같은 것을 해주기도 하는데 여기는 그런 제도가 없느냐"고 물었다. 하나마나한 질문이었지만 나름 용기가 필요했다. 남의 가정사를 그것도 '객'이 묻는다는 것에 불쾌하게 생각할 수도 있겠다 싶었기 때문이다. 그런데 로드리게스 씨는 참으로 유쾌하게, 그것도 너무 자세히 자신의 사정을 말해준다. 2주에 한 번꼴로 급여를 받는데 늘 빠듯한 살림이다보니 돈은 월급날에 다 사라지고 만다는 것이다. 조금이라도 여유가 있다면 비싼 이자 줘가면서까지 이런 짓을 하겠냐는 말에 가슴이 아린다.

대략 2,000달러를 벌어서 집세로 600달러(4인 가족이라는데 도대체 어디서 사는지 궁금하다)를 내고 교통비며 제세공과금을 납부하고 나면 1,000달러가 남는데 그 돈으로 자식들 학교 보내고 네 식구가 먹고 산단다. 그러니 늘 돈은 부족하고 급여 날짜에 앞서 미리 당겨쓰는 도리밖에 없을 것이다. 신천지에서의 성공을 꿈꾸며 왔는지 더 이상의 추락이 싫어 온 것인지는 모르겠으되, 그의 고향 멕시코에서나 새로운 조국 미국에서나 나아지지 않는 너무나도 팍팍한 그의 삶이 딱하다. 그가 떠나면서 뱉는 말 한마디, "그래도 이런 회사가 있어 우리 가족 굶지 않는걸요." 그의 뒷모습이 그래서 안쓰럽다.

고리의 유혹, 가게마저 삼키다

백만 달러가 넘게 투자된, 그러나 지금은 빈껍데기뿐인 자그마한 캐피탈 회사 하나를 거저 인수할 기회가 생겼다. 팩토링 같은 기업대출

시장에 진출해볼 생각으로 오랜 시간 신규 설립에 매달려온 터라 인가받는 데 드는 비용이나 시간을 감안할 때 차라리 기존 회사를 인수하는 편이 낫겠다 생각하던 차에 잘된 일이다 싶었다.

그런데 그 회사의 사업 모델을 들여다보고 있자니 눈이 휘둥그레졌다. 여러 이유로 은행을 이용하지 못하는 소규모 자영업자들에게 높은 이자로 돈을 빌려주는 사업인데 이자율이 연 80퍼센트에 이를 정도로 엄청났기 때문이다. 금융위기 이후 경기가 침체에 빠지자 이제는 부실 덩어리로 변했지만 한참 경기가 좋던 시절에는 부실도 별로 없어 땅 짚고 헤엄치듯 '떼돈'을 벌었다고 한다. 회사를 파는 입장에서야 없는 얘기도 지어낼 수 있는 일인지라 정말 그렇게 돈을 많이 번 시절이 있었는지는 믿을 수 없지만 아무리 급전이 필요해도 그렇지 도대체 어떤 사람이 연 80퍼센트나 되는 이자를 내고 사업을 하는 걸까 궁금하기는 했다. 회사를 인수하더라도 그런 사업 모델을 유지할 생각은 애초부터 없었지만.

그 회사와 거래하고 있는 300여 개의 업체 중 80퍼센트는 한인회사였고, 거의 절반가량이 음식점이다. 그들 대부분은 이미 은행에서 돈을 빌린 상태란다. 경쟁에서 살아남으려면 주기적으로 설비를 개·보수해야 하는데 목돈은 필요하고 제공할 담보는 마땅치 않아 은행의 문턱을 넘을 수 없어 이래저래 속만 태우다가 마지막으로 찾는 곳이 이런 회사라는 설명이다. 이런 사업 모델을 일컫는 말이 'Advance Cash'이고, 자산이 15억 달러에 이를 정도로 규모가 큰 'AdvanceMe'라는 회사도 있다고 하니 제법 시장이 형성된 산업임은 틀림없어 보였다. 이용절차는 의외로 간단했다. 급전이 필요한 업체는 사업체 대표의 개인보증과 집기, 비품 등의

동산 담보(보통 은행이 1순위이기 때문에 실제 담보 가치는 없다고 봐야 한다)를 제공하고서 필요한 금액을 대출받는데, 대출금액의 140퍼센트를 주 단위로 분할(6개월, 총 26회) 상환하면 끝이라고 했다.

계약하고 5개월이 지나도록 단 한 번도 대출금을 상환하지 않았다는 업체를 방문했다. 일종의 자산실사인 셈이다. 간판을 보고서야 예전에 음식점이었다는 사실을 알 수 있을 정도로 '폐가'와 다를 바 없이 황폐해 있었다. 주인이고 종업원이고 손님이고 아예 사람의 인기척이라고는 찾아볼 수 없다. 집기나 비품의 몰골도 성한 데가 없어 팔아서 돈이 되기는커녕 치우는 비용이 더 들 듯싶었다. 동행한 대출 책임자에게서 자초지종을 들을 수 있었다. 한때는 코리아타운에서 제법 명성을 날린 고깃집이었단다. 3만 달러가 필요하다는 말에 다른 업체에 뺏길 새라 정말로 '눈썹 휘날릴' 정도로 빨리 대출을 해주었는데 예상한 대로 한 번의 연체도 없이 깨끗이 완납했다고 한다. 그런데 한참이 지난 후 주방시설을 보수하는 데 필요하다며 5만 달러를 대출해달라기에 두말없이 빌려주었고, 4개월 동안 한 푼도 갚지 않더니만 지난달 드디어 파산했다고 했다. 얼마나 힘든 상황이었으면 그 많은 이자를 주고 돈을 빌릴 생각을 했을까 싶지만, 배보다 큰 배꼽으로 환부를 덮으려 하면 결국은 곪아터질 수밖에 없다는 사실을 왜 몰랐을까. 듣고 있는 내내 답답함을 참을 수 없었다. 하기야 1년 만에 투자금을 회수하리라(금리가 80퍼센트나 되니) 탐욕에 눈이 멀었던 금융회사도 결국 문을 닫게 되었으니 딱하기는 매한가지라는 생각이 들었다.

건전한 상식과 오랜 경험칙에 근거해볼 때 감내할 수 없는 정도(그

범위에 대해서는 이견이 있을 수 있겠으나)의 이자는 모든 사람을 파멸로 이르게 하는 '절대 악'이라 생각한다. 따라서 고리사채는 공적 지원의 사각지대에 놓인 서민이 그나마 기대할 수 있는 '마지막 비상구'라거나 '필요악'이라는 주장에 동의하지 않는다. 생계를 위해 돈을 빌렸다면 그 돈을 써서라도 노동의 재생산을 가능하게 하려 했던 고육지책이었을 터. 그런데 그 노동의 대가를 또다시 이자에 대부분 지불한다면 생존마저 위협당하는 한계상황에 이를 것이 자명하고, 그러면 결국 연속적인 노동의 재생산이 불가능해져 빚에 의존할 수밖에 없게 되는 이른바 '빚이 빚을 낳는' 악순환의 고리가 만들어진다. 빚이 긍정의 힘을 발휘하는 지점은 오로지 재생산을 통해 정상적인 상환이 가능해질 때뿐이라는 믿음, 내가 '고리'를 '악'으로 규정하는 이유다.

투자를 위해 빌린 경우라면 나의 믿음은 더욱 강고해진다. 투자를 통해 얻을 수 있는 이익의 총량은 기껏해야 시장의 평균 이자율에 물가상승률 정도가 합쳐진 수준이기 때문에 산업의 특성이나 개인의 노력 또는 창의성 등을 감안하더라도 투자금의 반 이상을 일 년 안에 얻겠다는 발상은 투기영역에서나 가능한 일이라 확신한다. 자기 돈 써가며 투기 대열에 합류하겠다는 데야 뭐라 할 말이 없지만 돈을 빌리면서까지 하겠다고, 더구나 수십 퍼센트나 하는 고리를 얻어 한몫 잡겠다고 한다면 도시락 싸들고 다니면서라도 막아야 할 일이 아니겠는가. 내가 고리사채를 써서 투자(사업)하겠다는 사람에게 돈을 빌려주는 회사를 '절대 악'이라고 믿는 까닭이다.

그뿐만 아니다. 고리사채는 종국에 가서는 정작 빌려준 회사까지

망하게 한다는 확신을 갖고 있다. 당장의 높은 이자는 끊을 수 없는 마약처럼 매력적이지만, 금융(?)회사라는 것이 한 번의 대출과 회수를 목적으로 만들어지지 않은 이상 대출이 대출을 낳고 이렇게 점차 대출자산이 늘어나는 것이 상례일 텐데, 만약 급격한 거시적 충격(경기침체 혹은 불황)이 닥친다면 그 많던 자산이 휴지로 변하는 것쯤은 한순간일 수 있기 때문이다. 돈을 갚지 않으면 주먹이나 칼로 해결하는 조직폭력배가 운영하는 사채업이 아닌 바에야 지나친 고금리는 결국 자신에게 칼날을 겨눌 텐데, 정신이 똑바로 박힌 사업자라면 자신이 먼저 나서서 지나친 고금리를 낮추자고 해야 할 것이다. 이렇듯 지나친 — 참으로 주관적인 표현이지만 — 고금리는 노동이 됐든 투자가 됐든 한계상황을 벗어나고자 빚을 진 수많은 사회적 약자의 재기를 위해서도 그렇고 일확천금을 꿈꾸는 선량한(?) 사채업자를 위해서라도 낮추어져야 한다.

우리나라는 고리에 따른 서민 피해라는 사회적 역기능에도 일정 부분 서민의 경제적 숨통을 틔워주는 역할을 수행해왔던 이른바 지하 사채업자를 양성화할 목적으로 대부업법을 만들고 법정 최고 이자율을 끊임없이 인하해오고 있다. 얼마나 더 떨어져야 '지나친 금리'가 아닌지, 불법사채업자의 수는 얼마나 줄어들 것인지, 그래서 당초 목표했을 양성화 정책은 실효를 거두고 있는지, 그렇게 시작된 대부업이 사회적 순기능 혹은 '긍정의 힘'을 발휘하고 있는지는 아무도 모를 일이다. 간혹 일본계 대부회사들이 급성장하고 있다는 소리가 들리는 걸 봐서 경제가 어렵네 마네 해도 아직까지 돈 빌려주는 회사만큼은 괜찮은 모양인 듯싶다. 남은 것은 돈 빌려 쓴 서민일 텐데, 아무쪼록 재기에 성공하기만을 바랄 뿐이다.

　빌려준 자와 빌린 자가 윈윈win-win 하는 금리 지점, 바로 그곳이 '지나치지 않은' 최고 금리 수준이 아닐까 생각해본다. 아무튼 최소한 연 80퍼센트에 이르는 고금리가 횡행하는 미국이야말로 서민을 등쳐 먹는 '고리사채업자의 천국'인 것만은 분명해 보인다. 미국에도 금리상한선이라는 것이 있을 텐데 어떻게 공개적으로 이런 영업이 가능할까? 만약 그런 상한선마저 없다면 참으로 고약한 나라임에 틀림없다. 아무리 무한의 자유가 보장되는 곳이라지만 최소한의 안전장치 없이 사실상의 금융행위를 시장에만 맡기다니, 한심하다.

은행이 망해도

≪뉴욕타임스≫에 이런 기사가 실린 적이 있다. 취임 직후부터 좌초한 미국호를 건져내기 위한 비책을 내놓느라 하루가 멀다 하고 동분서주하고 있는 오바마 대통령이 어떤 집회에서 은행의 구조조정에 대한 생각의 편린을 내비친 것을 가지고 한 경제학자가 '토를 달았다'는 기사였다. "스웨덴은 부실로 휘청거리던 은행들을 처리하기 위해 국유화를 통해 이른바 '클린뱅크'를 만든 후 재매각에 성공했다. 그러나 당시 스웨덴에는 고작해야 5개 은행밖에 없었지만 미국에는 상업은행만 6,500개에 이르니 이런 방식은 곤란하다"고 대통령이 발언했었나 보다. 그러자 "우리 은행들은 숫자만 많지 빅 4, 즉 제이피 모건체이스JP Morgan Chase, 씨티그룹Citi Group, 뱅크 오브 아메리카Bank of America, 웰스 파고Wells Fargo가 전체 자산의 50퍼센트 이상을 갖고 있으니 스웨덴과 다르지 않다"며

누군지 모를 경제학자가 한마디 했던 것이다. 그래서 미국도 국유화를 단행하자는 것인지 아니면 그저 대통령의 '한심한' 경제관을 꼬집기 위해 한 말인지는 모르겠지만, 지금으로부터 십 수 년 전, 망가진 시중은행(상업은행, 한일은행, 평화은행 등)을 통합해 사실상 국유은행인 '우리은행'을 출범시켰지만 아직까지도 '스웨덴의 영광'을 재현하지 못하고 있는 우리나라가 생각나는 것만은 어찌할 수 없었다.

미국의 상업은행은 대략 6,500개에 이른다. 세이빙스 인스티튜션 Savings Institution(우리의 '금고')을 포함하면 8,000개에 육박할 정도로 그 숫자가 엄청나다. 총자산도 1조 달러를 거뜬히 넘는다고 하니 규모 또한 입이 쩍 벌어질 정도다. 우리나라는 저축은행을 포함해도 200여 개에 불과하니 그 숫자에 주눅 든다고 해서 달리 뭐라 할 수 없으리라. 미국에 이토록 은행이 많은 이유는 연방제의 특성상 단일점포주의(본점이 속한 지역과 다른 주에 지점을 개설할 수 없다)를 택할 수밖에 없었던 역사적 배경 때문이라고들 하지만 요건만 갖추면 누구든지 자유롭게 은행을 만들 수 있는 미국의 금융제도 탓이 아닌가 생각한다. 아무튼 만드는 것이야 그렇다손 치더라도 '망하는 것'까지 그렇게 손쉬울 필요는 없을 텐데, 평균 이틀에 하나 꼴로 문을 닫고 있는 최근 미국 은행의 '파산행렬'을 보고 있노라면 신기함을 넘어 당혹스럽기까지 하다. 더구나 은행 폐쇄 후의 그 냉정(침착?)함이란…….

전광석화, 그 현장에 서다

회사 대표를 맡은 후 첫 번째 과제는 미국에 있는 한국계 은행의 인수였다. 인수 전략의 원칙이 세워졌고 유력한 인수 후보까지 결정된 상태였으니, 인수 절차를 마무리하고 인수 은행을 정상화하는 것이 나에게 주어진 과제라고 생각했다. '위기의 시대'에 항상 두각을 나타냈던 모기업이 이번 미국발 금융위기를 미국 진출의 기회로 인식했고, 2년여의 모색과 기다림 끝에 드디어 본격적인 깃발을 치켜들었다. 바로 그 즈음 내가 합류했던 것이다. 그리고 6개월의 시간이 훌쩍 지났다. 은행 실사를 마치고, MOU를 맺고, 본 계약을 체결하고, 인수(증자 참여를 통한 경영권 획득방식)를 위한 1차 자금이 유입되는 데까지 걸린 시간이다.

인수가 막바지에 이르니 이런저런 골치 아픈 일들이 많이 생겼다. 인수 작업이야 어찌 보면 프로세스에 따라 진행하면 되는 일인지라 법률이나 회계전문가의 도움을 받아 차근차근 진행하면 되겠지만, 인수하려는 은행의 정상화를 앞당기는 일은 분초를 다투는 시급한 과제일 뿐만 아니라 시방서가 없는 '창작의 영역'이었다. 인수한다는 가정 아래 은행의 임직원을 만나 인수 후의 그림도 그릴 겸해서 거의 매주 출장을 다녔다. 새로운 영업전략의 대강을 마련하고 지점별·부서별 인력의 효율적 재배치도 고민하고 새로 경영을 맡을 '새 술'을 찾느라 눈코 뜰 새 없이 바빴다.

사실 달포 전 은행 이사장으로부터 '은행 구조조정에 대한 사실상의 최후통첩을 감독 당국으로 받았다'는 보고가 있었던 터라 살얼음판을 걷는 기분이었다. C&D Cease & Demand(우리의 '적기 시정조치' 쯤에 해당할 것이다)를 받을 정도로 부실이 심한 은행인지라 늘 감독 당국의 요주의 대상이었는데, 우리의 투자의사를 접하고는 감독 당국이 매우 흡족해 했다는 얘기를 들었기 때문에 이번의 '최후통첩'은 전혀 예상 밖이었다. 요식행위에 지나지 않으니 계약에 의거하여 차분히 증자절차를 진행하면 된다는 이사장의 호언이 찜찜하기는 했으나, 변호사를 대동하고 당국자와 미팅한 결과라는 말에 걱정이 많이 누그러졌다. '통첩'의 내용은 이랬다. 적정자본비율을 유지하기 위한 유상증자를 단행하라는 것과 내부 통제 시스템을 정비하라는 것이 주였다. 은행이 늘 요구받던 내용과 똑같았지만 이번에는 데드라인이 있다는 점이 달랐다. 말은 문제없다면서도 가능한 한 빨리 증자에 참여해달라며 집요하게 물고 늘어지기 시작했다.

진퇴양난의 상황이었다. 우리는 '증자 전 감독 당국의 승인'이 우선이었고, 은행은 '선증자'를 요구했기 때문이다. 그러나 안전장치 없이 막연한 기대만을 갖고 그 많은 인수 대금을 쏟아 부을 수는 없었다. 증자에 참여했는데 은행이 폐쇄되거나 우리의 인수 자체가 승인받지 못할 수도 있었기 때문이다. 더구나 외국 투자자가 은행을 인수하는 것에 대해 미 금융 당국이 비우호적(단순투자는 괜찮으나 대주주로서의 경영 참여는 매우 까다롭다)이라는 점 때문에 당국의 승인 여부가 은행 인수의 최대 걸림돌이라고 생각해왔는데 돈부터 내미는 바보짓을 할 수는 없지 않은가.

타협안을 제시했다. 우선 인수 자금을 한국으로부터 가져온 후 별도의 은행 에스크로 계좌에 입금할 테니 이를 갖고 감독 당국과 협상하라고 했다. 은행이 제안을 받아들이고 우리가 돈을 갖고 오는 데까지 숨 가쁘게 움직였다. 데드라인을 맞추기 위해서였다. 며칠 전, 당국자로부터 긍정적 반응을 들었다는 연락을 받았다. 한시름 놨다. 이제는 승인 결과만 지켜보면 될 일이었다. 에스크로에 있는 자금을 은행 자본계정으로 옮기는 일은 그때 할 일이었다. 은행 이사장과 행장 그리고 변호사의 말이었으니, 그리 되리라 믿었다.

그러나 샌프란시스코 출장을 다녀온 지 며칠 지나지 않았을 무렵 드디어 일이 터졌다. 2010년 4월, 어느 금요일 오후였다. 이사장의 목소리에 힘이 없었다. 떨리는 음성이었다. 오늘 은행 마감시간에 맞춰 문을 닫는다는 연락을 받았다고 했다. 다음 주 월요일자로 은행자산을 또 다른 한인은행으로 넘기라는 외마디 '통보', 그걸로 끝이었다. 너무 작은 은행이라 그랬을까, 주요 지역언론 귀퉁이에 짤막한 공식발표가 나오는 것으로 그렇게 은행이 사라졌다. 예금을 찾기 위한 기나긴 행렬도, 정부에 대한 원성도 없었다. 미국인들에게 은행 폐쇄란 그저 일상일 뿐이었다. 너무 조용해서 오히려 서글펐다. 태어나서 열 살도 채 채우지 못하고 비운의 마지막 삶을 끝낸 은행, 바로 그 현장에 내가 서 있었다.

최근 한국을 강타하고 있는 저축은행 사태를 보는 감회가 남다르다. 1년 전 바로 그 시점에 비록 미국 은행일망정 은행의 폐쇄 과정을 경험했기에 더욱 그렇다. 어느 정도야 예금보험으로 손해를 벌충한다지만 은행과 정부를 믿고 저축한 돈을 졸지에 잃게 될 처지에 놓인 수많은 예금자가 아른거려 아프고, 창졸지간에 직장을 잃은 직원들이 눈에 밟혀 안타깝고, 직간접적으로 고통을 감내해야 할 다수의 채권자와 지역민의 팍팍한 삶이 걱정이다. 은행 폐쇄 소식을 미리 안 몇몇의 거액 예금자들이 예금을 인출해가고, 거기에 권력자의 보이지 않는 '힘'이 작용했다면서 전 국민적 공분과 울분을 사고 있다는 뉴스 앞에서는 치가 떨린다. 동병상련의 마음이 이런 것이리라.

하루가 멀다 하고 (거의 이틀에 하나 꼴로) 은행 문이 닫히는 걸 경험하면서도 미국인은 그저 '오늘도 은행 하나 망했구나' 하고 덤덤하게 받아들이는데, 왜 아직까지 우리는 전근대적 '사후 처리' 시스템을 부여잡고 내홍을 겪는 것일까. 목도하는 심경은 복잡하다. 예금자 보호 한도가 우리에 비해 현저히 높아서 예금자의 불안이 덜한 것일까, 아니면 '전광석화'와 '투명성'으로 무장한 선진 금융시스템 탓일까. 알 길 없는 '이유'와 너무도 다른 두 나라의 '결과'만을 그저 바라 볼 뿐이다.

지금, 미국 은행은······

리먼 브라더스의 몰락으로 그 서막을 알렸던 글로벌 금융 위기가 바야흐로 전 세계를 전염시키고 있다. 정작 맞은 놈은 코피 조금 흘린 것이 전부 같은데 멀쩡하던 구경꾼들이 혼절하는 코미디가 연출되고 있다. 망한 기업이야 다른 주인 찾아주면 되는 일이지만, 빚도 자산인 양 그저 버는 족족 쓰는 데에만 일가견이 있는 미국인에게 '네 분수를 알라'고 가르치는 일은 그리 간단치 않아 보인다. 위기의 시작이 은행이었으니 처방 또한 은행을 향할 수밖에 없지만, 패러다임을 바꾸는 일은 쉽지 않은 여정이다.

2009년과 2010년 두 해에 걸쳐 300여 개의 은행이 문을 닫았고, 상업은행의 숫자도 어느덧 6,400여 개 수준으로 줄었다. 다행인지 금년에 들어와서는 파산은행의 숫자가 현저히 줄고 있다. 연말까지 100개를 넘기지 않을 것 같다는 뉴스다. 무섭게 치솟던 연체율이 주춤하기 시작했고, 부실자산규모도 정점을 찍은 모양이다. 자본의 확충도 얼추 끝나가는 모양이다.

좀처럼 개선되지 않고 있는 실업률이 근본적 회복을 방해하고 있을 뿐 수치만은 진정 국면이다. 모기지 부실에 대한 보다 적극적인 처방이 조만간 내려진다는 소식도 들린다. 더블딥의 수렁에 빠지느냐를 놓고 온 나라가 근심 어린 눈초리를 거두고 있지 못하지만, 적어도 은행만큼은 3년 전의 최악으로부터 벗어났다. 무차별적 수혈을 통해 은행이라는 거대한 하드웨어를 정상화하는 데에 일단 성공한 듯 보인다.

문제는 소프트웨어다. 또 다시 은행이 불황의 화약고로 변할지, 미국경제의 효자로 재부상할지는 오로지 은행을 포함한 금융시스템 개혁에 달려 있다. 오바마 정부의 등장 이래 금융개혁의 화두였던, 상업은행과 투자은행 간 칸막이를 다시 높게 쌓는 일과 금융감독기능을 강화(통합)하는 작업이 얼마나 순조롭게 진행될 것이냐가 관전 포인트다. 우여곡절 끝에 거대 감독기구가 탄생하고 조만간 그 수장이 임명될 것이며, 관련 법도 얼추 모양을 갖추어가는 걸 보면 소프트랜딩의 가능성이 전혀 없는 것 같지는 않다. 다만 추상같았던 정책의 얼개가 하나둘씩 당초의 그림에서 이탈하는 걸 보니, 조만간 드러날 듯싶은 거대 금융그룹들의 몰염치한 '본색'이 정부의 통제를 허물기 시작한다면 지난 3년의 뼈아픈 교훈이 아무 쓸데없는 무용지물로 전락할 것 같아 조마조마할 뿐이다.

06 디폴트 전쟁과 승자의 저주

드디어 끝이 났다. 과연 세계 초강대국 미국이 미증유의 지급불능 default 사태에 빠질 것인가에 대해 전 세계의 이목을 집중시켰던, 한 달여에 걸친 미국발 '디폴트 전쟁'이 막을 내렸다. 이곳 시간 2011년 8월 2일 아침 9시(동부 기준, 정오), 국가부채상한 debt limit을 2조 1,000억 달러 늘리는 법안이 상원을 통과함으로써 미국은 신용불량국가의 오명으로부터 탈출하는 데 성공했다. 그러나 여전히 '미국호'는 거센 풍랑에 휩싸여 있다. 외견상 공화당은 만족하고 오바마는 떨떠름한 눈치다. '전쟁' 중에 말을 아꼈던 국민 대다수는 불쾌한 표정이 역력하다. 바야흐로 이제부터 진짜 전쟁이다.

'전쟁'은 공화당의 선전포고로 시작되었다. '국가부채상한 증액'이라는 고지에 진지를 구축한다. 이른바 '벼랑 끝 전술'이요 '옥쇄전략'을 선택한 것이다. 명분은 그럴싸하다. 이미 천정부지로 치솟은 '재정적자'를 볼모로 삼았다. 고지를 탈환하고 싶으면 '적자'를 해결하라고 최후통첩을 날린다. '적자'라는 강력한 무기로 무장하고 '파산'이라는 배수진을 쳤으니 승리는 불 보듯 뻔히 보였다. 살아 있는 권력, 오바마는 당황한다. 내년에 치러질 '진검승부'에 앞서 강력한 리더십도 보여줘야 하고 갈수록 종이호랑이로 전락하고 있는 아메리카제국을 부흥시켜야 하는 절체절명의 순간이 다가온 것이다.

그러나 뾰족한 대안이 없다. 게다가 명분도 빼앗겼다. '나라가 어려우니 돈 좀 아껴 쓰자'는 데에야 달리 무슨 말이 더 필요하겠는가. 대회전을 앞두고 진두지휘할 변변한 장수조차 내세우지 못하고 있는 적군을 얕잡아본 탓이라고 자책한들 너무 늦었다. 외통수에 걸린 형국이다. 국가의 명운을 볼모로 삼지 말라며 연일 여론에 호소할 뿐이다. 그러나 무심한 국민은 응답이 없다. 메아리 없는 '외침'만 되풀이될 뿐이다. 지루한 '선전전'만이 난무한다. 여론은 싸늘하다. 국난 중에 벌이고 있는 '우리끼리 전쟁'을 못마땅해 하지만, 그뿐이다. 우군은 모래알이나 적군은 강력해 보인다. 50명의 장수를 배출했다며 연일 목청을 돋우는 '티 파티Tea Party' 그룹이 저들의 '성전'을 독려하고 있다.

공화당의 주장은 이렇다. 재정적자 문제는 미국경제의 회생을 위해서도 반드시 해결하고 넘어가야 할 최우선적 국가과제라고 말한다. 아무런 장치 없이 국가부채의 한도만을 증액해주면 정부지출은 줄지 않을 것이고 만성적인 재정적자의 굴레로부터 벗어나는 일은 요원할 것이기에, 떼려야 뗄 수 없는 국가부채와 재정적자 문제를 패키지로 묶어 다루겠다는 발상이 뭐가 이상하느냐며 도리어 비난의 화살을 겨눈다. 재정적자와 국가부채를 비약적으로 확대시킨 장본인이 누구든 간에 이제껏 국가부채한도를 무비판적으로 증액한 대가를 지금 치르고 있는 것만은 사실이니 그들의 주장에 뭐라 토를 달 수도 없는 노릇이다. 말인즉 맞으나 왠지 모를 답답함이 엄습한다. 꼭 이 시점에 재정적자 문제를 국가부채와 연계하는 것이 옳은가, 당장 급한 불을 끄고 난 후 토론과 설득으로 차분히 바람직한 해결책을 모색할 수는 없는 일인가, 국가의 신뢰가 무너진다면 '재정지출 억제'의 가능성은 점점 더 어려워지는 것이 아닌가. '부도의 시계'는 째깍째깍 임계점을 향해 달려가는데 '기필코 타협할 수 있다'는 메아리만 반복될 뿐 미국은 서서히 침몰하고 있다. 하여, 답답하다.

나름의 논리와 명분 그리고 지지세를 확보하고 있는 이상, 민주주의 국가에서 유권자의 의사를 대변하는 것이야말로 정치인의 첫 번째 덕목이다. 따라서 대기업과 부자들에 대한 한시적 감세를 철회하여 세입을 늘림으로써 재정적자를 줄이겠다는 민주당의 생각은 정당하다. 같은 논리로 무분별한 정부지출을 축소함으로써 건전재정을 이룩해야 한다는 공화당의 믿음 또한 정당하다. 결국 재정적자의 해결책은 논리와 명분을 통한 치열한 논쟁과 설득 그리고 여론의 추이에 따라 자연스레 결정하면 될 일이었다.

그러나 공화당은 당장의 한 표를 위해 미국의 미래를 저버렸고, 말만 많고 실체 없는 '국민' 대신 든든한 자금줄 '티 파티'를 선택하고 말았다. 언제 돈이 될지 모르는 거액의 어음보다 실속 있는 현금을 택한 것이다. 따라서 그들은 비겁하다. 국가부채한도 증액 문제를 재정적자 감축과 연계하는 전략이 졸렬했다. 이른바 '인질전략'을, 그것도 나라의 운명을 볼모 삼아 벼랑 끝 전술을 펼치려 했기에 그들은 비난받아 마땅하다. 아무리 그럴싸한 논리로 강변한들 당장 해야 할 시급한 일과 그렇지 않은 사안조차 구별하지 못하는 저들의 말을 믿을 수는 없는 노릇이다. 시한을 넘길지도 모른다는 '기미'만 보여도 상상할 수 없을 정도의 파괴적 충격이 있을 것이라고 모두가 경고했음에도 '재정지출 감소 없는 한도 증액은 없다'는 식의 '패키지 딜'만을 반복함으로써 '부도의 공포'를 증폭시켰기에 저들의 주장을 액면 그대로 받아들일 수 없다는 말이다. 그들은 거꾸로 달리고 있다. 저들의 논리를 인정하지 못하는 이유다.

　난 태생적으로 양비론을 싫어한다. 누군 이래서 잘못이고 또 누구는 저래서 틀렸다는 식의 비평가연하는 것을 좋아하지 않는다. 현상을 보며 누가 더 문제인지를 찾아내는 일에 관심을 두는 이유다. 또한 나는 언필칭 뼛속까지 민주당원(보수주의자가 아니라는 점에서)이다. 작은 정부보다 큰 정부를 선호하고, 무분별한 기업의 자유방임을 제한하는 것에 방점을 찍는 편이다. 사회적 약자를 보호하는 것이 궁극적으로 사회를 건강하게 만든다는 믿음도 갖고 있다. 따라서 절체절명의 국가부도 사태를 타개하기 위한 국가의 장단기 처방에서도 완전히 민주당의 그것을 신뢰한다. 재정적자를 줄이는 방법도 국가의 적극적 재정확대정책(세수의 확대와 성장잠재력을 높일 수 있는 분야에 대한 과감한 지원)을 통해 궁극적으로 세입 기반을 넓히고 장기적으로 재정을 건전하게 만드는 방법을 선호한다. 디폴트라는 죽음의 언덕을 향해 마주 달리는 공화·민주 양당의 '치킨게임'을 바라보는 나의 시각이 기본적으로 당파적일 수밖에 없는 이유다. 나의 편향이 비난받는다면 어찌할 수 없는 일이다.

'몽니'의 결과를 목도하는 일은 참담하다 못해 서글프다. 가까스로 '부도'는 막았지만 여진은 오늘도 계속되고 있다. 주가는 폭락하고 국가 신용등급 하향에 대한 경고는 진행형이다. 더블딥의 망령이 그 세를 더해가는 형국이고, 불황 탈출의 맹아는 점점 쇠잔의 그늘로 숨으려 한다. 저만치 보이던 터널의 끝이 점점 멀어지고 있다.

이렇듯 경제전망은 온통 잿빛이지만 정치의 영역만큼은 오늘도 내일도 정치적 득실 계산에만 분주하다. 정치평론가들은 대체로 공화당의 승리로 진단하고 있는 듯 보인다. 당원들 또한 만족스럽지는 않지만 재정지출 삭감규모를 늘렸고 메디케어 부담금 같은 서민지원액도 일부나마 삭감시키는 데 성공했으니 이른바 재정지출 삭감 '전쟁'에서 승리했다고 만족해하는 눈치다. 더구나 내년의 총선과 대선을 앞두고 오바마의 지도력에 상처를 입히고 지지율도 끌어내렸으니 무조건 남는 장사를 했다고 자신할 법도 하다. 정치권의 셈법이 그렇고 언론의 평가 또한 비슷하다. 나라는 망가졌으되 공화당은 환호하는 형국이다. 만면엔 미소가 번지고 승자의 여유가 한껏 묻어난다.

그러나 누가 알랴. 그 믿을 수 없다던 '모래알 국민'이 어느 순간 거대한 파도가 되어 '너희가 이번 여름에 한 일을 나는 안다'고 소리칠지. 시나브로 승자의 곡소리가 들리는 듯하다.

매일 기록을 갈아치우는
주택 모기지 이자율

나는 주로 라디오 뉴스 채널(KNX, AM 1070)을 통해 미국사회를 경험한다. 처음에는 영어공부를 위해 듣기 시작했는데 이제는 거의 일과가 되어버렸다. 하루라도 듣지 않으면 귀에 가시가 돋을 듯한 지경까지 이르렀으니 그 중독의 정도를 짐작할 수 있을 것이다. 뉴스 중에서도 15분 간격으로 전달되는 금융시황에 유독 귀를 쫑긋 세우고 즐겨 듣는 편이다. 배운 도둑질(?) 탓이기도 하지만 그나마 이해 정도가 높은 분야이기 때문이다. 금융시황은 늘 3대 주가지수(다우존스, 나스닥, S&P 500)에 대한 설명으로 시작한다. 그러다 잠시 정신이 팔리는 순간, 정말 빠른 속도로 10년 만기 국채 수익률이 지나간다. "Yield on the 10 Year Note ……."

마지막으로 원유 선물가격이 들리면 그다음은 들려도 그만 못 들어도 그만이다. 늘 이런 식이다. 주가지수와 금리 그리고 유가만 알면 대충 오늘의 경제를 가늠해볼 수 있기 때문이다. 오늘은 3일 만에 주가가 제법 큰 폭으로 반등에 성공했다. 내일 발표될 오바마 대통령의 경기부양책에 대한 기대감과, 당초 우려와 달리 유럽이 소프트랜딩할 가능성이 높아진 것이 상승의 이유라고 한다. 2퍼센트 아래로 떨어졌던 10년 만기 국채 수익률도 2퍼센트 초반대로 올라섰다. 물론 원유가도 큰 폭으로 상승했다. 주가, 국채 수익률, 유가가 동시에 오르거나 떨어지는 현상이 오늘도 여지없이 반복되고 있다.

미국 사람들에게 주택 모기지의 의미는 우리와 사뭇 다르다. 집 장만의 패턴이 달라서일 것이다. 전세로 시작해서 어느 정도(집 가격의 50퍼센트 이상) 목돈이 만들어지고 난 후에야 비로소 집 살 궁리를 하는 우리와 달리, 미국 사람들은 집 가격의 20퍼센트만 준비되면 매달 내는 월세와 비교해보고 유리하면 집 사기에 나선다. 물론 우리나라에서도 어떤 이는 쌈짓돈을 얼마 들이지 않고 은행과 제2금융권의 차입만으로 집을 여러 채 구입하는 경우가 있고, 미국에서도 남의 돈 싫다며 다운페이먼트(집 가격에서 은행 차입금을 공제한 순수한 본인 부담액)를 50퍼센트 이상씩 하는 사람도 더러 있지만, 일반적인 현상은 아니다. 여하튼 다운 금액과 모기지 금리, 이 둘은 미국사람들이 집을 사는 데 매우 중요하게 생각하는 고려사항이다. 집을 산 후 가격이 오르면 싫다 할 사람은 없으니 집 가격이야말로 가장 중요한 고려사항이라는 데는 이견이 없지만, 지난 10여 년간 미국을 휩쓸고 간 부동산 광풍의 시기를 제외하고는 '가격 상승'에 대한 기대가 그리 높지 않아서 우리네 장삼이사들처럼 '재산 가치 불리기'가 집을 사는 거의 절대적인 기준은 아니라는 점만은 확실하다.

며칠 전 집을 장만하느라 고군분투 중인 변호사 후배를 만났다. 결혼하고 한 10년쯤 지나 아이가 학교에 들어갈 때가 되니 이른바 학군 좋은 곳에 집을 장만해야겠다는 생각이 들더란다. 다행인지 몇 년 전만 해도 6퍼센트 아래로는 절대 내려갈 것 같지 않던 모기지 금리가 4퍼센트대로 내려갔고 집값도 2005년 최고점 대비 30퍼센트 이상 빠졌으니 여러모로 지금이 집을 구입할 적기로 판단한다는 것이었다. 논리는 단순했다. 30년 고정 모기지 금리가 4.2퍼센트(15년은 3.4퍼센트 내외) 정도니 원금상환을 감안한 페이먼트 규모가 10만 달러 기준 월 평균 500달러(보통 이런 식으로 설명한다) 가량이라 집세(월 2,500달러)를 낼 바에야 차라리 모기지 페이먼트를 내는 편이 유리하다(50만 달러 대출 기준 월 상환액이 2,500달러가량이고, 마침 월세를 내고 있는 집의 가격도 50만 달러 정도 하니 원금도 상환하면서 모기지를 갚는 것이 월세에 비해 유리하다고 판단한 듯 보인다)는 계산이었다. 더구나 집값도 바닥이라니 잘하면 집값 상승의 혜택capital gain도 바라볼 수 있으니 금상첨화 아니냐며 은근히 나의 동의를 구하는 것이었다.

"글쎄, 일단 말은 되는데, 집 보유에 따른 추가적 비용은 얼만지 그리고 집값이 추가로 하락할 가능성은 없는지를 따져보고 결정하는 편이 낫겠다"고 한마디 거들었다. 지금 생각하면 그야말로 한국식 분석이요 조언이었다. 그런데 "가진 돈은 얼마나 있어"라는 마지막 질문에 "이것저것 딱딱 긁어모으면 한 3만 달러 되려나" 하는 대답이 돌아오자 입이 다

물어지지 않았다. 용감하다고 해야 하나, 순 날강도 같은 놈이라고 핀잔을 주어야 하나 순간 황당하기까지 했다. '고작 3,000만 원 들고 5억짜리 집을 살 생각을 한단 말이냐'가 목구멍까지 나오는 걸 용케도 참았다. 그러나 거기까지였다. 달라도 너무 다르다는 걸 후배의 설명을 듣고서야 알았기 때문이다.

보통의 경우 집값의 20퍼센트는 구입자가 부담해야 하지만, 생애 최초 구입자나 일정 기간 무주택자로 있었던 사람들은 연방주택청FHA(우리의 주택금융공사와 비슷하려나)에서 4퍼센트 미만의 다운만으로도 집을 살 수 있게 지원한다는 설명이었다. 물론 소득에 따라 대출규모는 달라진다고 한다. 정확한 기준까지야 모르겠지만 대략 월 소득에서 모기지 상환액이 차지하는 비중DTI이 30퍼센트를 넘지 않는 범위에서 대출규모가 결정된다는 것이었다. 예를 들어 가처분소득이 월 만 달러(소득 증빙은 필수)인 사람이 있다면 그 사람의 모기지 최대 상환액은 3,000달러가 되는 셈이고, 이를 역산하면 최대 대출 가능 금액(요즘 모기지 금리를 적용할 때 10만 달러 기준 월 500달러 정도 한단다)은 60만 달러가 된다. 변호사 후배 말로는 이런 방식으로 계산했더니 자신의 최대 대출 가능 금액이 50만 달러가 나왔단다. 그래서 50만 달러 정도 하는, 지금 세 들어 사는 집을 자신의 쌈짓돈 4만 달러와 정부 대출 금액 46만 달러, 도합 50만 달러로 살 수 있다는 계산이 나왔다나 뭐라나. 조금은 당황스럽지만 확실한 건 우리와 많이 다르다는 것이고, 소득만 확실하다면 거의 남의 돈(대출)만으로도 내 집을 장만할 수 있다는 사실이다.

오늘 아침 신문기사를 보니 또다시 모기지 이자율이 사상 최저치를 기록했다고 한다. 집 사려는 사람에게는 분명 희소식이겠지만, 하락의 배경을 알고 나면 마냥 좋아할 수만은 없을 것이다. 불황을 극복하기 위한 정부의 눈물겨운(?) 노력 탓에 시중에 자금은 넘쳐나지만 이 돈이 정작 투자로 연결되지 못하고 안전자산으로만 몰리고 있단다. 국채 이자율이 하루가 멀다 하고 떨어지는 이유가 여기에 있다고 했다. 그러다 보니 조금 위험이 있다손 치더라도 상대적으로 안전자산으로 평가받는 모기지 채권으로 투자자가 몰리고, 이로 인해 모기지 이자율이 하락하고 있다는 설명이었다.

최근 불황의 원인이 서브프라임 모기지 사태에서 비롯된 것인데 얼마나 지났다고 부실 덩어리인 모기지 채권에 투자자가 몰린다는 것인지 이해되지 않았지만, '모기지라고 같은 모기지가 아니라'는 말에 이내 고개가 끄덕여졌다. 과거처럼 '묻지마' 모기지, 즉 '서브프라임 모기지'는 더 이상 찾아볼 수 없단다. 집값 대비 대출 비중LTV: loan to value이 100퍼센트에 육박했던 과거 '서브프라임'과는 달리 이제는 최대 80퍼센트를 넘지 않고 있고, 상환 여력이나 과거의 신용 상태쯤은 '적당히 넘어갈 수 있었던' 지난날과 달리 주택 구입자의 신용 및 소득을 꼼꼼히 체크하기 때문에 그 어떤 채권보다 부도위험이 낮다고 생각한다는 것이다.

'음, 이제야 주택 대출 프로세스가 제 궤도를 찾았구먼' 하다가, '이제는 보통 사람들이 집 장만하기가 더 어려워지겠군'이라는 생각에 미치자 좀 우울해진다. 뭐니 뭐니 해도 미국경제의 근간은 소비고 그 소비의 핵심은 주택 경기에 있는데, 소득이 줄고 직업이 불안하니 금리가 내려가도 주택 구입의 열기는 살아나지 않을 뿐 아니라 주택 경기가 침체하

니 주택 소유자는 순자산이 감소해 소비 여력이 더 줄고 관련 업종 종사
자의 고용은 더 악화되는 이른바 악순환의 고리가 형성되는 것 같다. 그
렇다고 예전으로 돌아갈 수는 없는 노릇이니, 그래서 더 답답하다.

08 학자금 융자, 빚이 빚을 낳다

대학등록금, 남의 일이 아니네

반값 등록금 논쟁으로 한국이 들썩이고 있다는 보도를 접할 때도 솔직히 남의 나라 일처럼 그리 피부에 와닿지 않았다. 큰아이가 대학에 들어가려면 아직도 2년은 족히 남았기 때문에 현실감이 떨어진 탓이 컸지만, 이곳 미국은 한국과 달리 가정형편에 따라 장학금을 지급(물론 시민권자나 영주권자가 아니면 그림의 떡이다)하기 때문에 소득이 낮은 나 같은 경우는 영주권만 받으면 고작해야 연 5,000달러도 되지 않는 돈으로도 대학에 보낼 수 있을 것이라는 말을 믿어서기도 했다. 그런데 자고 일어나면 등록금 인상이 주요 기사로 등장하고 얼마 전인가는 미국 젊은이들이 학자금 대출을 연체하는 비율이 급상승하고 있다는 기사를 보고 나니 뭔가 구체적으로 알아봐야 하는 것 아닌가 하는 생각이 불현듯 스쳤다.

더구나 영주권이 언제 나온다는 기약이 있는 것도 아니지 않은가. 마침 큰딸이 11학년이 된 뒤라 그런지 막연한 걱정이 구체적인 고민거리로 다가오기 시작했다.

올해 자녀를 UCLA에 보낸 선배를 찾았다. 미국에 온 시기나 처한 경제상황이 여러모로 나와 비슷한지라 현실을 이해하면서 뭔가 준비하고 필요한 조언을 얻기에 이보다 더 딱 떨어지는 적격자가 없을 것이라 생각했다. 그런데 등록금 총액을 듣고는 기절할 뻔했다. 그저 막연하게, 기껏해야 1만 5,000달러 내외일 거라 생각했는데 3만 1,000달러란다. 반은 순수 학비tuition고 나머지는 기숙사비와 기타 비용이라는 설명이다. 우리 돈으로 환산하면 3,300만 원에 육박하는 거액이다. 2학년부터는 기숙사에 있을 필요가 없으니 이를 감안(대신 하숙비가 들 것이다)하더라도 4년간 족히 1억은 들 것이라는 계산이 나온다. 글자 그대로 '억' 소리가 나올 지경이다. 그나마 다행인 것은 이제껏 들어왔던 대로 각종 정부보조금과 학교장학금, 그리고 학자금 융자를 제외하고 순수하게 선배가 부담한 금액은 2,000달러 내외였다는 대목이었다.

FAFSAFree Application for Federal Student Aid(연방 학자금 보조 무료 신청서)에 기본적인 재정상황을 입력하는 데서부터 학자금 융자가 시작된다고 했다. 사실 별것도 아니지만 미국생활에 익숙하지 않은 이민자의 경우 자신의 상황을 정확하게 (혹은 영리하게?) 전달하는 일이 그리 간단하지만은 않아서 그마저도 학자금 전문 컨설팅 업체에 맡기는 일이 많다고 한다. 아무도 모르는 무슨 비기라도 갖고 있는 건 아닌지 하여 정부지원금을 많이 타줄 것 같아 너나 할 것 없이 이용한다고 했다. 최소 1,000

아래는 미 교육부에서 주관하는 공식 사이트에 소개된 '재정지원 내역서' 샘플이다. 등록금 총액은 2만 달러인데, 이런저런 지원금을 제외한 본인 부담액은 학자금 대출 2,477달러와 순수 부담금 1,823달러, 도합 4,300달러(등록금 총액 대비 21.5퍼센트)이다.

Sample Financial Aid Award Package

Total Cost of Attendance	$20,000
Expected Family Contribution	$1,823
Outside Scholarship	$1,000
Financial Need	$17,177
Federal Pell Grant	$3,700
State Scholarship Grant	$1,500
Institutional Grant	$7,500
Federal Perkins Loan	$1,000
Federal Direct Loan	$1,477
Federal Work-Study	$2,000
Total Award	$17,177

달러는 든다는 설명이다. 아무리 지식이 돈이 되는 세상이라지만 특별한 노하우도 아닌 일에 그런 거금을 받다니, 왠지 모를 씁쓸함이 느껴졌다. 아무튼 이렇게 등록된 기본 정보를 바탕으로 부모가 지불할(감당할) 수 있는 학자금 규모가 먼저 결정되고 외부 기관으로부터의 장학금이 더해지면 이른바 재정지원financial aid 규모가 확정된단다. 부족한 돈, 즉 필요재정지원 총액을 어떤 식으로 충당할 것인가는 정말로 다양한 요인이 적용

되기 때문에 한마디로 설명할 수 없지만, 분명한 점은 상환 의무가 없는 무상지원grants과 갚아야 하는 학자금 대출loan 그리고 근로봉사work-study 등의 세 부분으로 나뉘어 합격자 개인에게 통보된다는 사실이다. 선배도 2,000달러의 본인 부담금 외에 4,000달러에 이르는 대출(학생 및 부모 각각 2,000달러)을 신청했기 때문에 실제적 부담 총액은 6,000달러였다고 한다.

중산층, 그들이 아프다

작년 초만 해도 학자금 대출은 민간대출기관 등을 통해 이루어졌다. 재원은 정부 돈이었지만 이렇듯 민간금융회사를 거치다보니 최소한 대행수수료만큼은 더 비쌀 수밖에 없었는데, 작년 여름에 통과된 법률에 따라 이제는 교육부에서 직접 대출을 처리하게 되었고 금리도 다소 내려갔다고 한다. 대출은 크게 재정이 어려운(소득이 낮은) 학생에게 지원되는 것 SL: subsidized loan과 재정상황과 무관하게 지원되는 것NSL: non subsidized loan으로 대별할 수 있는데, 이자율이 현격하게 차이가 난다. 올해 기준으로 SL의 이자율이 연 3.4퍼센트인 반면 NSL은 6.8퍼센트에 이른다. 재학 중에는 원금 상환 의무가 없지만 이자는 납부해야 하고[물론 이자를 원금에 합산하여 졸업 후에 갚는 방식도 있고, 가정이 어려운 일부 학생에게 지원되는 퍼킨스Perkins라는 학자금 대출은 재학 중인 경우 아예 이자를 면제해주기도 한다] 졸업 후 보통 10년에서 25년에 걸쳐 원금과 이자를 상환하게 되는데, 그때도 연 상환액이 본인 소득의 15퍼센트를 넘지 않게 한다든가 25년이 지나도록 갚지 못한 대출금은 갚지 않아도 된다든가 하는 예외 조항이 있다고 한다.

최근 정부부채한도를 2조 1,000억 달러 증액하는 법안이 통과됨으로써 미국이 디폴트(채무불이행) 위기를 가까스로 넘겼지만 정작 미국경제는 이로 인해 더욱 깊은 수렁으로 빠져드는 느낌이다. 좀처럼 회복될 기미를 보이지 않고 있는 미국경제의 침체로 가장 큰 피해를 입은 사람들은 바로 대학을 갓 졸업한 졸업생이다. 일자리는 하루가 멀다 하고 없어지는데 그나마 남은 일자리는 인생의 선배(?)들이 꿰차고 있으니 비비고 들어갈 자리가 없는 것은 명약관화한 일일 테고, 새로운 일자리라도 자꾸 만들어져야 어떻게 희망이라도 가져볼 텐데 이마저도 쉽지 않아 보인다. 한국이건 미국이건 젊다는 것이 죄인 세상이 되어버렸으니 딱할 노릇이다.

미국에서 학생을 제외한 16세에서 24세 사이의 청년 가운데 절반이 넘는 숫자가 실업 상태에 있고, 이들 중 어렵게 직장에 들어간 사람도 봉급이 예전만 못한 실정이어서 지난해에는 대학을 졸업한 졸업생의 첫 연봉이 평균 2만 7,000달러로 예년에 비해 약 10퍼센트가량 낮아졌다고 한다. 이처럼 대학을 졸업해도 일자리를 얻지 못해 실업자로 전락하거나 수입이 적은 직장을 얻는 경우가 많아지면서 졸업하자마자 빚더미에 올라앉는 일이 속출하고 있는데, 가장 큰 이유가 바로 대학 학자금 대출 상환 때문이라고 한다. 뭘 벌어야 갚을 텐데 아예 진입이 봉쇄돼버렸으니 먹고 살기에도 빠듯한 상황에 빚 상환은 아예 꿈도 꿀 수 없는 것이다. 사회에서의 첫 출발부터 빚과 싸워야 하는 젊은이들이 안타깝다. 자칫하다간 내 자식의 미래도 저들과 다르지 않을 수 있다는 생각에 아찔하다. 나라도 정신 바짝 차려야겠다 싶다. 물려줄 것 하나 없는 한심한 부모지만 그렇다고 빚까지 안겨줄 수는 없는 노릇 아닌가.

대학 학비 보조금 관련 웹사이트인 '핀 에이드FinAid'의 발표에 따르면, 지난 3월 말을 기준으로 미국의 대학 졸업생이 금융기관으로부터 빌려 쓴 학자금 총액이 9,130억 달러에 이른다고 한다. 이는 지난해 미국국민이 신용카드로 결제한 총액보다 많은 금액이란다. 1993년에는 전체 대학생 가운데 절반 미만이 학자금을 대출받았으나 금융위기 직후인 2008년에는 대학 재학생 중 3분의 2가 학자금을 대출받은 것으로 밝혀졌다는 기사에도 눈길이 간다. 중산층의 붕괴라는 현상에서 추측한다면 가족으로부터의 지원액이 줄었기 때문이 아닌가 싶다. 또는 대학으로의 기부나 후원이 줄어 장학금 지급 규모가 줄어든 탓일 수도 있다. 적자에 시달리고 있는 주정부와 연방정부의 지원이 줄어 등록금을 큰 폭으로 인상한 탓도 있을 게다. 아무튼 일부 전문가들은 대학생의 학자금 대출규모가 올해 안에 1조 달러를 육박하거나 넘어설 것으로 예측하고 있다니, 그 심각성은 점점 도를 더해가는 양상이다.

그중에서도 중산층의 고통이 가장 심각한 듯 보인다. 어렵기로 따진다면 먹고 입고 자는 일조차 버거운 팍팍한 서민의 삶에 비견될 수 없겠지만, 앞에서도 언급했듯이 미국은 재정상황을 기준need base으로 학비지원이 결정되기 때문에 소득이 낮은 가정의 학생은 거의 등록금을 내지 않으니 학비 하나만 놓고 본다면 중산층이 가장 힘겨운 상황이라고 해도 그리 틀린 말이 아닐 것이다. 사실 중산층을 정의 내린다는 것이 그리 쉬운 일은 아니다. 어떤 통계에서는 4인 가족 기준으로 연 6만 달러에서 14만 달러까지 범위를 넓게 설정하기도 하지만, 통념상 10만 달러를 경계선으로 삼는 것 같다. 그 사회·경제학적 함의와 기준 그리고 차이까지 세세하게 알 길은 없지만 학자금 지원이라는 관점에서만 본다면 4인 가족 기준으로 대략 연 8만 달러가 '중산층의 경계선'인 듯 보인다. 오죽 했으면 대학생(혹은 예비 대학생) 자녀를 둔 부모(특히 개인사업자)가 이 기준을 맞추기 위해 전전긍긍한다는 얘기가 공공연하게 들리겠는가. 아무튼 10만 달러 전후의 소득을 버는 중산층은 학자금 지원에서 상대적 불이익을 감수해야 한다. 성적에 따른 장학금을 받지 않는다면 무상지원 규모는 매우 적을 수밖에 없을 것이고, 따라서 본인 부담금 혹은 대출(이자를 더 많이 내야 하는 NSL)에 더 많이 의존해야 한다.

그런데 중산층의 몰골이 최근 들어 말이 아니라는 데 문제의 심각성이 있다. 주택시장의 붕괴로 그나마 갖고 있던 주택은 깡통주택으로 전락했고(자산의 감소), 급여가 줄거나 동결되는 것이야 일상이지만 일자리를 지키는 일이 갈수록 버거운 가운데(소득의 감소) 등록금까지 천정부지로 오르니 자녀의 학비를 지원하는 일이 쉽지 않을 것임은 불 보듯 뻔한 일일 것이다. 대출하는 학생의 숫자가 늘고 절대액도 늘어나는 이유가 바로 여기에 있다고 생각한다.

대학, 그 슬픈 자화상

1978년 이래 미국의 대학등록금은 900퍼센트 이상 인상되었다. 대학 졸업생 중 약 3분의 2가 학자금 대출로 인한 빚(일인당 평균 2만 4,000달러)을 안고 졸업한다는 통계도 있다. 미국의 대학생 수는 대략 1,800여만 명 정도로 미국 전역에 있는 5,000여 대학에 적을 두고 있다. 미국의 공

립대학 평균 등록금이 1년에 1만 6,000달러(기숙사비 포함)이고, 사립대학
은 평균 3만 7,000달러라는 통계 — 그 돈을 내고 학교에 들어갔다는 말을 들
어본 적이 없어 도무지 신뢰할 수 없지만 — 도 있지만 일반적으로 주립대학
은 3만 달러, 사립대학은 5만 달러로 보는 것이 더 현실적이다. 이렇다보
니 대학졸업장 하나를 얻기 위해 4년 동안 무려 20만 달러 이상의 돈을
들여야 한다는 계산이 나온다. 도시에서 조금 떨어진 지역에 자그마한
집 한 채를 장만할 수 있는 금액인 셈이다.

　　　그런데도 전체 대학졸업생 중 3분의 1가량이 졸업장이 필요 없는
직장에서 직장생활을 마친다니 참으로 기가 찰 노릇이다. 그 예로 든 통
계가 서글프다. 미국에 있는 주차장 요원의 학력을 조사해봤더니 2만 명
가량이 대학졸업장을 갖고 있고, 식당에서 일하는 종업원 중 30만 명가
량이 대학졸업장 소유자란다. 그들이 하는 일이 얼마나 학문적 전문성을
요하는지 모르겠지만 — 그들의 노동 자체를 폄하할 생각은 결코 없다 — 최
소한 4년간 공부한 정치학이나 경제학 혹은 공학적 지식이 필요하지는
않을 것이다. 상식과 매너 그리고 산수만 잘하면 될 듯싶은 계산원으로
일하고 있는 대학졸업자 수가 40만 명에 이른다는 통계 앞에서는 할 말
을 잃는다. 아무리 생각해도 이런 직종에 종사하기 위해서 적게는 몇 만
달러에서 많게는 20만 달러를 들여 대학에 다닐 이유는 없는 것 같다. 돈
으로 환산할 수 없는 그 무언가를 배우고 평생을 살면서 가져야 하는 것
은 지식과 기술이 아닌 인문적 소양이라는 점, 따라서 대학교육을 밥 벌
어 먹고사는 직업과 연결하는 것이야말로 천민적 발상이라고 비난한들,
나의 생각은 결코 바뀌지 않을 것이다.

그러나 나의 곱지 않은 시선은 학생과 학부모에 향해 있지 않다. 대학졸업장이 필요 없을 것 같은 곳에서 평생 일하고 싶다면 단연코 비싼 등록금 내고 대학에 가지 말아야 한다는 점을 말하려는 것이 아니라는 얘기다. 그보다 대학졸업자에게 필요한 양질의 일자리를 만들어내지 못한 위정자의 무능에 분노하는 것이고, 대학에 가지 않고도 좋은 직장에서 일할 수 있는 환경(급여 수준이 됐든 승진의 기회든)을 만들어내지 못하고 있는 이른바 '정글적' 사회제도에 절망한다는 뜻이다.

학자금 대출이라는 빚을 안고 있는 대학졸업생 중 약 14퍼센트가 졸업 후 3년 이내에 연체를 경험한다고 한다. 소위 말하는 괜찮은 대학을 나온 학생의 연체율이 그렇지 못한 학생에 비해 현저하게 낮다는 통계도 있다. 졸업 후 얻는 일자리의 차이에 기인했을 것이다. 월급을 많이 주는 금융회사나 정부기관에서 일할 기회가 상대적으로 높으니 그럴 수밖에 없는 일 아니겠는가. 이른바 '영리대학' 졸업자의 연체율이 상상외로 높다는 사실은 시사하는 바가 크다. 학력수준 때문에 성적이 높은 대학에 진학하지 못한 경우에 문을 두드리는 곳이기도 하지만, 실상은 여러 이유로 정상적인 방식으로 대학진학의 기회를 가지 못했던 사람이 뒤늦게 진학하는 직업학교나 평생교육기관 또는 사이버대학 등이 영리대학인데, 이들 대학의 학비가 예상외로 비싸다는 얘기일 수도 있고 상대적으로 정부나 외부 기관으로부터의 재정적 지원이 부족하다는 방증이라는 지적도 가능할 것이다. 아무튼 사회·경제적 불평등을 해결할 수 있는 거의 유일한 통로가 고등교육이라 믿고 살았는데, 한국이나 미국이나 불평등이 해소되기는커녕 점점 심화되거나 고착화되는 것 같아 매우 우울하다. 정녕 가난은 대물림되는 것인가. 답답하고 아프다.

제로금리와 양적완화

지난달에 열린 정례 연방공개시장위원회FOMC: Federal Open Market Committee의 회의 결과는 여러 모로 시사하는 바가 크다. 대공황에 버금가는 국난을 겪고 있는 미국호가 순항까지는 아니더라도 최소한 난파의 위기는 극복했다는 평가가 지배적인 상황에서 뜻하지 않게 (혹은 예견된) 돌출한 여러 악재로 인해 AAA의 명성마저 무참하게 무너지는 속칭 '쪽팔리는' 수모를 당하고 있던 터라 회의 결과에 쏠린 관심은 지대했다.

경제상황에 대한 판단부터 이전과는 사뭇 달랐다. '성장세가 예상보다 약해, 경기둔화 리스크가 커졌다'며 사실상 1·2차 양적완화Quantitive Easing 정책이 실패했음을 인정한 것이다. 갑작스러운 미국경제 둔화의 원인으로 높은 에너지 값과 일본 대지진의 여파를 드는 것이야 여전히 미국의 기초 체력을 신뢰한다는 의지의 표명쯤으로 해석하면 될 일이지만, 연방기금금리의 목표범위를 앞으로 2년간 더 유지하겠다고 선언한 부분은 가히 충격적이다. 중앙은행이 언제까지 금리를 유지한다고 발표한 것이 역사상 처음이어서도 그랬지만 더 이상의 추가 금리 하락이 불가능한 초저금리 상태에서 선택할 수 있는 정책대안이라는 것이 고작해야 오랜 기간 저금리를 약속하는 것 외에는 없다는 사실이 안타깝게 느껴지기 때문이다. 썩은 동아줄이라도 잡고 싶을 정도로 호재에 목말라 있어서인지 '더 강력한 경제회복지원을 위한 정책수단을 검토하겠다'는 구두선만으로도 글로벌 증시는 반등에 성공했다. 더 이상의 추락을 두려워한 나머지 시장 참가자 모두가 '집단적 최면'에 빠진 탓은 아닐까 싶다.

일반적으로 은행에 저리의 자금을 공급하면 은행은 대출금리를 좀 더 내릴 수 있고 이로 인해 기업과 가계의 이자 부담이 감소하기 때문에 소비와 투자를 할 여력이 생긴다. 경기 부양을 위해 금리인하정책이 동원되는 이유다. 그러나 이러한 금리인하정책을 시행할 때 가장 우려되는 대목은 경기 부양에는 실패하면서 시중의 유동성만 증가시켜 물가를 자극할 수도 있다는 점이다. 미국이 1년 미만의 단기 실질금리를 0퍼센트에 가깝게 만드는 이른바 제로금리정책(0~0.25퍼센트로 유지)을 택할 수밖에 없었던 배경에는 얼어붙을 대로 얼어붙은 투자와 소비 심리를 진작시키기 위해서는 제로금리 같은 극단적 방법 외에는 마땅한 대안이 없다고 판단한 때문이기도 하지만 물가상승에 대한 가능성이 크지 않을 것이라는 판단이 깔려 있었기에 가능한 것이었다. 이자율이 인하되면 달러 가치는 하락하게 되고 이는 다시 수입 원자재 가격의 상승을 유발해 결국 물가상승을 야기하는 것이 상례지만, 미국뿐만 아니라 전 세계가 경기 침체를 겪고 있는 상황이니만큼 원자재 수요가 감소할 가능성이 부각되어 달러 가치 하락에 따른 원자재 가격 상승 압력을 일정 부분 상쇄시킬 것이라고 예측한 것이다. 아무튼 초저금리(제로금리) 정책이 고비용 구조를 해소하고 국가경쟁력을 높이며 소비를 촉진해 경기침체의 가능성을 줄여준다는 본래의 목표를 달성하는가, 아니면 이자 소득자들인 중장년층이 장래를 불안하게 느껴 소비를 줄이고 부동산 투기 같은 자산 버블을 또다시 발생시킬 것인가는 미국뿐 아니라 전 세계가 주목하는 글로벌 이슈가 되어버렸다. 더구나 일본이 1998년에 AAA의 지위를 잃으면서 이와 같은 제로금리정책을 10년간이나 시행했음에도 경기 부양에 실패하고 오히려 물가만 오르는 스태그플레이션을 경험한, 이른바 '잃어버린 10년'을 겪은 전례가 있는 터라 미국의 제로금리정책이 성공하리라 믿는 사람들은 예상보다 그리 많지 않아 보인다.

금리를 제로까지 내렸다는 것은 지속적인 금리 인하에도 불구하고 당초의 인하 효과가 나타나지 않았다는 것을 반증하는 셈이다. 경제가 정상일 때에야 약간의 금리 인하만으로도 투자 및 소비 심리를 부양시킬 수 있지만, 미증유의 불황을 그것도 압축적으로 경험한 상황에서는 '불확실한 미래'를 믿고 당장의 여윳돈(이자 인하로 인해 생긴 자금)을 투자와 소비로 지출할 사람이 많지 않을 것이다. 더구나 개인들은 부동산 버블 붕괴로 빚더미에 올라앉은 상황에서 직장까지 잃는 이중고에 허덕이고 있고, 기업들은 글로벌 경기침체와 내수 부진이라는 또 다른 이중고를 감내해야 하는 판국에 이자율 인하 효과는 태생적으로 제한적일 수밖에 없다. 개인이나 기업이나 최소한 '빚의 무덤'에서 벗어나야 투자든 소비든

할 것 아닌가. 오바마 정부가 부실자산 처리에 정책의 우선순위를 두고 공격적으로 대응할 수밖에 없었던 것도 바로 이러한 이유 때문이다. 민간투자가 얼어붙은 상황에서 정부가 앞서서 일자리 창출을 추동해야 한다는 인식 또한 시의 적절한 것이라 믿는다. 그린에너지와 IT로 대변되는 정부 핵심지원 산업의 적합성까지야 잘 모르겠지만 과감한 재정정책을 통한 시장개입만은 평가받아 마땅하다는 말이다.

그러나 불행하게도, 결과적으로 현 시점에서 볼 때 제로금리와 양적완화정책으로 대변되는 오바마의 정책은 실패한 것으로 보인다. 수치상으로만 보더라도 한때 12퍼센트를 상회하던 실업률은 9퍼센트대로 떨어진 후 더 이상의 개선을 보여주지 못하고 있으며, 최소한 3퍼센트는 가능할 것으로 보였던 경제성장률은 정부에서조차 2퍼센트를 자신하지 못하고 있는 실정이다. 지난달에는 신규 일자리 창출이 제로에 머물렀다고 한다. 투자 및 소비 그리고 고용, 어느 것 하나도 긍정적 시그널을 보여주는 곳이 없다. 비용 절감과 감원 등으로 만들어낸 실적이라지만 그나마 기업 실적의 개선이 유일한 희망이었는데, 이마저도 세계경제의 침체와 고용시장의 답보 등으로 내년에는 더 악화될 것이라는 전망이 우세하니, 우울할 뿐이다.

그렇다면 제로금리와 양적완화에 시장은 도대체 왜 반응하지 않는 것일까? 분명 '지혈'은 성공한 듯 보이는데 새살은 돋아오르기를 거부하고 있다. 항생제가 부족해서인가 아니면 벌써 항생제에 내성이 생겨 버린 탓일까. 답답하다. 최근엔 환자의 '삶에 대한 의지'가 문제라는 데로 의견이 모아지는 듯하다. 아직까지는 자신의 손으로 밥을 떠 넣겠다는 의지가 부족한 탓이라고 진단한다. 그렇기에 집 잃고 직장 잃은 사람들의 얼어붙은 '자신감'을 회복시키는 데는 여전히 외부의 수혈이 절대적이라고 말한다. 살림살이가 그만그만한 친지들(민간) 손을 빌릴 게재도 아닌 바에야 힘 있는 빅 브라더(정부)가 다시 한 번 두 팔 걷어붙이는 도리밖에 없는 노릇이라고, 두 번의 앰플 주사가 말을 듣지 않는다고 해서 새로운 항생제 사용을 포기해서는 안 된다고 소리를 높인다.

그러나 딱 여기까지다. 해법은 갈린다. 한편에서는 3차 양적완화야말로 모든 문제를 한 방에 해결할 수 있는 '만능열쇠'라고 주장한다. 어차피 '심리'야 단기간에 회복되기 힘드니 직접적인 유동성 공급을 통해 실세금리를 더 낮추면 분명 투자와 소비 심리가 회복될 것이라고 선전한다. 월가와 대기업들이 우군이다. 그래서일까, 최근의 주가 폭락 역시 '양적완화'를 관철시키려는 월가 큰손들의 '음모' 탓이라는 얘기도 들린다.

반면 바쁠수록 돌아가야 한다고 외치는 이들도 있다. 유동성 함정의 원인을 '삶에 대한 의지'에서 찾는 것까지는 같으나, 돈더미에 깔려 죽을 정도의 많은 유동성 공급에도 불구하고 '돈이 돈답게 돌지 않는' 이유는 '금융'이 제 역할을 하지 않기 때문이라고 해석한다. 더 높은 부가가치를 창출할 '생산'에 투입되어 그 과실이 임금 등을 통해 자연스레 소비로 이어지는 선순환의 고리를 만들어야 하는데, 당장의 '머니게임'에만 관심이 있는 '금융'이 '돈을 깔고 앉아' 있기 때문에 '돌지 않는다'고 주장한다. 이른바 '구조론자' 혹은 '체질 개선론자들'이다. 따라서 이들은 3차 양적완화가 환부만 더 키울 것이라며 장기적인 체질 개선을 요구한다. 정부의 재정지출을 통해서라도 '생산'의 시스템을 정비하고 안정된 일자리를 만듦으로써 절제된 '소비'를 유도해야 한다고 목청을 높인다.

양적완화 같은 비전통적 통화정책을 다시 한 번 시도할 것인가, 아니면 과감한 재정정책을 통한 일자리 늘리기에 올인 할 것인가. 바야흐로 막이 올랐다. 사실 이번 회의에 쏠린 최대 관심은 과연 미국이 제3차 양적완화를 단행할 것인가에 있었다. 부실기업(은행) 정리가 어느 정도 끝난 상태에서 장기간 제로금리를 유지했음에도 투자와 소비가 증가하지 않는 것은 금리 인하 효과가 한계에 봉착했다는, 즉 '유동성 함정'에 빠진 것이 아닌가 의심할 수밖에 없다. 때문에 더 이상 금리를 인하할 수 없는 상태인 제로금리 상황에서 중앙은행이 돈을 직접 공급하는 통화정책이 유일한 대안이라 생각하는 것은 너무나도 당연해 보인다. 따라서 양적완화는 거의 유일한 정책대안인 셈이다.

그러나 상황은 녹록하지 않다. 비록 아직까지는 인플레이션 위험이 약해 보인다지만, 일단 임계치에 도달하면 그 폭발력은 상상을 초월하는 법인지라 두 번의 수혈로 이미 부풀대로 부푼 풍선에 '눈 한 번 질끈 감고' 또 한 번 대량의 공기를 주입한다는 것이 그리 만만한 결정은 아닐 것이기 때문이다. 더구나 이미 한계에 봉착한 미국의 재정 위기로 인해 국가부채를 더 이상 늘리기도 어려울뿐더러 하원을 빼앗긴 상황에서 대선을 1년 앞둔 현 시점에서 오바마의 정치적 리더십을 기대한다는 것은 거의 불가능할 것이기에 그렇다. 이렇듯 양적완화는 불가피해 보이지만 이 카드조차 손쉽게 사용할 수는 없는 '딜레마'에 빠져 있는 형국이다.

그래서일까 연방준비제도이사회 의장인 버냉키는 변죽만 울리고 있을 뿐이고, 오바마 대통령은 며칠 전 400조 달러가 넘는 천문학적인

'경기부양'을 발표했다. 일단 '세금 감면과 재정지출' 카드를 통해 위기를 돌파하려는 모양이다. 시장은 환호와 실망을 왔다 갔다 하고 있다. 양적완화를 기필코 쟁취하겠다는 월가의 '전의'가 읽히기도 하고, '공화당이 버티고 있는데 의회를 통과하기나 하겠어' 하는 냉소의 기미도 보인다. 여하튼 9월 하순경으로 예정되어 있는 FOMC 정례회의까지는 '냉탕과 온탕'을 오갈 것이라고들 한다. 조만간 밝혀질 일이다. 버냉키는 과연 칼을 뺄 것인가, 뺀다면 어떤 칼을 쓸 것인가, 얼마만한 위력을 갖는 칼인가. 그러나 그 무엇보다도 과연 시장이 어떻게 반응할 것인가가 자못 궁금하다.

미국이 기침하면 우리는 감기에 걸린다. 내가 미국의 제로금리와 양적완화정책의 성패에 천착하는 이유다. 미국이 제로금리를 상당 기간 유지하고 양적완화정책까지 병행한다면 상대적으로 금리가 더 높은 한국으로 달러 공급이 많아져 원화 가치가 상승(즉, 원화 대미 환율 하락)할 가능성이 높은데, 수출 중심의 우리 경제가 어떤 타격을 받을지가 걱정이다.

일단 주식시장으로의 달러 유입으로 주식시장은 단기적으로 좋아질 수 있다(외국인의 차익실현 욕구 증가로 주식매도자금이 반출될 경우 원화 가치 하락과 주식시장 하락을 촉발할 가능성도 여전히 남아 있다). 그러나 지금이야 미국과의 금리 차(한국의 기준금리는 연 3.25퍼센트)가 연 3퍼센트 정도에 불과하지만 7개월 연속 연 4퍼센트를 넘기고 있는 국내 소비자물가 상승이 큰 문제인 상황에서, 물가를 잡으려면 정책금리를 올려야 하는데 미국과의 금리 차가 더 벌어지면 금리 차를 노리는 외국 자본이 밀려와 환율이 급락할 가능성이 있으니 이 또한 걱정이다. 이래저래 고민과 걱정만 쌓인다. 미국과 한국의 2차 방정식, 어렵다. 거기에 유럽까지. 답이 없다.

10 월가를 점령하라

2011년 9월 17일, 드디어 혁명의 나팔이 울렸다. "월가를 점령하라 Occupy Wall Street"는 구호가 전 세계를 뒤흔들기 시작했다. 총구는 미국을 향했으되, 방아쇠는 의외의 곳에서 당겨졌다. 이제껏 소비중독세태를 비판하며 문화운동 네트워크 구축에 주력했던 애드버스터Adbusters라는 캐나다의 반소비주의자anti consumerist 단체가 '주동'의 깃발을 높이 든 것이다. 처음은 초라했다. 잃어버린 청춘에 분노한 수백 명의 젊은이들만이 소셜 네트워크의 지령(?)에 따라 삼삼오오 모여들 뿐이었다. "우리는 99퍼센트"라며, 1퍼센트가 국민 전체 자산의 33퍼센트를 갖고 있고 국민 전체 소득의 23퍼센트를 차지하는 '비정상의 정상'을 공격하기 시작했다. 아랍의 봄에 비견되는 미국의 가을American Fall이 올지도 모른다고 호들 갑까지 떨고 있다. 그런데 그러지 않았던 시절이 있었는가. 새삼스러울 것 하나 없는 '세상의 법칙'에 돌연 발끈한 그들이 이상했다. 오죽하면 여북할까 싶다가도 '99퍼센트라는 저 무지랭이들(?)의 함성만 갖고는 결코 아무것도 이룰 수 없으며, 최루탄 몇 발이면 이내 사그라지리라' 그리 생각했다. 역사가 늘 그랬던 것처럼.

오늘로 한 달째, 글로벌 금융의 본산이라 할 수 있는 월스트리트가 바라보이는 자그마한 주코티 공원Zuccotti Park은 이제 성지가 되었다. 수백이 수천으로 바뀌었다. '점령지' 명단에 시카고와 LA가 추가되더니 바야흐로 들불의 형국이다. 미국 100여 개 도시를 지나 전 세계 82개국 1,500여 곳에까지 함성이 메아리로 진화했다. 마이클 무어Michael Moore, 수잔 서랜든Susan Sarandon, 노암 촘스키Noam Chomsky가 지지를 선언했다. 심지어 조지 소로스George Soros까지 합류하다니 기가 찰 노릇이다. 살아서 이미 반을 내놓았고 죽으면 나머지 반을 기부하겠다고 했으니 그도 역시 '99퍼센트다'라고 누군가 해석을 내놓는다. 역시 한마디를 해도 센 놈이 질러야 그림이 되는 세상이다. 점입가경이다. "Fed(연방준비제도)를 없애라", "월가의 재산을 몰수하고 시민에게 돌려줘라", "기업은 흡혈귀" 등등 마침내 혁명적 구호가 등장했다. 계급투쟁의 성격으로 바뀌고 있다는 섣부른 진단마저 나왔다. 수백 년 쌓인 자본주의의 모순을 바로잡을 우렁찬 함성의 전주곡이라 믿는 사람들이 늘어가고 있다. 내 조국 대한민국의 하늘도 예외는 아니다.

지구가 요동친다. 이제껏 잘 먹고 잘 살았으니 그 고통을 참기가 더 어려웠나보다. 선진 자본주의 제국의 '신민'들이 거리로 쏟아지고 있다. 늘상 못 먹었으니 새삼 반역을 꿈꾸어야 할 이유가 없던 변방의 '인민'들은 오히려 잠잠하다. 아이러니다. '경찰의 과잉진압으로 확산되었다', '영국의 폭동과 닮았다' 등등 한편에서는 거리로 나설 수밖에 없는 그들을 동정하면서도 '목표가 광범위하고 지도부 없는 조직력의 한계로 그리 오래가지 않을 것'이라 김 빼는 보수 언론의 보도를 접하면서 우리네 보수 메이저 언론을 떠올린다. 생각은 다른 곳을 향한다. 점령해야 할 곳은 월가가 아니라 저 거대한 언론집단과 정치권력이 아닐까.

과연 금융이 원죄인가. 정말로 '월가'만 점령하면 99퍼센트가 1퍼센트의 귀족 신분을 회복할 수 있는가. 나의 대답은 글쎄다. 그렇다고 보너스 잔치에 눈이 멀어 공적 자금 투입의 기억마저 애써 지우려 하는 부도덕한 저들에게 면죄부를 줄 생각은 추호도 없다. 다만 분노의 대상이 잘못되었을 때, 이른바 '타도'의 대상을 잘못 고름으로써 맞닥뜨려야 했던 그 수많은 반동의 역사를 또다시 반복하지 않기를 바라는 마음만은 간절하다. 찬찬히 따져야 하는 이유다. 서브프라임에서 위기가 시작됐으니 그 암담했던 당시로 돌아가야 비로소 답이 보일 것이다.

집만 사면 큰돈 벌겠다 생각한 사람들이 있었다. 원금은 고사하고 이자조차 낼 수 없는 형편에도 빚에 빚을 더해 집 장만 대열에 뛰어들었다. 그들은 99퍼센트였다. 탐욕에 일그러진 영혼, 그들 역시 위기의 공범자다. 돈 빌려주고 또 펀드 만들어 팔기만 하면 이자와 수수료로 떼돈 벌 것이라 믿었던 금융회사들이 있었다. 쓰레기에 쓰레기를 섞어도 결코 황금이 되지 않는다는 사실을 누구보다 잘 알고 있었지만 레버리지의 마술에 취해 보이는 위험을 애써 보려 하지 않았다. 그들은 1퍼센트였다. 위기의 주범이라 해도 무방한 사람들이다. 그러나 여전히 그들은 하수인에 불과하다. 이자율을 낮추면 소비와 투자가 촉진돼 침체된 경제가 살아나리라 확신했던 정책입안자들과 정치권력이 있었다. 다소의 인플레이션이야 감내해야 하는 그 무엇일 뿐이며 부동산 거품은 필요악이라고까지 믿었던 사람들이다. 그들이야말로 숨은 1퍼센트다. 위기의 생산자, 위기의 진범은 바로 그들이다.

자본주의사회에서 욕망은 진리에 가깝다. 더 많은 돈을 갈망하는 것은 오히려 정당하기까지 하다. 그럼에도 불구하고 현실 자본주의는 무한 욕망을 '탐욕'이라는 전염병으로 간주한다. 일단 감염되기만 하면 개인을 병들게 하고 사회를 죽이고 국가를 송두리째 파괴하기 때문이다. 역사가 말해왔다. 20세기 초반 미국을 쓰러뜨릴 뻔했던 독점의 폐해를 '셔먼 법'으로 극복한 것도 같은 이유고, 신자유주의의 망령에 빠져들기 전까지 자본주의 진영이 견지한 원칙 또한 '탐욕의 제한'이었다. 따라서 자본주의는 생존과 번영을 위해 탐욕을 '관리'하고 '제한'해왔다 해도 과언이 아닐 것이다. 결과로서의 부와 재산을 죄악시하지 않는 불문율을 지켜올 수 있었던 것도 부의 축적과정이 정당하다는 전제가 있었기에 가능했다.

따라서 자본주의 체제에서는 욕망을 드러낸 것 자체로는 결코 죄가 되지 않는다. 그들의 현재 재산과 소득이 99퍼센트든 1퍼센트든 상관없이 말이다. 개인은 더 많은 돈을 벌기 위해 목숨도 내놓을 듯 달려드는 것이 마땅하고, 기업은 이익이라면 저승사자와도 악수할 수 있는 것이다. 자신의 욕망을 일정한 틀 안에 가두어놓을 책무까지 그들 자신이 질 필요는 없다는 뜻이다. 저들은 단지 맘껏 욕심 부리면 그만이다. 그랬다간 망할 것이 자명하고 '국민'과 '기업'이라는 자본주의의 근간이 모조리 줄초상 날 것이기에 '아예 도박을 감행하지 못하도록' 초장에 싹을 자르는 일 따윈 다른 자들의 몫이다. 체제를 유지하는 대가로 떡고물을 먹고 사는 사람들, 오로지 정치권력의 책무일 뿐이다. 금융감독의 권한을 제대로 행사하지 못해 개인과 월가의 욕심을 탐욕으로까지 몰고 간 죄, 탐욕의 결과 그들을 파탄으로 내몬 죄, 은행 자본가들의 로비에 넘어가 상업은행과 투자은행의 칸막이를 없애버림으로써 금융만능을 조장한 죄, 민간은행에 공적 자금을 투입한 죄, 공적 자금 투입의 불가피성을 인정하더라도 이로 인해 생긴 성공의 사유私有를 막지 못한 죄, 이 모두가 정치권력의 잘못이다.

오늘도 어김없이 월가는 점령당하고 있다. 저만치 보이는 LA 시청도 금세라도 점령당할 기세다. 함성은 메아리치고 시위의 행렬은 결의에 차 있다. 오랜 세월 혁명의 환희와 담 쌓고 살아온 나로서는 저들이 부럽다. 같은 이치로 저들의 내일이 보여 안타깝다. 패배하거나 좌절하거나 혹은 아파할 것 같기에 그렇다. 들릴 듯 말 듯 혼잣말처럼 내뱉는다. "점령할 곳은 월가가 아니라네. 번지수가 틀렸어. 시스템을 보아야지. 무엇이 바뀌어야 세상이 변하는지 정확하게 살펴야 한단 말일세. 그리고 이젠 슬슬 장엄한 패배를 준비해야 할 걸세. 찬란한 승리를 위해서라면 말이야. Occupy System!"

소비만이 살길?

01 사라진 종이 쿠폰과 IT 강국의 굴욕

"3,100만 명, 미국인 10명 중 한 명꼴로 신청, 1인당 월 평균 119달러, 가구당 266달러 혜택, 작년 390억 달러에서 올해 500억 달러로 증액 예상……."

지난 한 해 동안 미국정부에 의해 제공된 무상 식료품 지원 프로그램에 대한 설명이다. 1962년 도입된 이 제도는 초기에는 종이쿠폰 형태로 지원되었기 때문에 '푸드 스탬프Food Stamp'라는 이름을 얻었다고 한다. 그러나 종이쿠폰이 사용됨에 따라 거스름돈에 대한 분쟁이 끊이지 않고 사용할 때마다 창피함과 모멸감을 느낀다는 의견이 늘어가면서 은행 직불카드와 외관이 비슷한 EBT Electronic Benefits Transfer라는 전자카드로 지급방식을 바꾸는 정책이 도입되었다. 드디어 작년 10월부터 공식 명칭마저 SNAP Supplemental Nutrition Assistance Program으로 바뀌었다.

이름이야 어찌됐든 저소득자에게 생존에 필요한 최소한의 식료품을 제공(오바마 정부에서도 우선적으로 규모를 확대하겠다고 밝혔다)함으로써 사회안전망을 확충하겠다는 미국정부의 의지만은 읽을 수 있는 대목이다. 1년 동안 3,100만 명에게 무려 50조(390억 달러)를 지원하다니, 도무지 감이 잡히지 않는 엄청난 규모에 입이 딱 벌어지다가도 세계 유일 초강대국의 국민이 이 정도로 비참한 상황에 처해 있다는 사실이 충격적이기까지 하다. 경제가 어려워지면 힘없고 가난한 사람들 뱃가죽부터 쪼그라드는 법, 리먼 브라더스의 파산과 함께 시작된 금융위기가 자동차와 유통을 초토화시키더니 마침내 '먼지뿐인 빈자(貧者)의 주머니'까지 넘보기 시작했다는 반증이리라. 작년 한 해 동안 260만 개의 일자리가 없어지고 마의 벽처럼 보이던 7퍼센트의 실업률도 이미 돌파해버린 최악의 상황에서 올 한 해도 특별한 전기가 마련되지 않는 한 생존을 위한 몸부림은 더욱 치열해질 것이 자명하다. 세상에서 가장 서럽고 참기 힘든 고통이 배고픔이라고 하지 않던가! 약육강식이라는 정글의 법칙만 금과옥조로 받들고 사는 줄 알았던 미국조차 이름도 생소한 '푸드 스탬프' 제도를 통해 최소한 국민의 굶주림만은 막아내고 있으니 필자의 관심은 자연스레 나의 조국을 향한다.

"3,000원짜리 쿠폰을 내고 2,000원 하는 점심을 사먹었는데 잔돈도 거슬러주지 않고 장부에 기재해달라는 말도 묵살해버렸어요." 방학 중인 저소득 청소년의 급식을 지원하기 위해 시행되고 있는 무료 급식 쿠폰제도가 한참 예민할 나이의 청소년에게 모욕감이라는 씻을 수 없는 상처를 안겨주고 있다는 고발 기사가 눈에 들어온다. 씁쓸한 소식이다. 전후 사정이야 속속들이 알 길이 없고 우리나라에서도 '푸드 스탬프' 제도의 맹아가 싹트고 있는 것 같아 반가운 생각마저 들었지만, 명색이 '생산적 복지'의 기치 아래 '국민기초생활보장법'이라는 사회안전망을 만든 지 10여 년이 되어가는데도 여전히 주먹구구식 복지행정이 이루어지고 있는 것 같아 아쉬움이 남는다. 65조 원(500억 달러, 작년 대비 27퍼센트를 늘릴 계획이란다)에 이르는 천문학적 지원 규모에는 견주지 못하더라도 우리나라 역시 생존에 필요한 최저 수준의 생활을 보장하기 위해 매년 수조 원의 예산이 집행되고 있음은 주지의 사실이고 보면, 미국과 우리나라 사이에 엄연히 경제력의 차이가 존재하고 지원방식에서도 그 특성이 달라 일률적으로 평가의 잣대를 들이대는 것은 무리겠으나 최소한 지급방식만큼은 미국의 제도를 도입하는 것도 진지하게 고민해보아야 할 것이다.

한국은 IT 강국이다. 비단 우리만의 생각이 아니다. 세계 어디에서도 'IT KOREA'라는 말에 토 달 사람은 없다. 더구나 금융에서의 IT기술은 가히 위력적이기까지 하다. 가까운 예를 신용카드에서 들 수 있다. 성인 기준으로 평균 3장 이상의 카드를 갖고 있으며, 카드단말기를 보유하지 않은 상점을 찾아보기가 하늘에 별 따기보다 어려울 정도의 인프라를 갖고 있지 않은가. 이렇듯 세계 최고 수준을 자랑하는 우리의 신용카드 정보망은 금융선진국에게조차 부러움의 대상이다. 인적이 드문 산간벽지의 식당에서 김치찌개 한 그릇을 사먹고 플라스틱 카드를 대기만 하면 2초(재보지 않았으니 몇 초가 더 걸리더라도 이해하시라!)면 '만사 오케이' 되는 세상에 살고 있으니 오죽하겠는가. 모든 소비가 이처럼 최첨단 고속도로에서 이루어지고 있음에도 우리의 복지는 아직까지 20세기식 종이

쿠폰과 통장지급방식을 채택하고 있으니 이해되지 않는 것은 둘째 치고 창피한 노릇이다.

미국이 종이쿠폰에서 전자카드로 바꾼 이유를 찬찬히 들여다보면 지금 우리가 맞닥뜨리고 있는 문제와 너무도 흡사하다는 사실을 발견하게 된다. 먼저 무능력자라는 사회적 편견을 여하히 차단시킬 것인가의 문제다. 미국은 잔돈 처리에서 발생하는 판매자와 구매자(쿠폰 사용자) 간의 감정적 문제뿐만 아니라 청소년이 경험하게 될 정신적 좌절까지 차단시켜줄 수 있는 가장 유효한 방식으로 전자카드 지급을 선택했고 통계적으로 효과를 입증했다. 현재 사용하고 있는 EBT조차도 차별의 흔적을 지우기 위해 은행 카드와 동일한 형태로 바꾸는 문제를 고민하고 있다는 보도가 나오는 것을 보면 그들의 세심한 배려가 부러울 따름이고, 우리가 선불카드 형태를 도입할 이유 또한 더욱 분명해진다. 다음으로는 정책의 효율성 제고 측면을 들 수 있다. 카드 형태로 바꿈에 따라 생존에 필요한 식료품을 지원한다는 당초 목적에 부합하는 다양한 프로그램(비식료품 구입 등 부정사용 차단)을 구현할 수 있는 계기가 마련됐다는 평가다. 식료품 구입을 줄이고 이를 다른 비용에 충당하는 등 최소한의 건강권 확보라는 당초 취지가 무력화되는 문제를 상당 부분 극복할 수 있었다는 점은 우리에게 시사하는 바가 크다 할 것이다.

지급방식을 선불카드 형태(체크카드 또는 충전식 선불카드)로 전환할 경우 발생할 수도 있는 여러 가지 문제를 비전문가적 식견으로 일일이 다 예상할 수 없지만, 최소한 앞에서 말한 두 가지 정도의 효과만이라도 기대할 수 있다면 전향적으로 검토할 여지는 충분하다고 생각한다. 더구

나 신용카드회사가 제공하고 있는 가격할인(판매자와 공동 프로모션을 통해
보조금 수급자에 대한 혜택을 확대할 수도 있을 것이다)이나 포인트제도 등과
같은 다양한 보상체계를 활용한다면 정부 지원 프로그램의 내용과 형식
을 보다 풍성하게 만들 수 있을 것이다. 남들은 하고 싶어도 인프라 구축
비용 때문에 엄두조차 내지 못한다고 하는데, 우리나라는 가겠다고 방향
만 정하면 그다음부터 일사천리로 추진하기만 하면 될 뿐이니 이 또한
경쟁력이다. 정책 당국의 전향적 검토를 거듭 기대해본다.

02 마켓 천국

결혼하고 한국에 살던 근 15년의 세월 동안 시장에 간 횟수 — 이마저도 정말 마지못해 아내 뒤만 졸졸 따라다닌 것이지만 — 보다 미국에 온 첫해에 치러낸 그것이 훨씬 많을 것이라 생각한다. 미국에 왔다고 금세 개과천선해서 그 못된 가부장적 권위가 없어졌을 리는 만무하고 아마도 우선 시간이 많아서일 것이다. 미국물정도 파악할 겸 그동안 못한 남편 구실도 할 겸 해서 가능하면 아내의 장보기에 동행하곤 했다. 생필품이나 쇠고기는 코스트코Costco, 우리 식재료나 과일 그리고 돼지고기는 한인 마켓, 소량의 미국 식료품을 살 때는 본즈Vons, 뭐 이런 식이다. 일주일에 한 번 정도 코스트코에 가서 큰 장을 보고 그 중간에 한인 마켓을 들르는 것이 일상이 되었다.

마켓의 종류

식료품을 중심으로 생활에 필요한 잡화 등을 살 수 있는 곳을 편의상 마켓이라 통칭하고 이를 일단의 그룹으로 나누어보면 다음과 같다. 물론 이러한 구분은 철저히 주관적이다. 전문가가 아니니 어색하다 한들 어쩔 수 없다. 우선, 주 소비층에 따라 주류 마켓Main Market과 비주류 마켓Ethnic Market 등으로 구분할 수 있다. 미국인을 주류와 비주류로 나누는 일이 얼마나 황당한 발상인지 잘 알지만, 이민 역사가 짧아 아직까지 자신들만의 식문화를 간직하고 있는 이민 집단이 있는 것 또한 현실이고 이들을 주 고객으로 하는 마켓이 엄존한 상황이니만큼 이를 통칭해 비주류 마켓이라 부른들 크게 틀리지 않을 것이다. 아무튼 한인이 많이 모여 사는 캘리포니아에도 LA를 주 무대로 하는 남쪽은 한인 마켓이 제법 큰 규모로 성업 중이다. 마루카이Marukai 같은 일본 마켓 체인도 있고, 랜치99Ranch99 같은 중국 마켓도 제법 많다. 아시아인을 대상으로 하는 작은 규모의 비주류 마켓이 특정 지역을 중심으로 그 세를 넓히고 있는 셈이다. 이른바 주류 백인을 머지않아 추월할 것으로 예상될 정도로 인구 구성 비율이 가히 폭발적으로 증가하고 있는 히스패닉계 마켓 또한 확장 일로에 있다. 슈피리어Superior라는 상호의 마켓이 그 중심에 있는데, 한국인이 실소유주로 알려져 있다.

언필칭 비주류 마켓은 해당 민족의 고유한 식료품을 살 수 있는 곳이다. '주 고객'이라는 말에서 보듯 모든 비주류 마켓이 비주류만을 대상으로 하지는 않지만, 한인 마켓의 경우 미국사람(내가 쓰면서도 자꾸 표현이 거슬린다. 이해하시라!) 비중이 절대적으로 적은 것만은 사실이다. 출신

민족별로 모여 사는 경향 탓도 있을 것이고 규모의 경제 때문이리라 추정된다. 한인 마켓의 예일 수도 있겠지만 주류 마켓에서 파는 물건은 가격경쟁력이 다소 떨어진다는 것이 현지인의 평가다. 고유 식료품은 비주류 마켓에서, 일반 제품은 주류 마켓에서 구입하는 식으로 구매 패턴이 자리 잡아가는 이유가 바로 여기에 있는 것은 아닐까.

마켓 규모에 따라 구분하는 방식도 가능할 것이다. 코스트코나 샘스Sam's 같은 창고형 회원제 마켓과 월마트Walmart나 타겟Target 같은 할인매장이 규모면에서 정점에 있다면, 본즈나 앨버트슨Albertson 같은 이른바 SSMSuper Supermarket이 그다음일 것이고, 주로 의약품을 팔고 있는 CVS 같은 체인점이 그 뒤를, 세븐 일레븐이나 주류 판매점Liquor Store과 주유소 매점 등이 사슬구조의 맨 밑을 차지하고 있는 형국이다. 그리고 체인별로 다소 차이는 있겠지만 한인 마켓은 규모에서 SSM과 비슷하거나 다소 작은 정도로 보면 정확할 것이다.

아무튼 마켓의 크기만으로 본다면 회원제 창고매장이나 할인매장 그리고 SSM 모두 별 차이가 없을 정도로 엄청난 규모여서 그 차이를 구분한다는 것은 별 의미가 없으며, 갖가지 이름을 내건 대형 마켓이 한 집 걸러 (큰 네거리마다에는 어김없이) 자리 잡고 있으니 요즈음 한국에서 치열하게 전개되고 있다는 이른바 '골목상권 논쟁' 자체가 미국에선 아예 성립하지 않는다는 것이 필자의 판단이다. 영세의 범주가 어디까지인가의 문제는 있겠지만, 자동차문화를 기반으로 하는 대량구매 대량소비가 일반화되어 있는 미국에서 영세 상인이 설 땅은 애초에 없었던 것이 아닌가 생각한다. 따라서 규모에 따라 마켓을 굳이 나눈다면 우리네 슈퍼

마켓과 견줄 수 있는 편의점, 주류 판매점, 주유소 매점 등의 중량급 골목 상권과 그 외의 대형 마켓으로 구분하는 것이 어쩌면 더 타당한 방식일 수도 있다.

상품 혹은 마케팅 전략의 차이를 통해 마켓을 나눠보는 것도 재미있다. 일단 주력 상품에서 차이가 있다. 생필품에서 식료품으로 그 범위를 넓혀가는 곳이 있는가 하면, 식료품 중심에서 생필품 부분을 확대해가는 마켓도 있고, 의약품 중심에서 생필품 코너를 강화하는 곳도 있다. 샴푸를 사러 오는 고객에게 쇠고기나 과일을 팔아보겠다는 마켓과 채소를 사러 온 손님에게 세제나 약을 팔겠다는 마켓의 싸움이랄까, 여하튼 미국의 모든 마켓은 원스톱 쇼핑 쪽으로 방향을 잡아가고 있다. 심지어 소형 마켓조차 음료수나 간단한 생필품 판매에서 벗어나 하나둘 상품의 가짓수를 늘리고 있으니, 마켓이 갖고 있는 본래의 성격에 따라 무슨 무슨 마켓으로 구분하는 것은 이미 옛 노래가 되어버렸다.

03 가스 값을 통해 본 미국의 신용카드 수수료 체계

'가스 값gas price', 우선 말부터가 생소하다. 도시가스 요금인지, 휘발유 대신 넣는 LPG를 일컫는 말인지 도통 헷갈린다. 휘발유가 영어로 가솔린인데 앞 음절만 차용해서 그냥 '가스'라 하면 가솔린을 의미하고, 따라서 우리네 기름 값 대신 이들은 가스 값이라 부른다는 설명이다. 아무튼 미국에서 가스 값이 갖는 의미는 우리와 조금 다르다. 자동차 없이는 한 걸음도 떼지 못하는 사회시스템 탓도 있겠지만 미국발 금융위기로 인한 서민의 팍팍한 삶을 웅변하는 바로미터로서뿐만 아니라 금융개혁의 중요한 부분 중 하나인 금융소비자 보호책의 일환으로 추진된 데빗카드Debit Card(직불카드, 자신의 은행 예금계좌에서 바로 인출되는 카드) 수수료

인하까지 그 중층적인 경제·사회적 함의는 실로 대단하다.

우선 가스 값의 편차에 대해 한마디 짚고 넘어가야 할 성싶다. 가격차가 커도 너무 크기 때문이다. 하나의 주가 웬만한 나라 정도 크기니 주에 따라 어느 정도 차이가 나는 것이야 이해될 수 있겠다지만 가장 비싼 곳과 싼 곳의 차이가 거의 30퍼센트 이상이 되는 걸 보면 입이 딱 벌어진다. 현재 미국의 평균 가스 값은 1갤런(약 3.8리터)에 3달러 50센트 정도인데, 가장 싸다는 와이오밍 주가 2달러 90센트인 데 비해 하와이는 4달러 20센트가 넘는다. 하와이나 알래스카 등이 비싸고 농촌보단 대도시 지역이 비싸다. 물론 내가 살았던 캘리포니아도 비싼 지역 중 하나다. 얼마 전 이곳 가스 값이 갤런당 3달러 90센트를 기록했을 때 미국의 평균 가스 값은 3달러 50센트였다고 하니 10퍼센트 이상 비싼 셈이다.

비싼 이유에 대한 설명은 제각각이다. 캘리포니아를 비롯한 일부 주와 대도시는 공해유발세를 물리기 때문이라고 말하는 사람도 있고, 텍사스와의 송유관 라인이 없어 배를 통해 공수하기 때문에 높은 물류비용 탓에 가격이 높을 수밖에 없다고도 한다. 여기까지는 그래도 이해 가능하다. 그러나 같은 주, 동일한 카운티에서조차 가격 차이가 벌어진다면 도무지 그 속내를 가늠하기조차 힘들어진다. 비근한 예로, 부자들이 모여 산다는 베벌리힐스 근처의 어느 주유소에서 갤런당 4달러 30센트를 받고 있는 지금, 내가 사는 토랜스 주유소에서는 3달러 50센트에 불과하다. 정유회사는 일정 거점 지역마다 도매물류센터를 확보하고 있는데, 센터에서 먼 곳은 육상운임이 비싸 기본적으로 공급가격이 높을 수밖에 없고 따라서 주유소 판매가격이 상대적으로 높아진다는 설명이다. 또 어떤 이는, 가격이 상대적으로 낮은 주유소는 편의점(복권이나 담배, 간단한 스낵류와 음료수를 판다. 웬만한 주유소는 거의 다 편의점을 갖고 있다)을 운영하기 때문에 소비자를 유인하기 위해 가스 값을 낮추는 것이라고 주장하기도 한다. 이런저런 이유 중에서 정유회사로부터의 공급가격 차가 분명 가장 중요한 요소겠지만, 그래도 선뜻 수긍이 가지는 않는다. '설마 그렇게까지 차이가 날라고' 하는 것이 나의 판단이기 때문이다. 소비자가 가격에 둔감해서 '살 사람만 오라'는 식의 가격정책을 펼칠 수 있는 것은 아닌가 싶기도 하고, 아무튼 이상하다. 우리와 달라도 너무 다르다. 그래도 사는 사람이 있으니, 이렇게 높은 가격을 고수하는 게 아닐까.

비록 작은 규모지만 주유소 브랜드에 따른 가격차도 만만치 않다. 아르코Arco, 스리프티Thrifty 등이 상대적으로 싸고 모빌Mobil이나 76 등이 중간 수준이라 한다면 텍사코Texaco, 셸Shell, 셰브론Chevron 등은 다소 높은 편이다. 물론 이러한 판단 또한 순전히 필자가 살았던 토랜스라는 LA 근교 작은 도시의 사례니만큼 절대적 '사실'이라 말할 수는 없다. 다만 아르코·스리프티 같은 브랜드가 저가 주유소인 것만은 분명하다. 그런데 이 두 회사는 어떻게 낮은 가격을 유지할 수 있을까 궁금했다. 상대적으로 낮은 인지도를 극복하기 위해 마진을 줄인 탓일 수도 있겠고 박리다매식의 가격정책을 펼치기 때문일 수도 있겠지만 그보다는 그들만의 독특한 결제정책 때문이라는 것이 필자의 생각이다. 즉, 대부분의 주유소가 신용카드를 받고 현금 사용자에게만 할인해주는 이원적 가격정책을 유지하는 데 반해, 이 두 주유소는 데빗카드만 고집하고 현금 사용자에게도 별도의 할인을 해주지 않기 때문에 신용카드 수수료만큼의 인하 여력이 생겨 이를 바탕으로 가격인하를 할 수 있는 것이다.

한국에서는 고객이 신용카드로 결제한다는 이유로 가격을 차별할 수 없는 법 조항 탓에 이른바 이중가격정책이 불법이지만 미국은 그렇지 않아 어떤 사업자든지 이중 혹은 동일 가격정책 중 선택할 수 있다. 많은 주유소가 카드결제와 현금결제 시 가격을 외부에 큼지막하게 내건 모습을 쉽게 볼 수 있다. 신용카드로 3.500달러라면 현금으로 3.390달러, 이런 식이다. 대략 3퍼센트 정도의 차이가 나는 것으로 볼 때 주유소가 부담하는 신용카드 가맹점 수수료의 수준이 이 정도가 아닌가 싶다.

그런데 이렇게 가격할인을 해준다고 광고해도 대부분의 고객은 여전히 신용카드(혹은 데빗카드)로 결제한다고 한다. 정확한 데이터까지야 입수하지 못했지만 현금으로 내는 사람을 거의 본 적이 없으니 최소한 80퍼센트 이상은 카드로 결제하지 않나 하는 것이 경험칙에 따른 나의 판단이다. 비록 신용 상태가 좋지 않아 신용카드를 발급받지 못하는 사람이라도 데빗카드는 갖고 있기 때문에 대부분의 사람들이 굳이 현금으로 내지 않는 것이 아닌가 싶다.

매우 조심스럽지만, 우리의 신용카드회사들도 여전법(여신전문금융업법)의 '차별금지조항' 폐지를 전향적으로 검토할 때가 되지 않았나 생각한다. 신용카드가 전 국민적 결제수단으로 이미 굳건히 자리매김한 상황에서 그다지 실익도 없는 조항을 끌어안고 괜한 시비만 자초할 이유가 없어 보이기 때문이다. 아무튼 바로 이 지점 — 신용카드 수수료 부담 — 에 위 두 회사가 주목했을 것으로 추측된다. 아예 신용카드는 받지 않는다는 역발상 — 데빗카드만으로의 결제 — 을 선택했을 것이라는 추정이다.

물론 데빗카드도 수수료를 부담하지만 평균 주유금액을 감안할 경우 그 액수가 소액(거래당 수수료로 24센트를 초과할 수 없다. 50달러 정도를 주유할 경우 약 0.5퍼센트 수준)이어서 이를 주유소가 부담하는 대신 판매가를 낮출 수 있는 여력이 생긴다고 판단했을 것이다. 심지어 스리프티 같은 곳은 데빗카드 수수료마저 고객이 부담하는 정책을 고수하는데도 다른 곳에 비해 주유할 고객이 줄을 선다니, 그들의 저가정책은 최소한 지금까지는 성공한 듯 보인다. 한편에서는 신용카드와 현금이라는 이원정책을 내세워 높은 가격을 유지하고, 다른 한편에서는 아예 데빗카드만 받는 대신 가격을 낮추는 전략으로 맞서는 형국이다. 고객의 구매선택의 폭을 넓혀준다는 의미에서 혹은 주유소에 다양한 가격정책을 선보일 수 있는 기회를 제공한다는 차원에서도 우리나라 신용카드 업계가 눈여겨보아야 할 대목이 아닌가 생각한다.

여기서 최근 미국에서 벌어지고 있는 데빗카드 수수료 논쟁의 개략적인 내용을 살펴봄으로써 이를 통해 우리가 얻을 수 있는 시사점에 대해 간략히 언급하고자 한다. 금융개혁의 일환으로 거래당 평균 44센트에 달하던 데빗카드 수수료를 12센트로 인하하기로 한때 논의되다가 결국 최고 24센트로 인하하는 선에서 타결되었는데, 이를 가맹점 단체 등에서 강력 항의하면서 이른바 '데빗카드 수수료 논쟁'이 불붙었다. 거래금액이 크면 수수료율이 낮아지겠지만 5달러 내외의 소액결제 시에는 그 비율이 5퍼센트에 육박하기 때문에 가맹점 입장에서 불만을 가질 만도 하다. 그러나 수수료를 둘러싸고 벌어지고 있는 갈등이 외견상으로만 우리와 닮았을 뿐 대손위험이 없는 데빗카드의 단순거래비용transaction fee

치고는 너무 과하지 않느냐에 대한 '이유 있는 항의'이지 가맹점 수수료 자체를 시비하는 우리와 많이 다르다는 점만은 분명하다.

'데빗카드 수수료 논쟁'이라는 이름에서 알 수 있듯이 미국에서는 신용카드 수수료에 대한 논쟁은 없다. 내가 아는 한은 없다고 하는 것이 보다 정확한 표현이겠으나, 4년 가까이 미국에서 살면서 한 번도 신용카드 수수료가 전 국민적 관심사로 떠오른 적을 보지 못했기 때문에 감히 '없다'는 표현을 쓴 것이다. 고백컨대 미국 신용카드 가맹점 수수료율 체계를 전면적으로 연구할 기회를 갖지 못했고 주유소를 제외하고는 현금 결제에 대해 가격할인을 제공하는 곳을 목격하지도 못했기 때문에 필자의 판단이 다소 과장되거나 왜곡됐을 수도 있음을 부인할 생각이 없다. 다만 지난 세월 신용카드 업계에 종사했던 짧은 인연으로 우리나라 신용카드 산업의 건전한 발전을 그 누구보다 성원하고 있으며 비록 짧은 기간이지만 미국의 사례를 경험한 바도 있어 신용카드가 전 국민적 결제수단으로 이미 굳건히 자리매김한 우리의 상황에서 그다지 실익도 없는 조항을 끌어안고 괜한 시비만 자초하기보다는 줄건 주고 받을 건 당당히 요구하는 전환적 사고가 필요한 시점이 아닌가 하는 점만은 확신하고 있다. 이미 누더기로 변해버린 우리의 신용카드 가맹점 수수료 체계를 정상으로 회복시키기 위해서는 이른바 '차별금지조항' 폐지를 전향적으로 검토할 때가 되었다고 믿는 이유다. 필자의 좁은 소견이 우리나라 신용카드 산업에 작은 시사점이라도 제시할 수 있다면 이는 고마운 덤이다.

여전법 개정에 대한 진전된 생각: 18조 3항 대 19조 1항(2012년 4월)

필자는 신용카드 가맹점 수수료를 둘러싸고 벌어진 지난 5년여의 일들을 속속들이 알지 못한다. 영세상인을 위한 수수료 인하 폭이 어땠으며 몇 번을 인하했는지, 업종 간 수수료율 차이가 얼마나 좁혀졌는지, 전체 가맹점 평균 수수료율이 얼마나 변동되었는지 등은 모른다. 또한 최근 업계가 공동으로 맡겼다는 새로운 수수료율 체계에 관한 용역결과에 대해서도 아무런 정보가 없다. 다만 '여전히 카드 수수료는 가격이고 가격은 시장에서 결정되어야 한다'는 믿음만은 변함없이 갖고 있다. 셈을 해보아 이익이 될 것 같으면 설사 한계적 마진이라 하더라도 파격적인 수수료를 적용할 수 있는 것이고 돈이 되지 않는 가맹점에는 높은 수수료를 부과할 자유가 주어져야 한다는 '믿음'이다. 공동체에 대한 배려는 그다음 얘기다. 어떤 식으로 배려하고 얼마를 도울 것인가는 정치가 관여할 문제가 아니라 지극히 사적인 결단의 영역일 뿐이라는 말이다. 여기까지가 나의 확신적 믿음이다. 그런데 세상일이라는 것이 뜻대로 믿음대로 이루어지는 것이 아닐진대 어찌 보면 그 어떤 원칙과 믿음마저도 서로 주고받으면서 변화되는 것이 아닌가 하는 생각도 함께 갖고 있다. 더구나 미증유의 경제위기로 인해 거의 모든 가맹점이 생사의 기로에 서 있는 형국이니 카드 업계의 장기적 생존과 성장을 위해서도 동반성장의 파트너인 가맹점에 대해 보다 유연하고 전략적인 사고가 필요하다고 생각한다. 그러한 바탕 위에 나의 믿음은, 한편으로는 '원칙'을 그리고 다른 한편으로는 '양보'를 향한다.

최근 카드 업계와 정치권을 뜨겁게 달구고 있다는 이른바 '여전법' 18조 3항인 "신용카드업자는 대통령령으로 정하는 규모 이하의 영세 가맹점에 대해 금융위원회가 정하는 우대 수수료율을 적용해야 한다"에서 절대로 금융위원회가 정하게 할 수 없다는 점이 '원칙'이라면 우대 수수료율을 적용할 수 있다는 점은 '양보'인 셈이다. 수수료도 가격이기 때문에 민간에서 결정되어야 한다는 사실만은 결코 포기하지 않겠다는 '원칙'을 지켜야 한다는 것이고, 가격의 범위를 정할 때 경제논리뿐만 아니라 공존과 상생에도 중요한 자리 하나를 '양보'해야 한다는 말이다.

카드 업계가 오랫동안 풀지 못한 딜레마는 여전법 19조 1항이다. "신용카드 가맹점은 신용카드로 거래한다는 이유로 신용카드 결제를 거절하거나 신용카드회원을 불리하게 대우하지 못한다." 얼핏 보아서는 신용카드로 결제한다고 해서 차별적 대우를 받지 않아야 한다는 내용이니 너무도 당연한 조항이다. 하지만 좀 더 깊게 들어가 보면, 카드 업계가 그토록 주장하는 '사적 자치' 혹은 '시장주의' 논리와 배치되는 측면이 있음을 부정할 수 없다. 신용카드 가맹점이라고 해서 현금과 같은 다른 결제수단에 인센티브를 주지 못하도록 하는 것이 과연 정당한가 하는 근본적 회의가 들 수 있다는 말이다. 수수료율에 대한 정부통제를 거부하듯이 가맹점 또한 결제수단에 따른 차별적 가격정책을 갖도록 하는 게 맞지 않느냐는 뜻이다.

세원 확보라는 정책적 고려에서 출발하여 신용카드가 갖는 사회적 효용성을 높이기 위해 도입됐을 차별대우 금지조항의 합목적성을 부정하는 것은 아니다. 다만 다소의 혼란과 업계 전체 이익의 감소가 우려된다손 치더라도 오랫동안 카드 업계를 짓눌러왔던 불편함과 부자유에서 이제 벗어날 때가 되었다는 것이 필자의 생각이다. 근거 없는 '편의'를 포기할 때만이 주장을 힘 있게 요구하고 관철할 수 있다 믿기 때문이다.

04 블랙 프라이데이, 날이 밝다

11월의 넷째 목요일은 미국 최대 명절 중 하나인 추수감사절이다. 유대인이 지키는 구약성경의 수장절(장막절)에서 기원을 찾는 이들도 있지만, 1620년 영국에서 미국 매사추세츠 주의 플리머스 식민지로 이주한 필그림 파더스Pilgrim Fathers가 궂은 날씨와 질병에도 불구하고 인디언 부족인 왐파노아그족의 도움으로 추수를 잘 끝낼 수 있어서 이를 자축하기 위해 인디언 부족을 초대하여 함께 음식을 먹은 데서 시작됐다는 것이 정설이다. 초기 추수감사절은 축제라기보다 교회에서 예배를 하는 종교적 행사였으나 차츰 그 성격이 변해 흩어진 가족이 일 년에 한 번씩 모여 칠면조 고기를 함께 먹는, 우리의 추석과 같은 전통적 명절로 자리매김 했다고 한다. 아무튼 추수감사절은 1623년 매사추세츠 주의 공식 명절로 선포된 이후 서서히 다른 지역으로 퍼져나가기 시작했으며, 1789년 미국

초대 대통령인 조지 워싱턴이 처음으로 국경일로 지정했다. 제3대 제퍼슨 대통령이 잉글랜드 왕의 관습이라는 이유로 국경일에서 제외시키는 등의 우여곡절을 겪었지만 1863년 링컨 대통령이 지금과 같은 연례 국경일로 재지정했다.

미국에 와서 벌써 네 번째 맞는 추수감사절이지만 여태껏 칠면조 고기를 먹어보지 못했다. 쉽사리 남의 나라 음식에 동화되지 못하는 보수적 기질 탓이 크지만 질기기만 할 뿐 닭만 못하다는 세간의 평을 들은 후부터 생긴 선입견 때문이기도 하다. 칠면조는 그렇다 치고 흩어진 가족이 없으니 '가족끼리의 식사'라는 의미도 없어 나에게 추수감사절은 이래저래 '짧은 휴가'일 뿐이다. 가까운 곳으로의 여행이 단골 메뉴다. 2008년이 그랬고 재작년, 작년도 같았다. 그러나 올 추수감사절은 상황이 여의치 않다. 사는 형편이 고달파지니 우선 마음의 여유가 없어졌다. 고정 수입 없이 이제껏 모아놓은 예금과 빚으로 근근이 살아가는 상황에서 아무리 짧은 여행일지라도 이를 감행한다는 것이 사치로 여겨졌다. 때마침 공부가 급한 딸아이를 핑계 삼아 '조용한' 추수감사절을 보내기로 했다. 그래도 뭔가 아쉽고 미안해 말로만 듣던 '블랙 프라이데이'를 한 번 체험해보자고 제안해본다. 뾰로통해 있던 딸아이가 반응한다. 잘 하면 옷 한 벌 챙길 수 있으리라는 희망에 부풀었는지 아이들은 일찍 잠자리에 들었다. 결전의 날을 기다리는 병사들처럼 말이다.

Why Black

블랙black은 흑자를 뜻하는 말이란다. 허구한 날 적자만 보던 상인들이 이날을 기점으로 흑자를 보기 때문에 붙여진 이름이라고 한다. 일 년의 매출을 100이라 했을 때 추수감사절 연휴부터 연말에 이르는 기간 동안 팔리는 규모가 70을 넘는단다. 텔레비전이나 컴퓨터 그리고 가전제품 같은 내구성 소비재는 웬만하면 이 시기에 구매한다고 보면 된다. 옷도 마찬가지다. 참았던 소비욕구를 일시에 터뜨린다고 할까. 왜 이 시기에 몰아서 구매하는지는 모르겠지만, 10월의 마지막 날에 즐기는 할로윈축제를 신호탄으로 다가올 블랙 프라이데이 얘기가 전 미국인의 관심영역으로 부상하는 것만은 틀림없는 사실이다. 모든 언론매체는 예상 매출알아맞히기 게임에 총동원되고 어떤 업체가 무슨 물건을 얼마나 싸게 파는지 알려주는 일이 무슨 역사적 사명이라도 되는 양 호들갑을 떤다. 쇼핑방식에서부터 최저가 안내까지 다양한 스마트폰 앱이 선보일 정도니이건 쇼핑이 아니라 일종의 전쟁 혹은 광란의 축제로 보는 것이 맞을 것이다.

구매욕구를 억눌러오던 소비자가 선물 시즌과 본격적 월동준비 시점을 맞아 제대로 지갑을 열려 했을 것이고 이를 간파한 상인들이 가격할인에 나서면서 자연스레 블랙 프라이데이 같은 쇼핑축제가 시작됐을 것이라는 게 나의 어설픈 추론이지만, 일 년의 재고를 일시에 떨려는 전국가적 상혼에 모든 미국인이 낚인 것일 수도 있겠다 싶다. 아무튼 싸고질 좋은 물건을 구입하려는 욕망은 부자 나라 국민이나 가난한 나라 백성이나 매한가지라는 생각이다. 그날 내가 목도한 것은 목숨을 건 광란의 질주, 그 이상도 이하도 아니었다.

지금까지 거의 모든 상점의 개점시간은 새벽 4시였다. 일부 인기

품목을 사기 위해 자정 무렵부터 기나긴 쇼핑행렬이 만들어지는 것도 다 반사였다. 미끼 상품이겠지만 몇 명에게만 돌아가는 행운을 잡기 위해서라면 밤잠을 설치는 일 따위는 문제될 것이 없어 보였다. 먼동이 트려면 아직도 한참을 더 기다려야 하는 새벽녘에 상점의 문이 열리기만 학수고대하며 추위와 싸우는 기나긴 순례객의 행렬을 상상해보라. 그 어떤 비장함에 가슴까지 먹먹해짐을 느낄 것이다.

그런데, 그런데 말이다. 그 비장함이 슬픔으로 바뀌는 일이 벌어졌다. 새벽 4시도 너무 늦다고 생각한 상점이 하나둘씩 생겨났기 때문이다. 4시가 자정으로, 또 추수감사절 당일 밤 10시로 개점 시간을 앞당기기로 했다는 뉴스가 전해졌다. 아연실색할 수밖에. 물건 파는 사람들이 사는 사람들 사정까지 봐줄 리 만무하지만, 그래도 그렇지 잠은 자게 해줘야지 해도 너무한 것이 아니냐고 볼멘소리를 내 본들 저들은 꿈쩍도 하지 않을 태세다. 몇 년에 걸친 초유의 대불황으로 한 푼이 아쉬운 소매점들이 착안해낸 고육책이겠지 생각하니 짠하기까지 하다. 그러나 과연 앞당긴 만큼 매출이 늘 수 있을까, 저들이나 나나 반신반의하기는 마찬가지다. 노조의 반발 탓에 혹은 수십 년을 이어온 경영원칙 때문에 몇몇 대형 소매점들은 여전히 새벽 4시를 고수한다지만 대다수는 자정에 꽂힌 모양이다. 이젠 블랙 프라이데이라는 말이 무색하게 되었다. 블랙 서즈데이나 블랙 생스기빙데이로 바꾸어 불러야 하지 않을까 하는 하릴없는 망상에 빠져본다.

아무튼 새벽 4시의 벽도 넘기 힘든 상황에서 자정은 애당초 고려대상이 아닌, 참으로 느긋한 나의 가족은 혹여나 좋은 구경을 놓칠세라 이

른 아침에 일어나 사상 초유의 시각인 오전 9시 무렵 동네에서 가장 크다
는 쇼핑몰에 도착했다.

어림잡아 족히 1,000대는 수용할 수 있을 것 같은 주차장이 빼곡하
다. 간신히 자리를 잡고 아이들이 좋아한다는 유명 브랜드 상점으로 발
길을 돌린다. 구불구불 줄이 몇 갈래인지도 가늠하기 어렵다. 물어보니 9
시 30분까지 입장해야만 70퍼센트 할인의 영광을 누린단다. 한 번에 십
여 명씩 끊어서 입장시키는 꼴을 보니 지금 줄섰다가는 낭패 보기 십상
이다 싶어 이내 발길을 돌린다. 쇼핑몰 전체가 벌써 폐장 분위기다. 쓸
만한 물건은 이미 다 팔렸고 마음에 드는 물건은 할인을 멈췄다. 눈앞에
서 70퍼센트를 봤으니 30퍼센트 앞에서는 좀처럼 지갑이 열리지 않는다.
두 시간을 돌아 티셔츠 몇 장을 손에 쥔 채 발길을 돌릴 수밖에. 인내는
쓰되 열매는 달콤하다 했던가, 옛말이 하나도 틀린 게 없다는 교훈만 얻
었다.

쇼핑전쟁, 그 이후

옆 동네 월마트에서 기상천외한 사건이 발생했다고 난리다. 아이
의 로망이었던 게임기를 쟁취하기 위해 어느 흑인 아줌마가 최루액을 분
사했다는 얘기였다. 물건도 사고 도망에도 성공한 듯 보였던 그 사람이
결국 자수했다는, 소비의 노예로 전락해 이성을 잃고 만 어느 가난한 엄
마의 모습에서 자본주의가 만들어낸 참으로 씁쓸한 퇴행을 목격한다. 어
떤 주에서는 밀려드는 행렬에 여럿이 깔리는 참사가 일어나기도 하고,
또 어떤 도시에서는 정해진 시각에 문을 열지 않는다는 이유로 쇼핑객들

이 상점을 부수고 난입하는 사건이 벌어지기도 했다고 한다. 줄 서서 타라는 노인의 말 한마디에 욕설을 내뱉었다고 인터넷의 공적이 되는 정말 '인간적인' 내 나라에서는 도무지 상상할 수 없는 일들이 이곳에서는 버젓이 벌어지고 있다.

왜 이럴까. 왜 이렇게 인간이 집단적으로 망가지는 것일까. 이리저리 그 이유를 궁리해보지만 선뜻 답이 떠오르지 않는다. 다만 참을성 혹은 인내심 같은 인간의 기본적 본성이 우리와 달라서라기보다는 인간의 본성쯤은 눈 하나 깜짝하지 않고 파괴해버릴 수 있는 자본주의의 마성이 소비의 천국인 미국에서 보다 강렬하게 관철되고 있기 때문일 거라는 점만은 분명하게 말할 수 있다. 1퍼센트의 가진 자들이야 필요한 물건이 있다면 언제 어느 때고 어떤 가격을 주고라도 살 수 있겠지만, 99퍼센트에 이르는 중산층 혹은 서민이야 단 1달러라도 싸게 살 수 있다면 그 어떤 고난도 마다하지 않을 것이기에 '폭탄세일'과 '한정판매'라는 악마의 유혹은 거부할 수 없는 그 무엇이었을 것이다. 언감생심 꿈도 꾸지 못할 고가의 물건을, 그것도 내 아이가 그렇게 갖고 싶어 하는 것인데 하룻밤의 고통과 악다구니만으로 쟁취할 수 있다니, 지옥불도 마다하지 않았을 것이다. 욕망의 지옥 불 말이다.

데이, 데이, 데이

블랙이 지나면 바로 사이버가 나온다. 추수감사절 연휴가 끝나는 바로 다음 주 월요일이 사이버 먼데이Cyber Monday다. 필시 온라인 쇼핑 업체들이 만들어낸 말일 게다. 블랙 프라이데이가 상징하는 긴 구매행렬에 염증을 느낀 실속파 젊은 고객을 끌어들이기 위해서는 뭔가 섹시한 캐치프레이즈가 필요했을 것이고, 먹이를 보면 결코 놓치지 않는 기업적 본능이 '폭탄'에 '편리함'까지 결합한 '사이버'를 만들어냈을 것이다. 아직까지 규모에서 오프라인 매출에 견줄 수는 없지만, 그 성장속도는 가히 경이로울 정도라고 한다. 올해도 예외는 아니어서 전년 대비 10퍼센트 이상 매출이 증가했다는 보도다.

불과 한 달 전 구입했던 물건이 아마존에서 거의 반값으로 팔리는 걸 보는 심사는 불편하다. 전자제품은 죽을 때 사는 것이 가장 유리하다는 말도 있고 세상물정 모르고 미리 산 놈이 문제라지만, 아무리 그래도 그렇지 한 달 만에 맛보는 패배로 인해 쓰리다 못해 아리다. 다시는 연말 쇼핑시즌 전에 물건을 사는 따위의 헛된 수고는 하지 않으리라 다짐한다. 내가 이럴진대, 나와 같은 이런 경험은 부지기수일 테고 이러한 분노가 쌓이다보면 결국 홀리데이 시즌 매출 비중만 더욱 커질 것이 아닌가. 70퍼센트 이상의 매출이 마지막 한 달 동안 이루어지는 '매직쇼'가 바로 이런 메커니즘의 산물이 아닐까 생각해본다.

최근에서야 비로소 숨겨진 쇼핑비밀을 하나 터득했다. 블랙 프라이데이보다 크리스마스 전후로 훨씬 더 많은 세일이 이루어진다는 사실이다. 나는 이제껏 물건을 가장 싸게 사는 시기는 블랙 프라이데이인 줄로만 알고 있었다. 지난 블랙 프라이데이 쇼핑 때도 이런 확신 탓에 아이책가방 하나를 놓고 살까 말까 망설이는 아내에게 다시는 그 가격에 살 수 없을 거라며 줄기차게 구매를 강요하기도 했다. 며칠 전 아내가 어디서 들었는지 10퍼센트는 더 싸게 살 수 있었는데 나 때문에 손해를 봤다면서 나를 흘겼다. 괜히 잘난 체 했다가 시쳇말로 쪽팔리고 말았다.

아무튼 평균 10퍼센트 이상 더 싸게 파는 곳이 많을 뿐 아니라 크리스마스 세일 기간 중 매출이 추수감사절의 그것을 훨씬 웃돌 것이라는 기사를 읽고 나서야 미국에 대한 나의 얄팍한 지식이 얼마나 근거 없고 무지한 것인지를 또 한 번 깨달았다. 크리스마스 세터데이Christmas Saturday라는 것도 요즈음 알게 된 용어다. 크리스마스 바로 전 토요일을 부르는 말이다. 그날 크리스마스 세일이 시작되기 때문에 모든 상점이 이에 맞춰 대대적인 세일에 나선다고 해서 붙여진 이름이라고 한다. 그런데 이번 크리스마스가 마침 일요일인지라 크리스마스이브와 크리스마스 세터데이가 겹치게 되었다고 한다. 당연히 매출부진을 우려했을 테고 크리스마스이브와 그 전 토요일 두 번에 걸쳐 세일을 하는 이른바 '더블 크리스마스 세터데이'를 추진하는 상점이 속속 등장하고 있다는 기사를 접했다. 참 말도 잘 만들어낸다 싶다. 결국 자신의 이익을 위함임에도 소비자에게 쇼핑기회를 넓혀준다는 명분으로 포장해내는 실로 놀라운 '상징 조작'의 힘이라니.

크리스마스 세일의 하이라이트는 크리스마스 다음 날이다. 크리스마스 관련 제품의 '땡처리'는 물론이요, 이런저런 물건이 파격적인 가격으로 선보이는 날이기 때문이다. 일 년 중 이날이 오기만을 기다리는 쇼핑객도 많다고 한다. 그런데 올해는 그날이 월요일에다 공휴일이다(연방 공휴일 중 크리스마스처럼 날짜가 고정되어 있는 경우 그날이 일요일이면 그 다음 날인 월요일도 공휴일로 지정된다). 6년 만에 찾아온 '메가 먼데이Mega Monday'라며 모든 언론이 연일 장단까지 맞춰준다. 그야말로 '대박'인 셈이다.

　　내가 살고 있는 토랜스에서 차로 2시간을 달리면 카바존Cabazon이라는 곳이 나온다. 한국사람을 포함해 미국 여행객이 가장 많이 찾는다는 서부 최대의 프리미엄 아울렛이다. 프라다·구찌 같은 명품에서부터 갭이나 폴로처럼 한국인에게도 친숙한 글로벌 유명 브랜드까지 웬만한 유명 상표는 모두 모여 있다고 보면 틀림없다. 동일 제품인지 여부까지는 몰라도 한국에서보다 최소한 반값 이상(반의 반값이라는 얘기도 한다)의 저렴한 가격으로 물건을 구입할 수 있으니 이른바 명품에 환장한 사람이 아니더라도 싼값에 유명 브랜드 옷을 사려고 평범한 사람들도 한 번쯤은 들르는 그런 곳이다. LA에서 100마일 이상 떨어져 있기 때문에 평일보다는 주말에 들르게 되는지라 갈 때마다 늘 쇼핑객들로 붐볐던 기억이 있어 이번 '메가 먼데이'에는 좀 더 일찍 집을 나섰다. 한국에 돌아갈 날도 얼마 남지 않았다며 내 양복 한 벌을 꼭 사야겠다는 아내의 성화에 못 이겨서기도 했지만, 메가 먼데이를 체험하고픈 욕심도 있었기 때문이다.

　　고속도로를 빠져나오면서부터 심상치 않은 기운이 느껴졌다. 평상시 같으면 개장시간인 오전 10시(주말에는 그보다 훨씬 일찍 문을 연다)에 불과하건만 이미 주차장은 초만원이다. 차와 사람이 뒤엉켜 오도 가도 못하는 상황이 한참이나 계속되자 하는 수 없이 식구들만 내려주고 나는 다른 일을 보러 자리를 떴다. 오후가 되면 상황이 나아지겠지 하는 심산이 작용했기 때문이다. 약속시간인 오후 2시경에 다시 그곳을 찾았다. 이미 살 물건을 점찍어놓았으니 한 번 입어보고 사기만 하면 된다는 아내의 말에 출발 예상 시각인 3시를 감안하더라도 한 시간의 여유만 있으면 충분하다 판단한 것이다. 그다음은 여러분의 상상에 맡긴다. 아울렛 초입에서 주차장에 들어가지도 못한 채 30분을 기다린 끝에 우리의 쇼핑은 막을 내렸다. 양복 대신 아들 녀석 티셔츠 두 벌이 그날의 유일한 수확이었다. 뭐라 표현할까. 인산인해 혹은 사람의 홍수? 캘리포니아 주민이 모두 쇼핑하러 나온 것 같은 착각이 들 정도였다. 미국경제가 본격적으로 회복되는 것이 아닌가 하는 생각마저 들었다.

05 서머타임과 내수 경제

장면 하나. 7월 어느 날 저녁 8시, 저녁밥을 먹기가 무섭게 축구장으로 향했던 중학생 아들 녀석을 데리러 모처럼 집 앞 초등학교에 들렀다. 해가 지려면 아직도 한 시간은 족히 남은 듯 밖은 여전히 환하다. 넓은 잔디밭은 아이들의 땀과 웃음소리로 가득하다. 개를 끌고 산책을 즐기고 있는 가족들도 심심찮게 보인다. 죽을힘을 다해 살빼기에 도전하는 뚱뚱보 아줌마들도 여럿이다. 네온사인 불빛이 삼켜버린 술의 향연 따위는 먼 나라 얘기일 뿐이다. 이곳 캘리포니아는 밤마저 낮이다.

장면 둘. 오후 3시에 시작하는 트와일라이트 요금(18홀에 18달러)을 내고 골프를 친 지 4시간이 훌쩍 지났다. 낮의 길이가 많이 줄어든 8월 말의 하늘이지만 여전히 환하다. 집에 돌아와 늦은 저녁을 먹는데 그제야 밖이 어두워진다. 골프를 치기 위해 대낮처럼 불을 밝히는 일 따윈

이곳 LA에서는 상상할 수 없다.

　＃ 장면 셋. 개학을 앞둔 9월 첫 주말 저녁, 토랜스에서 가장 번화한 쇼핑몰에 들른다. 영화관에선 사람들이 쏟아지고, 거리엔 학용품이며 신학기 새 옷을 장만하려는 쇼핑 인파로 넘쳐난다. 레스토랑 입장은 대기표를 받고도 30분을 기다리는 것이 기본이다. 미증유의 경제위기 탓에 소비가 많이 줄었다는데도 이 정도다.

　'Damn you daylight saving time!(빌어먹을, 서머타임!)' 페이스북 담벼락의 글을 읽고는 한참을 웃었다. 아침 5시만 되면 어김없이 눈이 떠진다는 어느 선배의 유쾌한 반항 때문이었다. 얘기는 이랬다. 고양이 세수와 '비움의 예식'을 마치고 여느 때처럼 커피 한 잔의 여유를 만끽하고 있었단다. 얼추 한 시간은 지났을 듯싶어 늘 하던 버릇대로 벽시계를 슬쩍 쳐다보았는데, 아니 이런, 6시를 가리키고 있어야 할 시침이 '도로' 5시였다. 가만히 생각해보니 오늘이 서머타임이 끝나는 날이라는 사실을 까맣게 잊고 있었던 것이다. 잠에서 깬 자연적 시간은 같았으되 법적 시간은 이른 아침 5시가 아니라 새벽 4시였다는 것. 졸지에 '새벽형 노인'의 반열에 끼게 되었으니 당황할 만도 했을 성싶다. 일요일의 나른한 게으름을 포기하면서까지 얻으려 했던 편안한 안식이 갑작스러운 불청객 탓에 깨져버렸을 터, 이른 아침이 새벽으로 바뀐 현실이 짜증스러웠을 것이고 잠을 더 청하자니 그렇고 또 뭔가 새로운 것을 하자니 어정쩡하기 그지없는 한 시간의 공짜 선물을 앞에 놓고 안절부절못했을 선배의 모습이 선하다.

　　11월 6일, 유럽에서는 서머타임이라 하지만 미국에서는 일광절약시간제DST: Daylight Saving Time로 더 많이 부르는 제도가 본래(?)의 시간으로 돌아가는 날이다. 3월 둘째 주 일요일에 시작되어 11월 첫째 주 일요일까지 무려 7개월 하고도 3주에 걸친 대장정을 끝냈으니 사람으로 치자면 온몸의 기가 빠질 법도 하다. 아마도 그런 이유로 힘들고 지친 서머타이머들을 위해 한 시간의 휴식시간이 주어지는 것인지도 모르겠다. 아무튼 DST가 해제되는 날만은 한 시간의 늦잠이 허용된다.

　　서머타임제도는 18세기 말 프랑스에 파견된 미국 사절이었던 벤자민 프랭클린Benjamin Franklin에 의해 처음 제안되었다고 한다. 그러나 그 당시에는 여러 상황으로 인해 시행되지 못했고, 제1차 세계대전이 시작되고서야 비로소 독일을 필두로 영국, 프랑스, 미국 등이 차례로 도입했다. 전쟁이라는 특수 상황에서 에너지 절약문제는 단순한 경제적 이슈를 떠나 거의 국가적 생존을 결정짓는 중차대한 과제였을 것이다. 대부분의 선진 제국이 바로 그 시기에 서머타임을 도입했다는 사실에서 '에너지와 서머타임의 정치경제학'을 읽는다.

　　미국은 1918년 제1차 세계대전 중 전쟁물자 절약을 위해 서머타임을 잠시 도입했으나 1919년 곧바로 폐기하고 1942년까지는 시행하지 않았다. 그러나 제2차 세계대전 와중에 에너지 절약문제가 중요하게 부각되면서 서머타임제도가 부활했고, 이후로 서머타임을 도입하는 주가 점차 증가해 1966년 36개 주에 이르게 되었으며, 연방정부 차원의 법률도 그때 최초로 제정되었다고 한다. 제1차 오일쇼크가 발생한 1973년에는 '임시 일광절약 에너지보존법'을 제정했고, 다음 해인 1974년부터 1975년 말까지 2년 동안 전시와 마찬가지로 연중 서머타임을 시행하기도 했다. 그러나 해가 짧아지는 겨울에는 캄캄한 아침 시간에 등굣길와 출근길이 겹치면서 교통사고가 증가하는 등의 폐해가 발생하고 농업 및 낙농업계를 중심으로 반대 여론이 확산되자 결국 원래의 서머타임제도(4월 말~10월 말)로 복귀했다. 1986년에는 레이건 대통령에 의해 4월 첫 번째 일요일로 시작 시기가 당겨지면서 기간이 7개월로 연장되었고, 2007년부터는 또다시 1개월이 더 늘어나 지금처럼 3월 두 번째 일요일부터 11월 첫 번째 일요일까지 약 8개월에 걸쳐 시행되고 있다.

미국의 서머타임 역사에서 보듯 서머타임을 도입한 핵심적 이유는 뭐니 뭐니 해도 에너지 절약에 있다. 그러지 않아도 긴 여름 시간을 한 시간이나 당겨서 쓰니 잠들기 전까지 어둠 속에서 보내야 하는 시간이라고 해봤자 고작 두세 시간밖에 없게 되고 자연스레 가정의 전기사용량이 줄어들 것이라 믿었다. 실제로도 전체 에너지 사용량 중에서 가정용 전기(전등)가 차지하는 비중이 컸던 1970~1980년대까지는 당초 목표였던 에너지 절감이 상당 부분 이루어졌다고 한다. 서머타임을 시행하는 목적 중에는 내수 산업 활성화를 통한 경기자극도 주요하게 자리 잡고 있었다. 야외활동이 가능한 시간이 증가하면 소매업과 관광, 스포츠 및 레저 그리고 유통업 같은 전통적 내수 산업이 확대되리라고 누구나 예상할 수 있을 것이다. 실제로 서머타임을 통해 관련 산업이 큰 폭의 성장을 보였다는 연구결과가 쏟아졌다. 여러 부작용에도 여태껏 미국을 포함한 서유럽이 서머타임제도를 유지하는 이유가 바로 여기에 있지 않을까 생각한다. 범죄발생빈도와 교통사고 발생 건수의 감소 같은 부수적 효과도 서머타임을 통해 기대되는 이익이다. 조기 출퇴근이 시행됨으로써 가족관계가 좋아지고 자기계발에 쏟는 시간이 많아지는 등 삶의 질이 향상된다는 점도 서머타임제도를 시행해야 하는 이유로 자주 거론된다.

우리나라도 서머타임을 시행한 역사를 갖고 있다. 첫 시작은 다른 나라와 마찬가지로 에너지문제 때문이었다. 정부 수립 후 1960년까지 근 10여 년 동안이다. 최빈국 시절이었으니 에너지 절약의 대의명분을 포기할 수 없었을 것이다. 그러다가 박정희 군사정권이 들어서면서 서머타임이 사라졌다. 그 이유야 알 길이 없지만 무려 26년 동안 햇빛을 보지 못한 것만은 사실이다. 서머타임은 1987년에 들어와서 반짝 시행되는 영화(?)를 누려보지만, 이마저도 권력의 정당성을 상실한 독재정권에 의한 정치적 이벤트 정도로 각인됨으로써 오랫동안 국민의 마음을 사로잡는 데는 실패하고 말았다. 아직까지 우리나라 국민이 서머타임에 대해 부정적 인식을 많이 갖고 있는 것도 이러한 역사 때문이 아닌가 생각한다. 아무튼 2009년에 들어와서야 비로소 정부 녹색성장위원회의 주도로 서머타임제도 도입에 대한 타당성이 검토되기 시작했다. 서머타임의 불빛이 꺼진 지 거의50년 만의 일이다.

서머타임제도의 도입을 적극적으로 검토하고 있는 정부가 '에너지 절약'이라는 전가의 보도를 다시 꺼내들었다. 그러나 찬성의 논거로 쓰기에는 이제 약발이 떨어져 보인다. 내놓는 실증적 자료조차 변변한 게 없다. 한술 더 떠 에어컨 사용량 증가 등으로 오히려 전체 에너지 사용이 증가했다는 주장마저 나오고 있으니 말 다했다. 아무리 생각해도 '에너지 절약'만으로 서머타임을 쟁취한다는 것은 역부족인 듯싶다. 새로운 '논리'가 등장해야 할 시점이다. 서머타임이 꼭 필요하다면 말이다.

　　서머타임 도입을 찬성하는 이들은 한 시간 이른 퇴근으로 노동자의 삶의 질이 높아질 것이라고 주장한다. 어두운 저녁이 환한 저녁으로 바뀌면 향락적 밤 문화가 자연스레 줄어들 테니 가족 중심의 건전한 생활 패턴이 정착되지 않겠느냐는 것이다. 또한 운동이나 학습 등과 같은 자기계발의 기회가 확대되어 개인의 잠재능력이 향상되고 이로 인해 국가의 잠재력이 높아질 것이라고 확신한다. 차제에 정시 출퇴근 문화가 정착되는 계기로 삼아야 한다고 목소리를 높인다. 그러나 이를 바라보는 사무직 노동자의 시선은 곱지 않아 보인다. 냉담하기까지 하다. 한때 일부 대기업을 중심으로 시행됐던 조기 출퇴근제도가 결국엔 노동시간의 증가만 가져오고 유야무야됐는데, 서머타임이 시행된다면 '이른 출근 늦은 퇴근'이 아예 고착화될 것이라 단정해버린다. 솔직히 대낮 같은 저녁 시간에 어느 간 큰 회사원이 퇴근을 감행할 수 있겠느냐는 주장은 설득력이 있어 보인다. 지난날 나의 직장생활 풍경이 그랬고 지금이라고 별반 달라지지 않았을 것 같기에 그렇다. 이른바 '합리적 의심'이다.

　　서머타임 찬성론자의 영원한 우군이었던 '에너지 절약'이라는 대의명분이 시들해지자 반대파의 논리가 갈수록 세를 더해가는 형국이다. 2010년에 시행하기로 했던 서머타임제도가 별다른 설명도 없이 보류되고 있는 현 상황이 이를 웅변하고 있다. 가족 중심의 생활 패턴 정착이나 자기계발 같은 조기 퇴근에 따른 긍정적 효과조차 노동시간 확대라는 현실적인 우려 앞에서 무기력해진다. 결국 노동시간이 증가할 것이라는 '의심'을 해소하지 못하는 한 서머타임은 영원히 장롱 속에 갇히고 말 것이다. 30여 년을 유지해온 생체시간을 인위적으로 바꾸는, 마치 몸에 맞지 않는 옷을 일 년에 한 번씩 매번 갈아입어야 하는 일인데 솔직히 쌍수를 들어 환영하는 것 자체가 오히려 더 이상한 일일 게다. 인간은 기본적으로 익숙한 것과 결별하는 일에 서툰 존재다. 전통이라는 이름 아래 옛것을 고집하는 이유도 따지고 보면 이런 인간의 본성 때문 아니겠는가. 불편한 것을 편한 것으로 바꾸는 데도 어려울진대 하물며 편한 일상에서 불편한 그 무엇으로 바꾸는 일이 말처럼 그리 쉽겠는가 말이다. 서머타임제도에 반대하는 사람의 숫자가 많을 수밖에 없는 이유가 바로 여기에 있다 할 것이다.

　　나는 서머타임의 도입을 찬성한다. 일 년에 두 차례씩 어김없이 치러야 하는 '시간 조정'의 불편함과 수많은 사회적 비용에도 불구하고 말이다. 에너지 절약의 신화를 믿어서가 아니다. 에너지 사용이 다소간 는다손 치더라도 도입해야 한다고 믿는다. 교통사고나 범죄가 줄어들 것이라는 주장에 동의하기 때문도 아니다. 그럴 수도 있겠지만, 100가지도 넘는 요인 중 하나가 달라진다고 그리 획기적인 변화가 생기리라고는 전혀 생각하지 않는다. 그럼에도 나는 서머타임을 지지한다. 좀 거창하지만, 성장과 복지라는 두 마리 토끼를 잡을 수 있는 길이 서머타임제도에 있을 것이라는 기대를 갖고 있어서다. 서머타임이 내수 산업 활성화의 계기를 마련해줄 것이라는 점에서 나의 믿음은 '성장'에 닿아 있다. 고용 증가가 없는 성장이 대세를 점하고 있는 작금의 현실에서 일자리 창출을 추동할 수 있는 분야는 대기업 중심의 수출 주도형 제조업이 아니라 공공 및 사회 서비스, 관광 및 레저 그리고 유통 등과 같은 내수 산업이라 확신하기 때문이다. 미국이 그랬고 서유럽 열강들 또한 같은 길을 걸었으니 분명 내수는 성장할 것이고 일자리가 늘어날 것이다. 서머타임 하나로 모든 내수 산업이 일시에 붐업될 것이라 믿지는 않지만 늘 찬밥 신세였던 '소비'라는 놈만은 최소한 자극할 수 있으리라 믿는다. '건전하면서도 강력한 내수 소비 시장', 서머타임이 가져올 '성장'의 과실이다 .믿음이 확신으로 진화하는 것처럼 나의 간절한 희망은 구체적 결실로 답하리라 확신한다.

서머타임은 일하는 방식을 바꿀 것이다. 육체와 정신을 고갈시키는 '생산량 중심의 노동'을 삶의 질을 높이는 '건강한 노동'으로 변화시킬 것이라는 점에서 나의 믿음은 '복지'를 향한다. 서머타임제도의 도입으로 죽어라 일하던, 또 죽도록 술만 마셔대던 직장문화가 자기계발과 가족 중심의 여가 선용 패러다임으로 바꾸어지리라 믿기 때문이다. 그러나 바로 이런 이유로 서머타임을 반대하는 이들도 있다. 퇴근시간이 빨라져 삶의 질이 향상되리라는 것은 장밋빛 환상에 지나지 않는다고 일갈한다. 법보다 주먹이 가까운데 직장에서 '눈치'를 극복한다는 것이 얼마나 어려운지 모르냐며 콧방귀를 뀌기도 한다. 말인즉 맞고, 나 역시 '쉰세대'니 이를 모를 리 없다. 하지만 오히려 난 이 대목에서 반전을 꿈꾼다. 바로 그렇기에 수십 년을 온존해온 부당 노동의 현실을 깨뜨릴 수 있는 길은 서머타임과 같은 극적 계기를 통해서만 가능하다고 확신한다. 6시 퇴근이 8시까지 이어지는 현실을 극복하기 위해서라도 '서머타임' 정국(?)이 필요하다는 말이다. 서머타임을 도입하는 대가로 정시퇴근을 강제하는 법적·제도적 장치를 만들 수 있다면 이보다 더 좋을 수 없을 것이다.

06 한인경제의 젖줄, 자버시장

이른 새벽, 먼동이 트려면 아직도 족히 한 시간은 남았을 시각이다. 여느 때 같으면 아직도 꿈나라 여행 중이련만 아이들이 먼저 부산하다. 밤새 이어진 술자리 탓에 좀처럼 자리를 박차지 못하고 있는 나를 흔들어 깨운 건 '약속'이었다. 공부에 지친 딸아이에게 무심코 뱉은 한마디 "이번 토요일에 LA 새벽시장 구경 가자"를 지켜야 했다.

110번 고속도로를 타고 북쪽으로 20여 분을 달리자 저만치 다운타운의 마천루가 눈에 들어온다. 그 바로 턱 밑이 LA 패션지구, 일명 '자버시장'이라 불리는 미 최대의 의류도매시장이다. 우리의 목적지다. 자버시장은 일주일에 한 번 일반 소비자에게 모습을 드러낸다. 오늘이 그날이다. 새벽 6시가 조금 지난 시간이건만 장터는 이미 손님 맞을 준비가 끝나 있다. 한때는 온전히 걷기가 힘들 정도로 사람들이 북적거렸다는

데, 오늘은 생각보다 그리 붐비지 않는다. 아내와 딸아이는 ‘산페드로 마트San Pedro Wholesale Mart’ 건물 뒤쪽으로 끝없이 펼쳐진 길거리 좌판 행렬을 무슨 성지순례하듯 모조리 훑고 지나간다. 살 듯 말 듯 이리저리 만지다가 이내 내려놓고 마는, 참으로 얄미운 짓을 한 시간째 계속하고 있다. 뭐라 한마디 편잔을 주려다가도 빠듯한 살림살이 생각해 요리조리 궁리하는 듯 보여 오히려 미안하고 짠해진다. 약속이라도 한 것처럼 조금 아니다 싶은 옷들은 모조리 ‘10달러에 세 벌’이고 좀 쓸 만하다 싶으면 ‘10달러에 한 벌’이다. 아내는 탐탁지 않은 눈치다. 생각보다 가격이 비싸다는 뜻인가.

가만히 들여다보니 좌판이라고 모두 같은 게 아니다. 각기 다른 이름을 내건 각자의 매장 입구에 자신의 브랜드가 찍힌 옷들을 가지런히 진열해놓은 ‘고급형’ 좌판이 있는가 하면, 매장과 매장 사이 혹은 길거리 모퉁이에 초라한 스탠드 행거를 길게 늘어놓고 어디선가 사왔을 다양한 옷가지들을 팔고 있는 ‘생계형’ 상인들도 눈에 띈다. 매장 직영 좌판이 제법 그럴싸한 물건들을 비싸게(?) 팔고 있다면 영세상인들은 예외 없이 “10$ For 3”를 내걸고 있다. 새벽시장의 인종 구성 또한 독특하다. 주인 혹은 매니저로 보이는 사람들은 한결같이 한인이지만 종업원이나 실제 쇼핑객은 히스패닉이 다수다. 여기에 한인과 흑인이 가세하고 드문드문 백인이 보이는 정도다. 그래서일까, 히스패닉 취향의 옷들이 대세다. 딸아이가 쉽사리 옷을 사지 못하고 머뭇거린 이유가 거기에 있었다. 캘리포니아는 이제 히스패닉이 점령했다는 말을 다시금 실감한다. 또 한 가지 재미있는 사실은, 실제 돈 버는 사람들은 옷 파는 상인들이 아니라 이

동식 매점을 운영하는 사람들이라는 점이다. 3달러 남짓 하는 셔츠 하나 사는 데는 그리 주저하면서도 커피 한 잔과 빵 한 조각을 위해서라면 줄 서는 것도 마다하지 않다니, 서부 개척 시대에 떼돈을 번 사람들은 금광 업자가 아니라 곡괭이와 청바지를 판 상인이었다는 얘기가 떠오른다. 참 아이러니한 풍경이다. 그런데 미국만의 그림인가 아님 한국도 마찬가지 인가 궁금해진다.

유독 사람들이 몰리는 상점이 있어 기웃거려 본다. 아내 말마따나 거저 줘도 입기 거북한 참으로 독특한 디자인이건만 이를 구입하려는 쇼 핑객(거의 히스패닉계로 보이는)들로 인근이 거의 아수라장 분위기다. 인산 인해라는 말이 딱 어울릴 성싶다. 무심코 고개를 돌리다 초점 잃은 눈빛 으로 물끄러미 이 광경을 바라보고 있는 어느 노부부에게 시선이 꽂힌 다. 바로 길 건너편에서 '십 달러에 세 벌' 하는 여성용 티셔츠를 팔고 있 는, 앞서 얘기한 생계형 상인이다. 앞집의 문전성시와 비교돼서일까, 초 라하기 그지없고 적막강산이 따로 없다. 아직 개시도 못한 듯 보인다. '오 늘 장사를 위해서 늦어도 새벽 4시에는 일어났을 텐데, 얼마나 팔았을까. 일당 정도는 버셨나. 오늘 팔지 못하면 저 옷들은 어떡하지.' 하나마나한 측은지심에 한참을 그 자리에 서 있었다. 이 얘기를 뒤늦게 전해들은 아 내가 한마디 한다. "내 코가 석잔데 누가 누굴 걱정해. 큰 가게 갖고 있으 면서 소일거리로 나오셨는지 당신이 어찌 아누?" 그럴 수도 있겠다 싶다.

자버에 대하여

자버Jobber라는 이름의 연원에 대해서는 정설이 없다. 사전적 의미로는 증권중개인을 일컫는 스톡 자버Stock Jobber가 줄어든 말이다. 의류도매상이 밀집해 있으니 중개상이라는 뜻의 자버가 쓰이는 것도 일리가 있어 보인다. 하지만 의류와 증권을 연결시키는 것은 왠지 모르게 궁색하다. 어색한 조합이다. 네이버 지식사전에는 "봉제 부문을 하청공장으로 내려보내는 미국의 어패럴 메이커(의류제조회사)를 아웃사이드 숍out-side shop이라 하는데 이의 별칭이 자버라 일컫는다"고 쓰여 있다. 이도 현상을 설명하는 것일 뿐 어원과는 거리가 멀다. 또 항간에는 하루 벌어 하루 사는 일용직 노동자를 가리키는 말이 자버인데 봉제공장에서 일하는 다수의 노동자를 자버라 부르다가 시장의 이름이 자버로 굳어졌다는 설도 있다. 시장상인들은 맨 마지막 얘기를 정설로 믿는 눈치다. 그러나 근거가 부족하기는 매한가지다.

그런데 언제부터서인가 자버라는 이름을 쓰지 말자는 움직임이 일고 있다고 한다. 뜻과 무관하게 '싼' 이미지를 갖고 있어서란다. 자버라는 말보다 '패션지구Fashion District'라는 고상한(?) 명칭을 쓰자고 목소리를 높이고 있다. 한국의 남대문시장이나 동대문시장보다 '두타'나 '밀리오레'가 훨씬 고급스럽지 않느냐는 것이 '개명론자'의 입장인 듯 보인다. 그러나 자버라는 이름이 이미 세계적 명성(?)을 얻었으니 오히려 자버 브랜드를 적극 활용해야 한다는 주장도 만만치 않다. 이래저래 자버 명칭을 놓고 벌이는 논쟁은 그리 쉬이 해결될 것으로 보이지 않는다. 이름이야 어쨌든 이제 미국 내 최대 의류도매시장의 자리를 넘어 캐나다와 남미 그리고 중동까지 아우르는 명실 공히 글로벌 의류시장으로 도약하고 있는 자버의 미래가 바로 재미 한인상인들에게 달려 있다는 점만은 분명하다.

자랑스럽고 뿌듯한 일이다.

1970년대 말 유대인 셋(둘이라는 얘기도 있다)과 한인상인 하나에 불과했던 자그마한 거리가 전체 면적 2.5평방킬로미터에 1,700개가 넘는 점포들이 운집할 정도의 대규모 시장으로 성장하는 데는 남미(브라질)에서 이주해온 한인 의류상인들의 공이 컸다고 전해진다. 사실은 이마저도 '카더라 통신'에 의존한 것이니만큼 그 사료적 진실 여부는 여전히 미지의 영역으로 남겨둘 수밖에 없지만 말이다.

아무튼 현지 언론을 통해 알려진 자버시장의 개략적 현주소는 이렇다. LA 동쪽에 있는 다운타운에서 남쪽으로 몇 블록 떨어지지 않은 곳에 위치해 있으며, 올림픽가Olympic Blvd와 12번가를 동서 도로로 해서 산 페드로 거리가 만나는 곳이 중심 지역이다. 산 페드로를 기점으로 액세서리상가가 운집해 있는 서쪽의 산티 엘리Santee Alley 지역과 동쪽의 의류도매상가 지역 그리고 남쪽의 봉제공장 지역으로 나뉜다고 한다. 시장 전체의 70퍼센트를 장악하고 있는 한인은 주로 의류도매와 봉제 부문에 종사하고 있다. 4,000명으로 추정되는 직접 종사자를 포함해서 약 2만 명의 한인이 자버를 통해 생계를 꾸려가고 있으며 간접적 연관 산업 종사자를 포함할 경우 10만 명이 넘는 한인이 자버와 운명을 같이한단다. 한인경제의 1/3를 담당하고 있다는 말이 나올 정도니 그 규모의 방대함에 혀를 내두를 지경이다. 미국 전체 의류도매시장의 50퍼센트를 담당하고 있다는 주장에서부터 연매출 규모가 100억 달러(적게는 60억 달러이고, 80억 달러를 말하는 이도 있다)에 이른다는 설까지 자버시장의 특징 중 하나는 큰 규모와 자료의 '모호성'이다.

일확천금을 꿈꾸다

한인사회에서 자칭 타칭 성공했다는 분들을 만나보면 셋 중 하나는 자버시장 상인이다. 원단으로 천만 달러를 벌었다는 사람에서부터 봉제로 1억 달러의 재산을 모았다는 전설까지 다양하다. 발 빠른 디자인 감각으로 1억 달러 이상의 매출을 기록한 매뉴팩처러Manufacturer가 흔하고 전 세계에 걸쳐 500개가 넘는 매장을 보유한 글로벌 의류회사도 탄생했다. 사업을 일찍 접고 부동산 재벌로 변신한 이들도 더러 있고, 매년 새로운 신화를 창조하고 있는 현역들도 있다. 그러나 '그때가 좋았다'는 과거의 향수에서만큼은 같은 목소리다.

그들은 늘 미국경제의 황금기임과 동시에 한인경제의 절정기라 일컬어지는 2000년대 초중반 무렵의 얘기를 하곤 한다. 당시 고급 술집과 음식점을 드나드는 사람들 중 절반이 부동산업자라면 나머지 절반은 자버시장 사람들이라는 우스갯소리가 있을 정도로 자버시장은 단연 '부의 상징'이었다고 한다. 일확천금을 꿈꾸는 젊은이라면 의당 자버에 올인 했고, 누가 한 방으로 대박 났다는 소문이라도 날라치면 또 다른 청춘들이 불나방처럼 몰려들었단다. 그들에게 남의 '망한 얘기'는 '기회'의 다른 이름일 뿐이었다. 중국의 저임금에 봉제시장의 대부분을 빼앗기고 그나마 남은 생산기지마저 NAFTA로 인해 멕시코 현지로 이전함에 따라 시장규모가 전성기 대비 30퍼센트 이상 줄었음에도 여전히 '망한 기업 숫자만큼 새로운 기업이 만들어지는' 희한한 일들이 지금도 벌어지고 있다. 그래서 자버는 화수분이라고들 부른다. 도대체가 돈이 마를 날이 없는 투자의 무한공급시장이다. 경제학 교과서로도 설명할 수 없는 독특한 수요-공급의 법칙이 지배한다. 수요가 줄면 공급이 따라 줄어드는 것이 아니라 '너는 망해도 나는 나의 길을 간다'가 통용되는 일확천금의 이상향 '엘도라도'일 뿐이다. 경영이 어려워 문을 닫은 상점이 속출하고 야반도주가 일상화될 정도로 전반적인 상황이 암울한데도 여지없이 그 '파산'의 빈자리를 메우는 사람들이 줄을 잇는다. 그렇다고 황금알을 낳는 시장도 아닌데 말이다. 왜 그럴까?

연매출 500만 달러를 기록하기도 했던, 한때 자버의 앙팡테리블en-fant terrible(무서운 아이)로 불리던 A사 대표 김 사장이 돌연 자취를 감춘 건 지난 주말이었다. 연쇄부도! 그야말로 자버는 쑥대밭이 되었다. 이 충격으로 중견 원단회사가 휘청거린다는 소문이고 이런저런 피해자가 속출하고 있다고 한다. 야심차게 기획해서 제작까지 마쳤던 가을 신상품이 납품처(대형소매점)로부터 클레임 당한 것이 주된 이유였다고 한다. 남들처럼 단가를 낮추기 위해 봉제 부문을 중국에 하청했는데 당초 디자인과 달리 이곳저곳 불량투성이의 완제품을 받아 쥐었단다. 꼼꼼하기로 소문난 납품처의 품질관리QC를 통과하지 못했을 것은 자명할 터, 그동안 곪아 있던 회사의 문제가 한꺼번에 폭발했을 것이고 결국 김 사장은 야반도주를 택할 수밖에 없었다는 설명이다. 그런데 한쪽에서는 오랜 시간 준비된 고의부도라고 확신한다. 그간 쌓은 신용을 바탕으로 여러 하청업체에 대금결제를 미루어왔고 심지어는 매장 월세도 몇 달째 밀리고 있었다는 점을 근거로 제시한다.

강자는 약자의 희생을 통해 성장하고 또 그 강자는 수많은 또 다른 약자의 눈물을 뒤로하고 사라진다? 그러나 사라진 강자도 덩달아 수렁에 빠진 약자도 모두 우리 동포인데 먹고 먹히는 약육강식의 '먹이사슬' 세계가 LA 한복판에서 그것도 일상적으로 반복되다니 착잡하다. 앞만 보고 내달리는 저 꿈의 엘도라도가 우리 동포끼리의 이전투구로 만들어진 것일지도 모른다는 생각에 오랫동안 잠을 이룰 수 없었다.

키머니(Key Money)를 아시나요

삼십 년을 자버시장에 몸 담았다는 박 사장이 전해준 자버의 '인사이드 스토리'는 가히 충격적이다. 그중 압권은 '키머니'라는 지하경제에 관한 것이었다. 자버상인들이 내고 있는 매장 월세가 얼마나 되는지 아느냐는 질문에서부터 그의 얘기는 시작됐다. 이해를 돕기 위해 LA 중에서도 한인이 밀집해 있는 코리아타운의 표준적인 임대료 수준을 알아보자. 1000평방피트(약 28평) 기준으로 사무실 임대료는 보통 1,500달러 남짓이다. 평방피트당 1.5달러 정도 되는 셈이다. 목 좋은 곳의 일층 상가는 3~5달러 수준이니 일반 사무실의 세 배 정도라 생각하면 된다. 미국의 금융위기로 인해 30퍼센트 이상 떨어진 게 이 정도다. 물론 세계적 기업들의 사무실이 밀집해 있는 다운타운 초고층빌딩의 임대료 수준은 이보다 훨씬 높다. 그래봤자 코리아타운의 두 배 남짓이지만 말이다.

그런데 자버시장의 임차료는 상상을 초월했다. 20달러는 기본이고 50달러가 넘는 곳도 허다하다는 설명이다. 500평방피트(14평) 정도의 매장을 운영하려면 최소 1만 달러 정도의 월세를 부담해야 한다는 계산이 금방 나온다. 월세를 받는데 무슨 공식이 있는 것도 아니고, 장사가 잘되는 곳이라면 50달러가 대수일까만은 직접 고객과 대면하는 소매점도 아니고 도매를 전문으로 하는 회사가 자신만의 매장을 유지하기 위해 월 1만 달러 이상의 임대료를 부담한다면 이는 잘못돼도 한참 잘못된 '망하는' 지름길 아니겠는가.

그런데 문제의 심각성은 이처럼 황당하리만큼 높은 수준의 임대료에도 불구하고 별도의 집세를 또 지불해야 한다는 데 있다. 어차피 구색 맞추기 차원에서 운영하는 매장이라 사업을 위한 필수적 지출이라 생각한다면 매장 크기와 관계없이 매달 1만 달러 내외를 지불하겠다고 마음 먹을 수 있지만, 어디서 듣도 보도 못한 키머니가 더해지면 얘기가 달라진다. 우리 식으로 하자면 '권리금' 정도로 이해할 수 있지만, 세입자가 자신의 노력으로 만들어낸 일종의 무형자산인 우리의 권리금과는 달리 키머니는 집주인에게 내야 하는 또 다른 형태의 월세라는 점에서 확연히 차이가 난다. 그 규모가 실로 어마어마하다. 3년에 한 번씩 내야 하는데, 적게는 7만 달러에서 많게는 25만 달러에 이른다고 한다. 종합하면 이렇다. 10평 남짓한 매장을 유지하려면 매달 월세 1만 달러와 키머니 5,000 달러(3년마다 일시에 20만 달러를 내야 한다)가 드는 셈이다. 황금을 캐든지 아니면 엄청난 마진을 붙이든지 하지 않으면 집세 내다 망하기 딱 안성맞춤인 구조라 할 것이다.

키머니가 온존할 수 있는 토양은 주인과 세입자가 공히 제공한다. 서로의 이해가 맞아떨어졌기에 가능하다. 주인은 탈세를 목적으로 세원이 노출되는 월세 대신 뒷돈을 선호한다. 배보다 배꼽이 더 큰 이유다. 비자금의 형태가 아닌 공식적으로 키머니를 요구하고 이를 소득신고하는 주인도 더러 있다지만, 여전히 거래의 '은밀성'이야말로 키머니의 본

질이다. 그렇다면 세입자는 왜 이런 부당한 요구에 응하는 것일까. 자버
시장 선진화를 위한 세미나가 열릴 때면 항상 단골로 등장하는 주제가
‘키머니’고 이의 근절을 목표로 시장상인이 단결하기로 했다는 뉴스가 언
론의 단골 메뉴임에도 도대체 왜 키머니는 없어지지 않는 것일까. 해답
은 의외로 간단했다. 키머니를 주고라도 매장에 들어오겠다는 사람이 여
전히 줄 서 있기 때문이다. ‘무한공급시장’의 힘이 여실히 증명된다. ‘내
가 그 돈을 주고서라도 하겠다는데’ 이를 당할 장사가 어디 있겠는가 말
이다.

다시 지난주 망한 A사 얘기로 돌아가자. 그 회사에서 10년을 디자
이너 겸 매니저로 일했다는 최 씨가 매장을 이어받기로 했다는 소식이
파다하다. 이제껏 모은 저축과 한국의 지인에게 받은 투자금을 포함해
약 30만 달러를 마련했기 때문에 이르면 다음 달부터 영업을 시작할 수
있을 것이라고들 말한다. 1년 정도 버틸 자금을 확보했으니 도전해볼 만
하다 생각했을 것이라는 추론이 가능하다. 디자인은 자신이 하면 되고
기존 회사에서 구축해놓은 네트워크를 통해 물건을 만들 수 있으니 ‘대
박’ 상품 하나 터지면 한 방에 일어날 수 있으리라 확신했을 터, ‘인생 뭐
있나? 한 방 블루스지’ 최 씨는 이리 생각했을 것이다.

부익부 빈익빈, 자버의 그늘

자버는 원단과 봉제 그리고 매뉴팩처가 공존하는 곳이다. 원단상
인들은 글로벌 소싱을 한다. 고급 원단은 유럽, 저가는 중국 그리고 중간
대역은 한국에서 수입하는 식이다. 봉제는 중국이 대세다. 최근 베트남

이 부상하고 있단다. 멕시코도 주요한 봉제기지다. 고가의 의류나 소량 생산은 자버 현지에서도 봉제가 이루어진다. 철저하게 생산단가에 맞춘 전략이다. 이미 가격(임금)경쟁력을 잃은 미국이 선택할 수 있는 고육지 책인 셈이다. 결국 남는 것은 디자인과 유통인데, 그 중심에 자버시장의 다수를 차지하는 매뉴팩처가 존재한다. 그러나 이들은 디자인과 아이디 어로 제품을 기획만 할 뿐 유통을 직접 담당하지 않는다. 생산은 글로벌 생산기지에, 유통은 소매점에 의지하는 이른바 무늬만 매뉴팩처(제조)다. 실상은 '의류디자인 회사'면서 제조의 가면을 썼다고나 할까. 아무튼 이 들의 제품은 미국 전역의 소규모 옷가게에서부터 남미나 캐나다의 바이어 에게까지, 공급되지 않는 곳이 없다. 자신의 브랜드로 대형소매점(MACY, NORDSTORM, JC PENNY 등)에 납품하는 이들도 있고 유명 브랜드의 하 청에 올인 하는 업체도 있다. 일단 납품계약이 성사되면 다음은 일사천 리다. 원단을 사고 글로벌 하청기지로부터 봉제 과정을 마치면 만사 오 케이다.

　뭐니 뭐니 해도 의류의 꽃은 소매에 있다. 명색이 의류 회사라면 전국적 체인망을 갖추고 고객과 직접 대면하며 패션을 선도해야 하지 않 겠는가. 그러나 이는 필연적으로 대규모 자본을 필요로 한다. 따라서 상 대적으로 자본축적의 시간이나 기회가 적어 자본이 영세한 한인기업들 은 언감생심 소매업 진출을 꿈꾸지 못했다. 오랜 시간 넘기 힘든 '벽' 같 은 것이었다. 그러다 어느 날 갑자기 포에버21FOREVER 21이라는 기업이 소매업의 새로운 강자로 혜성처럼 등장했다. 통념을 일거에 날려버린 한 인기업이 탄생한 것이다. 성공 스토리가 늘 그렇듯 포에버21의 창업자

장도원 대표의 얘기는 신화에 가깝다. 1980년대 초반 맨손으로 도미한 청년 장도원이 선택할 수 있는 길이라곤 막노동뿐이었지만 우연한 기회에 자버로 발을 들여 놓은 이후 그의 꿈은 오로지 자신의 매장을 하나 갖는 것이었다고 언론은 말한다. 어찌어찌 해서 기업은 성장했고 이차저차하며 수많은 위기를 극복했는데, 역설적이게도 미국의 금융위기가 찾아오자 그의 승부사적 기질이 발휘되기 시작했다고 한다. 하나둘씩 늘어가던 매장을 100개 단위로 확대할 수 있는 기회가 마침내 찾아왔고 그는 이미 준비가 끝난 상태였다. 매출 부진에 허덕이다 끝내 파산한 미국의 대형 유통 체인을 인수하게 된 것이다. 불과 몇 년 전 일이다.

연매출 40억 달러, 전 세계에 걸쳐 500여 개의 매장 보유, 세계 3대 의류소매점, 포에버21을 일컫는 수식어들이다. 뉴욕 타임스퀘어 광장 한복판에 떡 하니 자리 잡고 있는 포에버21 매장을 보고서 가슴 한 켠이 뿌듯하지 않은 한인은 아마도 없을 것이다. 웬만한 대형쇼핑몰 치고 포에버21이 입점하지 않은 곳을 찾아보기 힘들 정도라면 그 세가 얼마나 대단한지 가늠할 수 있을 것이다. 언필칭 포에버21은 이제 동포의 자랑이자 재미 한인사회의 대표기업이 되어버렸다. 그러나 위상이 커진 만큼 이에 걸맞은 역할과 책무를 요구하는 목소리도 비례해 커지고 있다. 직간접적으로 포에버에 자신의 생계를 의지하는 수천 명의 한인은 물론이고 한인기업이라는 이유 하나 때문에 포에버 제품을 사 입고 또한 자랑스러워하는 200만 재미동포 전체에게도 어떻게 하면 대표 한인기업으로서의 책임을 다할 수 있을 것인가에 대해 진지하게 고민하고 성찰할 시점이 되었다는 말이다. 상황이 이러다 보니 이런저런 말들이 나오고 있는 것 또한 사실이다. '뒷담화'라면 일가견이 있다는 한인사회의 오랜 폐습 때문이겠지만 산이 산맥이 되기 위해서라도 작은 골짜기의 아우성을 오롯이 품어낼 아량이 필요하다고 믿는다. 빛이 아닌 그림자를 지적한다고 발끈해서는 더더욱 안 될 일이다. 포에버는 이제 개인 장도원 혼자만의 사기업이 아니기 때문이다.

봉제에서부터 소매까지 일괄체제를 구축한 한인기업도 있다. 'AG진'과 '빅스타'를 생산하는 '구스 매뉴팩처링'이 대표적 회사다. 작년 매출 기준으로 LA 카운티 150대 기업에 포함될 정도로 성공한 의류기업이다. 'AG'라는 브랜드를 통해 주로 프리미엄 아울렛 매장에 진출해 있다. 비용 절감을 위해 주력을 제외한 모든 것을 아웃소싱 하는 자버시장의 트랜드와는 분명 다른 방식인데, 고집스러울 만큼 품질을 중시하는 창업주의 철학 때문이란다. 성패를 떠나, 기본에 충실하겠다는 그의 신념에 박수를 보낸다.

요즈음 한인경제의 최대 화두는 '자버시장이 왕년의 영화를 회복할 수 있을 것인가'이다. 마침 미국 최대 연말 소비 '축제'가 시작되었고 작년 대비 추수감사절 매출이 10퍼센트 이상 증가했다는 보도도 나온 만큼 자연스레 자버시장의 매출 추이에 관심이 쏠렸다. 그런데 어제 나온 한인신문(≪미주 헤럴드 경제≫) 기사는 충격적이다. 소비의 주력은 의류와 전자제품일 터, 미국 소비가 큰 폭으로 증가했다면 당연 자버시장의 그것도 같은 그래프를 그렸으리라 믿었는데 20퍼센트 이상 매출이 줄어든 기업이 태반이라는 내용 때문이다. 고개가 갸우뚱해지는 대목이다. 해석에 이르러서야 비로소 안개가 걷힌다.

우선 미국경기의 양극화 현상이 주범이었다. 최근 몇 년간의 불황은 필연적으로 저소득층에게 더욱 가혹한 고통을 안겨주었고 실업과 소득 감소에 따른 저소득층의 구매력 감소는 이들이 주로 찾는 스와프미트의 붕괴를 야기했으며, 저가 의류로 스와프미트 같은 소형소매점을 주요 고객으로 삼고 있던 다수의 한인 의류 매뉴팩처들이 직격탄을 맞을 수밖에 없었다는 설명이다. 부진의 두 번째 이유로 '생산 없는 판매'라는, 경제회복 초기 단계에서 보이는 일반적 현상을 지목한다. 소매는 증가하는데 도매나 생산은 늘지 않는 현 상황을 가장 잘 설명하는 해석으로 보인다. 불확실한 미래로 인해 본격적 성장을 확신하지 못하는 소매상들이 신규 주문보다는 재고 소진을 통해 소비자 수요에 대처하면서 이런 현상이 발생했다고 적고 있다. 한인 매뉴팩처들의 고객 중에는 '로스ROSS'나 '케이마트K-MART', '티제이맥스TJ MAX' 등과 같은 저가 의류를 취급하는 대형소매점도 있는데, 이들 업체가 10퍼센트 이상의 매출 증가를 보이고 있는데도 정작 납품을 책임지는 자버시장 상인들은 경영의 어려움을 호소하고 있는 이유도 같은 맥락이라는 설명이다. 분명 대형소매상들은 구매를 늘리는 대신 갖고 있던 재고와 '땡처리' 물건 위주로 팔았을 테고 따라서 자버의 매출은 증가할 수 없었던 것이다. 일단 말은 되는 것 같고, 소비가 지속적으로 증가하는 한 재고가 줄어드는 어느 시점에는 반드시 구매를 재개할 것이니 언젠가는 자버의 매출도 증가할 것이기에 꼭 부정적 현상만은 아닌 듯싶다. 시간이 해결할 문제다.

그러나 자버 매출 부진의 마지막 이유로 지목한 '시장구조의 본질적 변화'라는 부분에 이르러서는 왠지 모를 불안감이 엄습해온다. 교섭력

bargaining power을 갖는 대형소매점의 구매 패턴이 바뀌고 있다는 설명은 그래서 우울하다. '부익부 빈익빈'이라는 자본주의의 악령이 고만고만한 자버시장 상인들에게조차도 '규모적 서열'을 넘어 생존을 강제하기 시작한 듯 보여서 그렇다. 경쟁에서 살아남기 위해서는 필연적으로 판매원가를 낮추어야 하는 소매점이 생산(구매)원가 인하에 관심을 갖는 것은 어찌 보면 당연한 이치다. 자신이 생산을 직접 담당하고 있지 않은 상황에서 무작정 매뉴팩처의 팔목만 비틀어 단가를 인하하는 방식을 계속할 수 없는 노릇이고, 해서 나온 발상이 하청관계에 있는 매뉴팩처들에 주문량을 늘려줌으로써 납품단가 인하를 유도하는 것이다. 그러나 주문량을 늘려주려면 획기적인 매출 증대가 따라주어야 하는데 지금의 경기상황으로는 불가능한 일이고 거래처 숫자를 줄이는 길밖에 대안이 없다는 결론에 도달하게 된다. 즉, 10개의 하청업체에서 각각 1,000만 달러어치 물건을 납품받던 대형소매점들이 이제는 6개 업체에서만 각각 1,500만 달러를 주문하면서 납품단가 인하를 요구하고 있다는 설명이다. 이런 식으로 가다가는 결국 디자인으로 승부하던 소형 매뉴팩처들의 입지는 좁아들 것이고 이들이 중심이 되어 운영되던 자버시장의 입지 또한 축소되고 말 것이다. 마냥 답답한 이유다.

포에버와 구스가 희망이고 빛이라면 대다수 매뉴팩처들은 절망이요 어둠이다. 몇 개 기업의 매출이 승승장구하는 사이, 다수의 매출은 오히려 줄고 있다. 소매경기가 나아져도 자버는 한겨울이다. 재고정리와 '땡처리'로 대변되는 경기변동 과정의 일시적 현상 정도로 치부되지만, '저가 시장 붕괴'와 '하청의 대형화'라는 구조적 변화에 따른 추세로 해석하는 이들도 적지 않다. 지난 수십 년의 신자유주의 광풍이 자버를 삼킨 탓일 게다. 공존과 상생보다는 적자생존과 정글이 자버를 물들였을 것이다. 하여 이제 자버마저 '99퍼센트 사회'를 향해 줄달음칠 기세다.

단지 회사규모나 매출크기만 다르지 다수가 같이 벌거나 같이 어려웠던 시절은 이미 지났고, 흥하고 망하는 것이 세상의 이치인 것처럼 대박의 신화에 환호하든 쪽박의 고통에 절규하든 오롯이 자버의 몫인 것만은 분명한 사실 아닌가. 더구나 자신의 책임 아래 결정하고 투자되었을 터, 나는 그 '미국 회사'의 존망까지 염려하고 걱정할 여유가 없다. '누군가 망했다는 것은 또 누군가가 성공의 기회를 잡은 것'이기에 개별 기업의 흥망성쇠를 대하는 나의 태도는 지극히 자본주의적이다. 그러나 자버가 '미국 속의 한국'이고 한인들의 땀과 꿈이 서린 곳이라는 이유만으로 나의 태도는 금세 돌변한다. 지금의 부진이 '일시적 현상'이기를 기도하고, 언감생심 모두가 승자가 되는 역삼각형 모양의 환상적 생태계를 꿈꾸기도 한다. 또한 설사 먹이사슬의 생태계를 갖고 있더라도 그 사슬의 크기만큼은 최소한 유지되기를 소망하고 공존·공생의 전범이 우리 자버 시장으로부터 굳건히 만들어지고 퍼져 나가기를 진심으로 바란다. 자버의 현주소는 우울하고 세상의 구조를 꼭 빼닮고 있어 답답하기도 하지만 1,700여 개에 이르는 작은 희망들로 인해 여전히 에너지고 가능성임을 믿는다. 여전히 나는 그들 편이다.

지적재산권 전쟁

물고 물리는 혹은 죽고 죽이는 정글의 법칙인가, 순진한 자의 뒷덜

미를 물어뜯는 약삭빠른 하이에나의 저열한 공격인가, 이도저도 아니면 원칙과 정상正常을 위해 반드시 거쳐야 하는 성장통 같은 것인가. 요즈음 자버를 강타하고 있는 특허논쟁을 바라보는 나의 심경은 이래저래 착잡하다. 솔직히 판단이 서지 않는다. 자신의 디자인을 법적으로 보호받기 위해 특허등록을 하는 것은 책할 일이 결코 아니지만, 오랜 세월 무슨 묵계처럼 용인되던 디자인 카피가 이제는 '돈벌이'가 된다는 사실을 깨달은 특허 사냥꾼의 책략 탓에 실제 디자인 주인이 특허 도용의 희생자로 전락하는 웃지 못할 해프닝이 벌어지고 있기 때문이다. 최근 5만 달러라는 거금을 들여 특허분쟁을 마무리했다는 B사 이 대표의 참담한 경험담은 그래서 더욱 쓰리다.

사업을 시작한 지 얼추 5년이 다 되어가면서도 이제껏 변변한 실적 하나 올리지 못했던 이 대표에게 올 여름 정말 천금 같은 기회가 찾아왔다고 한다. 겨울을 겨냥하고 야심차게 준비했던 신상품 디자인이 굴지의 대형소매점에서 러브콜을 받았기 때문이다. 있는 돈 없는 돈 다 끌어다 원단 사서 중국에서 봉제까지 마친 지난 10월경 청천벽력 같은 내용의 편지가 한 장이 날아들었다. 자신이 디자인 카피에 대한 특허를 갖고 있다면서 그 권리가 침해받았으니 이를 배상해야 할 것이라는 내용이 담긴 일종의 선전포고였다. 변호사에게 자문을 구해봤지만 달리 어찌해볼 도리가 없어 5만 달러를 주고 무마했다는 것이다. 그런데 더 기막힌 것은 상대방이 오랫동안 자버에서 알고 지내던 한인상인이었다는 사실이다. 이 대표가 치를 떤 이유다. 나중에 알고 보니 자기처럼 당한 사람이 한둘이 아니었다고 한다. 이 대표에게 편지를 보냈던 그 사람은 본업을 그만

두고 아예 그 길로 나섰다고 한다.

오늘 이곳 모 한인신문의 1면은 '특허전쟁'이 차지하고 있다. 디자인 카피 전문 사냥꾼이 성업 중이라는 보도다. 억울한 사연이 속출하고 있단다. 일종의 학습효과가 생긴 것이 그나마 위안이라면 위안이랄까. 디자인을 하면 카피 등록 먼저 서두르는 관행이 정착되고 있는 것만은 분명하니 말이다. 쇼윈도의 마네킹이 밖을 향하지 않고 안을 바라보고 있는 이유도 여기에 있다고 한다. 디자인의 핵심을 들키지 않겠다는 고육지책 같기도 해서 그저 씁쓸할 뿐이다. 오죽하면 여북했겠는가 싶다가도 아무리 친한 사이라도 차 한 잔을 위해 오랜 시간 남의 매장을 방문하는 것은 금기시된다는 대목에 이르자 실소를 금할 수가 없다. 바야흐로 '만인 대 만인의 투쟁'이 자버를 휩쓰는 형국이다. 정확히는 '한인 대 한인의 추잡한 싸움'이지만 말이다. 그나마 여유가 있는 중견 업체들이야 별도의 돈을 들여 디자인 카피를 등록하고 만일의 사태에 대비한다지만, 이도저도 여의치 않은 소형 매뉴팩처들은 적지 않은 등록비용과 담당인력의 부족으로 속만 끓이고 있다고 하니 답답할 노릇이다. 자신의 권리를 보호받기 위해서가 아니라 남의 특허를 '훔치는' 도둑을 막기 위해 거액의 카피 등록비용을 물어야 하다니, 한인 등골 빼먹는 놈은 다름 아닌 '또 다른 한인'이라는 이 대표의 절규가 생생하다.

한미 FTA, 빛과 그림자

01 자유무역협정(FTA), 그 역사적 맥락

아무리 많은 가게가 있고 파는 물건 또한 셀 수 없을 만큼 많아도 결국 팔리는 물건은 품질이 좋으면서 싼 물건이다. 이것이 거래의 기본이다. 나라끼리의 무역에서도 마찬가지다. 가격도 저렴하고 좋은 품질이라면 그 수요는 국경을 초월할 수밖에 없는 법이다. 이치가 그렇다. 사정이 이렇다보니 오랫동안 제조기술을 축적해온 선진 공업국이 자국의 수요에 만족하지 않고 다른 나라 상점을 기웃거리기 시작한다면 게임은 끝난 거나 다름없다. 게다가 상대는 강대국 아닌가. 힘 앞에는 장사 없다고, 물건이 시원찮아도 사주어야 할 판인데 거기다 품질과 가격마저 '쥑인다면' 달리 어찌해볼 도리가 없을 것이다. 논리도 쌈박하다. 각 나라가 비교우위에 있는 물건을 생산하고 이를 서로 교역한다면 상호간 경쟁이 유발되어 궁극적으로는 모든 나라의 생산성이 향상된다며 어르고 달래기까지 한다.

바로 이 지점에서 자유무역의 나팔이 울려 퍼진다. 언필칭 자유무역은 강대국의 논리다. 후진국의 고민이 커지는 이유다. 아무리 소비자 후생이 나아진다고 해도 무작정 빗장부터 열었다간 경쟁력이 생기기도 전에 국내 산업이 쑥대밭이 돼버릴 것이 자명하고 달리 어찌해볼 도리도 없이 영원한 패자(수입국)로 머물 수밖에 없을 것이기 때문이다. 게다가 자원이 풍부하거나 미국처럼 달러 찍는 기계라도 갖고 있다면 모르겠으되 하루도 아니고 매번 그 많은 수입대금을 결재할 방도도 없는 처지다. 그렇다고 무작정 모르쇠로 일관할 수만은 없으니 그게 더 답답할 노릇이지만, 개방의 파고가 거세고 법보다 주먹이 가까워도 이른바 가격경쟁력을 갖출 때까지는 빗장을 꼭꼭 걸어두어야 한다고 굳게 마음먹을 수밖에 없다. 그래야 '살아남을 수 있을 것' 같기에 그렇다. 방법은 하나, 그 좋다는 공산품에 관세라는 족쇄를 채우고 그사이 '경쟁력'을 키우는 수밖에.

그러나 선진 열강은 노회하고 참을성이 없다. 눈에 보이는 돈을 포기할 자들이 아니다. 마침내 그들은 '자유'를 강제할 규범을 서두른다. 1948년의 일이다. 최혜국 대우와 내국인 대우를 기치로 전 세계의 무역을 촉진하기 위해서는 전반적인 관세 인하가 필요하다며 동지를 규합하기 시작한다. 마침내 GATT(관세 및 무역에 관한 일반협정) 체제가 출범한다.

GATT가 비교우위에 입각한 자유무역을 주창했음에도 국제무역을 왜곡시키는 각종 비관세 장벽이 등장하고, 신보호주의에 입각한 선진국의 일방적 수입 규제와 역외 국가들에 대한 지역공동체의 차별적 대우, 그리고 지적재산권의 보호와 관련된 국제무역규범의 미비 등은 결과적으로 통상마찰을 심화시켰다. 1980년대에 들어오면서 GATT 체제는 점차 균열을 보이기 시작하는데, 이제껏 칼만 갈던 일단의 신흥 공업국들이 공산품 시장을 석권한 것이 신호탄이었다. 선진 제국들은 '비관세 장벽'과 '수입 규제'라는 신보호무역주의로 회귀했다. '자유'를 강요한 지 40여 년만의 일이다.

누가 봐도 궁색하다. 아이러니고 꼼수다. 자국 산업을 보호한다는 미영 아래 한 손에는 보호무역이라는 방패를 들고 또 다른 손에는 새로운 자유무역이라는 '신검'을 든다. 무역의 패러다임이 바뀌었다는 핑계를 대면서 말이다. 재화에 국한되던 무역이 서비스 분야로까지 확대됐기 때문에 새로운 국제교역질서가 필요하다고 강변한다. GATT보다 훨씬 세련되고 강력한 체제를 구상한다. 상품의 관세 철폐 수준에서 벗어나 서비스 및 투자 자유화 그리고 지적재산권을 망라하고, 협약의 이행을 감시하며 말 듣지 않는 나라를 제재하는 권한도 갖는 명실상부한 국제기구를 만든다. 우루과이라운드가 시작된 지 8년여 만인 1995년, 드디어 WTO(세계무역기구)체제가 출범한다.

국제무역규범의 새로운 역사라는 WTO 체제의 출범과 함께 오히려 다자협상의 무용론이 확산되기 시작했다. 자신의 존재 이유가 탄생부터 부정되는 역설적 상황이 벌어진 것이다. 너무 많은 나라가 모이고, 처지마저 너무 다르다 보니 컨센서스 확보는커녕 의제 하나 정하는 데도 너무 많은 시간이 걸린다며 불만이 쏟아졌다. 이른바 '규모의 비경제'가 WTO를 가로막아선 형국이다. 일단의 선진국들은 다자체제의 자유화를 선도하기 위해서라도 역내 국가 간의 보다 높은 자유화가 필요하다며 그럴싸한 명분까지 들이밀기 시작했다. 미국(북미자유협정)과 유럽(유럽연합)이 선봉에 서고 '그들만의 리그'에 끼지 못한 일단의 역외 국가들의 조바심이 더해지자 지역통합은 대세가 된다. 자유무역협정, FTA라는 시대의 조류가 밀려들기 시작했다.

자유무역협정free trade agreement은 FTA라 약칭한다. 이는 특정 국가 간의 상호 무역 증진을 위해 물자나 서비스 이동을 자유화시키는 협정으로, 나라와 나라 사이의 제반 무역장벽을 완화하거나 철폐하여 무역 자유화를 실현하기 위한 양국 간 또는 지역 사이에 체결하는 특혜 무역협정이다. 사전적 정의다. 유럽연합EU이나 북미자유무역협정NAFTA 등과 같이 인접 국가나 일정한 지역을 중심으로 이루어지기 때문에 흔히 지역무역협정RTA: Regional Trade Agreement으로 부르기도 한다. 유럽연합처럼 모든 회원국이 자국의 고유한 관세와 수출입 제도를 완전히 철폐하고 역내에서의 단일 관세 및 수출입 제도를 공동으로 유지하는 매우 강력한 지역경제 통합방식이 있는가 하면, 북미자유무역협정처럼 회원국이 역내의 단일 관세 및 수출입 제도를 공동으로 유지하지 않고 자국의 고유 관세 및 수출입 제도를 그대로 유지하면서 무역장벽만 완화하는 매우 느슨한 통합방식도 있다. 한편 WTO가 모든 회원국에 최혜국대우를 보장해주는 다자주의를 원칙으로 하는 것에 비해 FTA는 양자주의 및 지역주의적인 특혜 무역체제로서 회원국에만 무관세나 낮은 관세를 적용하는 특징을 갖는다. 시장이 크게 확대되어 비교우위에 있는 상품의 수출과 투자가 촉진되는 동시에 무역증대 효과를 거둘 수 있다는 장점이 있으나 협정 대상국에 비해 경쟁력이 낮은 산업은 문을 닫아야 하는 상황이 발생할 수 있다는 점이 단점으로 지적되기도 한다.

　　이렇듯 FTA로 대표되는 지역주의regionalism는 세계화와 함께 오늘날 국제경제를 특징짓는 뚜렷한 조류가 되고 있으며 WTO 출범 이후 오히려 확산 추세에 있다. 예컨대 47년간의 GATT 시대에 체결된 지역무역협정이 91건인 데 비해, WTO 초기 9년간 이보다 많은 숫자(120건)의 지역무역협정이 체결되었다고 한다. 세계 총 무역 중 지역무역협정 내의 무역 비중이 50퍼센트를 넘은 지도 이미 오래다. FTA가 개방을 통해 경쟁을 심화시킴으로써 생산성 향상에 기여할 뿐 아니라 무역 및 외국인 직접투자의 유입이 경제성장의 원동력이라는 점도 무작정 FTA를 부정할 수만은 없는 현실이 되어가고 있다. 더군다나 FTA를 포함한 지역무역협정의 이익은 가시적이고 직접적인 반면, 역기능을 억제하기 위한 다자적인 감시기능이 제대로 작동하기 어려운 상황에서 지역주의는 앞으로도 확산될 것으로 전망된다고 하니 FTA가 피할 수 없는 대세인 점만은 분명해 보인다. 다만 '경쟁력'의 파고를 넘지 못한 산업을 어떻게 지원하고 보호할 것인가의 문제는 여전히 남는 숙제다.

02 한미 자유무역협정, 그 시작과 끝

1998년 11월, 당시 정부의 대외경제조정위원회 결정에 따라 우리 나라의 FTA 역사가 시작됐다. 2004년 최초의 한국-칠레 FTA가 발효된 이후 현재 총 7건의 FTA가 발효됐다. 정부는 미, 중, 일, EU 등 이른바 세계 4대 거대 경제권과의 협정체결을 FTA정책의 최종 목표로 삼고 있다는 점을 밝혔다. 그중에서도 미국을 가장 우선적인 협상 대상으로 선정했는데, 현 시점에서 FTA를 통해 가장 큰 혜택을 기대할 수 있는 나라로 판단했기 때문으로 보인다. 갈수록 커지는 중국의 영향력을 경계할 필요가 있었을 것이고, 선점 효과라든가 국가안보 등과 같은 전략적 판단 또한 고려되었을 것이라 짐작된다.

2006년 2월 노무현 대통령은 미국과의 FTA 추진을 선언했다. 경천동지할 일이었다. 대기업보다는 서민과 중소 상인의 삶에 더 관심을 기울여왔던 참여정부였기에 충격이 더했다. 당시 나는 한동안 청와대에서 대통령을 모시다 금융 현장에 복귀해 있었던 터라 '심하게 한 대 얻어맞은 기분'이었다. 반대론자의 주장에 공감하면서도 현실을 외면할 수 없었던 노무현 대통령의 '고민'이 읽혀 당시 많이 아팠었다. 이유가 어디에 있든 세계 최대 시장이라 할 수 있는 미국과의 FTA는 피할 수 없는 운명이고, 싫든 좋든 성장에서 무역이 차지하는 비중이 여전히 70퍼센트에 이르는 통상국가의 '업보'를 짊어지고 있는 이상 달리 대안이 없었을 것이다, 그리 이해했다. 여하튼 2007년 4월 2일, 14개월의 기나긴 협상을 끝으로 마침내 미국과의 FTA 체결이 공표되었다.

한미 자유무역협정KORUS FTA: U.S.-Korea Free Trade Agreement 또는 약칭 한미 FTA는 대한민국과 미국 간의 자유무역협정이다. 1989년 미국제무역위원회(USITC)가 「아태지역 국가들과의 FTA 체결에 대한 검토 보고서」에서 미국에 바람직한 FTA 대상 국가로 한국, 싱가포르, 대만을 꼽으면서 한미 FTA 체결이 수면 위로 부상했다. 그러나 미국 측의 한미 FTA 언급은 한국 내에서 시장개방 압력의 수단으로 인식되었고 1990년대 우루과이라운드의 농업 양허안 논란이 거세지자 논의 자체가 중단되었다. 미국 또한 여러 지역과 FTA를 추진하면서도 동아시아와의 FTA 추진에는 소극적으로 대처했고, 특히 한미 FTA에 대해서는 스크린쿼터를 포함한 통상 현안이 해결되어야 한다는 전제조건을 달았기 때문에 한미 간의 FTA는 또다시 수면 아래로 가라앉는 신세가 되었다.

2006년 2월 3일 노무현 대통령은 미국과의 FTA를 본격화하기 위해 야당 및 여론의 반대에도 미국 측이 요구한 '4대 선결조건'을 수용했다. 처음에는 부인했지만 미국 측 대표가 협상 중 관련 사항을 언급하자 서둘러 이를 인정함으로써 '4대 선결조건' 허용은 사실로 드러났다. 미국산 쇠고기 수입 재개와 배출가스 강화기준 철폐 그리고 스크린쿼터 축소 및 약값 재평가제도 철폐가 그것이다. 반대 측은 이것만 봐도 한미 FTA는 굴욕적인 협상이라고 주장했다.

그러나 한국은 정권이 바뀌면서 광우병 파동에서 촉발된 촛불시위로 인해 그 어느 때보다 반미감정이 고조됨에 따라 FTA 조기 비준에 대한 동력을 잃게 되었고, 미국 역시 최악의 금융위기를 겪게 되면서 각종 이익집단의 저항에 직면함에 따라 당초 합의된 FTA 추가협상의 목소리가 높아져 미국 의회를 통과한다는 것이 불가능한 상황이 연출되었다. 서명의 잉크도 마르기 전에, FTA에 대한 국민적 공감대가 형성되기도 전에 추가협상이라는 돌발변수가 생기고 만 것이다. 당초 조건도 못마땅한 상황에서 또 뭔가를 더 양보해야 한다는 것은 어떤 이유에서든 유쾌한 일이 아니었다.

그래서였을까, 타결 소식이 전해진 지 3년이 훨씬 지난 2010년 12월 5일, 첫 삽을 떴던 양국의 대통령이 모두 바뀌고 난 이후에야 비로소 오바마와 이명박 정부는 마침내 추가협상 타결을 발표했다. 그로부터 또 1년, 최근 미국이 비준의 깃발을 높이 들기 전까지는 누가 먼저 '고양이 목에 방울을 걸 것인가'를 놓고 지루한 눈치 보기 싸움만 전개되었다. 추가협상의 핵심은 뭐니 뭐니 해도 자동차 분야였다. 그러나 협상내용면에서 대한민국이 양보했다는 비판이 나올 정도로 특히 미국 측의 요구가 대부분 수용됐다. 타결된 자동차 협상의 주요 내용은 '관세 철폐 이후 미국에서 한국 자동차 판매량이 급증할 경우 미국 측이 긴급 수입제한 조치를 취할 수 있다', '한국에 수입되는 미국 자동차는 2만 5,000대 이상 판매되는 차량만 안전검사기준을 적용한다' 등이다. 한국에 판매되는 미국 자동차 중 가장 많이 팔리는 모델이 1만 대가 되지 않기 때문에 사실상 안전검사기준을 완전 철폐했다고 볼 수 있다는 지적이 일었다.

한편 연평도 포격 사건 이후 서해상에서 열린 한미 연합훈련 등과 연관되지 않았느냐는 의혹이 제기됐는데, ≪월스트리트 저널≫이 "한국이 갑자기 입장을 바꿔 FTA 협상이 타결됐다"고 보도함으로써 이러한 논란을 증폭시켰다. "한국 협상단은 FTA 때문에 동맹관계가 위험에 처한 것처럼 걱정했고 미국의 요구를 놀라울 정도로 잘 받아들였다"거나 "한미 FTA 추가협상은 오바마의 승리"라는 등 한국의 양보가 있었음을 추측케 하는 기사가 미국 주요 언론에 등장함으로써 이른바 '굴욕 재협상' 논란이 걷잡을 수 없게 커졌다. 물론 이러한 반대 여론 확산은 한사코 '재협상은 없다'고 재협상 자체를 부정하기만 했던 정부의 거짓말이 컸음을 부인할 수 없다. 김종훈 본부장이 국회에 출석하여 '말 바꾸기'를 사과하고 이명박 대통령까지 나서서 "양보할 수 있는 부분에서 양보함으로써 더 큰 경제적 이익을 얻고자 하는 것"이라고 설명했음에도 논란을 잠재우지는 못했다. 아무튼 자동차 업계가 큰 타격을 받을 것이라 예상했지만 정작 업계는 수용 가능하다는 입장이었다. 미치는 영향이 생각보다 크지 않을 것으로 판단한 모양이었다. 일단 자동차부품이 최대 수혜업종으로 꼽혔다. 당초 협의대로 부품관세의 즉시 철폐가 관철됐기 때문이다. 섬유, 항공, 해운 등도 대미 수출 비중이 높은 만큼 쌍수를 들고 환영하는 분위기였다. 전자, 철강 등 다른 업종에는 큰 영향이 없을 것으로 보여 '실보다는 득이 많다'는 것이 국내 기업들의 대체적 반응이었다.

추가협상 시 한국 측이 요구했던 내용에는, 돼지고기 관세 철폐 기간을 2년 더 연장하는 것과 의약품의 허가, 특허 연계의무기간을 당초 협약 발효 후 18개월에서 3년으로 유예기간을 연장하는 것, 대미 현지투자 기업 파견 근로자의 비자(L-1) 유효기간을 기존 1~3년에서 3~5년으로 2년 연장하는 안이 포함되었다. 추가협상에 대한 정부의 평가는 후한 편이다. 우선, 그간 3년 5개월여 동안 진전을 보지 못하던 한미 FTA의 비준 및 발효를 추진하기 위한 기반을 마련했다고 만족을 표했다. 전체적으로 양측 간 이익의 균형을 확보했다는 점도 강조했다. 자동차 분야에서 일부 미국 측의 우려를 해소하면서도 여타 분야에서 우리의 요구사항을 반영했다는 것이다. 그러나 시민사회와 야당의 평가는 낙제점에 가까웠다. 비준 불가에서부터 조건부 지지까지 다양한 견해가 있지만 전체를 관통하는 정서는 '이익 균형도 잃고 우리의 내수 산업 기반을 붕괴시킬 수도 있는 굴욕 협상'이라는 것이다.

2011년 10월 12일, 마침내 미국 의회가 한미 FTA를 비준했다. 언론의 말마따나 '이제 공은 한국으로 넘어왔다.' 양국 간의 교감에 따른 것이었겠지만 이명박 대통령의 방미 시기에 맞춘 타이밍이 오히려 못마땅하다. 찬성 비율이 다소 높게 나온다손 치더라도 여전히 '이익 균형 실패'와 '내수 기반 붕괴'라는 비판이 엄존한 상황에서 국민적 공감대를 형성하기 위해서는 그 어느 때보다 더 세심한 배려가 절실함에도 마치 '시한'을 강제하는 듯한 인상을 줌으로써 찬성의 여론을 높이기는커녕 반대의 명분만 강화시키는 결과를 가져오지 않았나 생각한다. 이래저래 이번 '방미 선물'은 꼴사납게 됐다. 바야흐로 FTA를 둘러싼 찬반양론이 본격적으로 부딪힐 터, 가슴 한쪽이 답답해옴을 느낀다.

03 한미 자유무역협정, 쟁점 분석

금융 산업의 기반은 완전히 무너질 것인가

아무래도 미국이 글로벌 금융의 최강자인 만큼 서비스 산업 중 금융 산업에 대한 우려의 목소리가 가장 커 보인다. 그중에서도 미국 금융기관 또는 금융상품에 대해 시장규제를 가할 수 있느냐가 핵심이다. 물론 반대론자는 규제가 사실상 불가능해질 것이라고 진단한다. 한미 FTA 서비스 분야의 협의사항인 네거티브 리스트(특정 품목만 제한하고 나머지는 전부 개방하는 방식) 때문에 설사 위험이 많다고 판단되는 금융상품이라 하더라도 정부가 이를 규제할 수 없게 될 것이고, 국내 은행의 소유 한도도 현재의 10퍼센트 룰이 무력화될 것이라고 주장한다. 야당에서는 금융 세이프가드 발동요건을 완화하는 방향에서 재협상이 이루어져야 한다는 지적이 제기되고 있다.

이에 대해 정부의 설명은 단호하다. 투자 및 서비스에 한해 네거티브 리스트를 작성하고 동 리스트에 대해 개방의 정도를 후퇴할 수 없게 한 것(래칫ratchet 조항)은 맞지만 이는 '현재 유보' 항목에 포함된 경우에 한해 적용될 뿐이며 공공의 이해와 관련한 분야는 '미래 유보'라는 항목에서 정부의 포괄적 권한행사가 가능하도록 만들어놓았기 때문에 아무런 문제가 되지 않는다는 것이다.

더구나 금융에 대해서는 별도의 장을 만들어 미국의 선진 금융이 무차별적으로 진입하는 것을 막을 수 있는 장치를 이미 확보했다고 강조한다. 이를테면 국내 은행 지분을 10퍼센트 이상 갖는 것은 '국제적으로 인정받는 금융기관'만이 가능하고 이 경우에도 정부의 허가를 받도록 했기 때문에 은행 지분을 100퍼센트까지 무차별적으로 늘릴 수 있다는 주장은 거짓이라는 설명이다. 미국의 선진 금융상품이 무분별하게 들어와 우리의 금융질서를 교란하고 위험에 빠뜨릴 수 있다는 주장에 대해서도 말이 안 된다는 입장이다. 그 이유로 '국내에 진출한 미국 금융기관의 현지법인'을 통해서만 상품공급이 가능하고, 우리 현행 법률이 허용하는 범위 내에서만 가능할 뿐 아니라, 국내 금융당국이 개별 상품별로 심사해 판매를 허가하는 등 엄격한 조건에서만 허용하도록 협정문에 규정했다는 점을 든다. 또한 소비자 보호나 금융기관의 건전성 유지 그리고 금융시스템의 안정성 확보를 위한 건전성 조치들은 협정의 예외로 언제든지 우리 금융당국이 도입할 수 있도록 규정되어 있다는 설명도 잊지 않는다. 금융 세이프가드에 대해서는, 우리의 외환위기 때에도 발동하지 않았을 정도로, 환투기 등으로 급격한 금융환란이 야기되는 것과 같은 매우 이례적인 상황에 발동하는 것이고 미국에는 아예 부여되지도 않았으며, 한미 FTA 내용을 수정한다고 해결될 수 있는 성질이 아닌 국제적 원칙이라는 점을 들어 재협상 자체가 불가능하다는 입장이다.

이익 본다던 자동차 산업, 피해 더 커졌다?

자동차에 대한 미국의 관세는 2.5퍼센트로 이미 낮은 상태이기 때문에 당초부터 수출증대 효과는 미미했다는 것이 반대론의 핵심이다. 이번 재협상으로 그나마 기대했던 이익이 더 줄었다고 혹평한다. 즉시 무관세혜택을 보게 된다는 자동차부품 역시 효과가 과대평가됐다고 주장한다. 미국 메이저 자동차 회사들은 원가절감 차원에서 부품의 글로벌 소싱을 늘리고 있어 한국 부품업체는 경쟁을 피할 수 없을뿐더러 미국의 국외부품 조달률이 법으로 30퍼센트를 넘을 수 없도록 규정돼 있어 더 이상 국내 부품업체의 수출이 늘어날 여지가 없기 때문이라는 설명이다. 완성된 차에 비해 국내 부품업체의 수출총액 비중 자체도 적어 이번 체결로 한국의 부품업체가 얻을 이익은 한계가 분명한 반면 중소기업 위주의 국내 부품업체가 글로벌 기업에 합병되거나 구조조정에 직면할 가능성은 오히려 더 커졌다는 것이다. 이 외에도 미국 자동차 업체에 특혜적인 환경과 안전기준 완화문제도 지적한다. 이번 재협상으로 국내 자동차 업체는 강화된 수준의 배출 허용가스기준을 적용 받지만 미국 업체는 그렇지 않아 역차별을 유발하게 된다는 것이다.

똑같은 사안을 바라보는 정부 측의 시각은 사뭇 다르다. 우리나라의 자동차 관세가 미국보다 월등히 높은 상태이기 때문에 현 8퍼센트에서 4퍼센트로 줄더라도 여전히 미국의 2.5퍼센트보다는 높아 미국산 자동차의 수입이 급격하게 증가할 것이라는 주장은 비현실적이라고 지적한다. 더구나 대미 자동차 수출액이 미국으로부터의 수입액보다 훨씬 높고(40배라고 한다), 자동차시장 자체도 거의 8배 수준이기 때문에 관세 인하로 가격경쟁력이 확대될 경우 우리 자동차의 수출 증대는 분명한 사실이라고 주장한다. 현대와 같은 자동차 수출업체가 수출 증대 효과를 인정하고 있는데 더 이상 무슨 설명이 필요하냐며 짐짓 비판이 억울하다는 듯 항변한다. 자동차부품의 수출 증대 효과에 대해서도 완전히 다른 입장을 보인다. 현 8퍼센트에 이르는 관세가 일시에 없어지기 때문에 우리의 경쟁 상대인 다른 나라 부품업체에 비해 가격경쟁력을 갖는 것은 너무나도 당연한 일 아니냐는 식이다. 대미 자동차부품 수출액이 전년도의 40억 달러를 넘을 정도로 최근 빠르게 증가하고 있어 수출 증대 효과가 매우 클 것이라 자신하는 표정이다. 아울러 환경 및 안전기준은 글로벌 표준문제이기 때문에 역차별을 운운하는 것은 시대착오적 발상이라고 지적한다.

허가 - 특허 연계제도, 제약회사는 망하고 약값 인상은 기정사실?

금융과 함께 미국이 비교우위를 보이고 있는 산업으로 제약이 꼽힌다. 국제특허를 다수 확보하고 있는 미국의 유수 제약회사들이 의약품의 허가-특허 연계제도를 악용한다면 소송에 휘말리기를 꺼려하는 국내 제약사들이 국민의 안전과는 상치되는 행동을 할 가능성이 농후해질 것이고, 이른바 복제약Generic drug 제조 수준에 머물러 있는 국내 제약회사의 경쟁력 약화는 물론 특허권을 앞세운 글로벌 제약회사들의 약값 인상에도 속수무책일 수밖에 없을 것이라는 것이 반대론의 핵심이다. 원래 특허권은 사권私權이어서 권리침해 여부를 특허권자 스스로 발견하여 적절한 조치를 취해야 하는데, 한미 FTA는 허가-특허 연계를 통해 유독 제약에 대해서만 식약청이 개인의 특허권 침해를 조사해 이를 통보하고 의약품 허가절차에 반영하게 하고 있어 일부 다국적 제약사의 시장이윤이 부당한 방식으로 극대화될 것이라 우려한다. 더 큰 문제는 이로 인한 사회적 비용이나 손실을 회복할 방법이 없다는 것인데 허가-특허 연계제도를 세계에서 유일하게 시행하고 있는 미국의 경우 특허권자가 소송에서 패소한 사건이 무려 73퍼센트나 되고 의약품 허가절차와 연계된 특허 가운데도 거의 절반인 46퍼센트가량이 법원 1심에서 무효로 판정됐음에도 미국 제약사들이 이 제도 도입을 밀어붙인 이유는 결국 소송에서 승리할 경우 막대한 이윤을 얻기 때문이라 주장한다.

　　우리 제약사들의 경쟁력 약화를 우려하는 것은 정부 역시 마찬가지로 보인다. 다만 의약품 허가-특허 연계제도 도입의 당초 유예기간이었던 18개월을 3년으로 늘렸기 때문에 그사이 철저하게 준비하고, 국내 제약사들이 신약개발능력을 제고한다면 오히려 국내 제약사들의 글로벌 경쟁력이 강화되는 계기로 작용할 것이라는 입장인 것 같다. 제약사들의 연구개발능력 향상을 위한 지원을 아끼지 않겠다는 점도 강조한다. 또한 약값 인상 가능성은 잘못된 이해에서 비롯된 것이라 일축한다. 현재 우리나라에서 시행되고 있는 약값 산정방식을 침해할 수 없도록 규정에 반영했다는 설명이다. 제약 산업 피해규모도 1,000억 미만 정도로 정부가 감당할 수준이라는 입장이다.

농업은 끝났다!

쌀 개방은 워낙 민감한 사안인지라 아예 이번 FTA에서 제외됐다는 것이 정부 측의 설명이다. 그러나 반대론자의 주장은 다르다. 관세화를 문제 삼는다. 비록 쌀을 관세 철폐 분야에서 예외로 취급했지만 2015년 1월 이전에는 관세화해야 하며 그때 다시 미국과 재협상하게 되어 있기 때문에 실질적인 쌀 시장 개방은 초읽기에 들어간 거나 다름없다고 주장한다. 쇠고기 수입 개방도 심각한 사안이다. 현재 40퍼센트인 관세가 15년에 걸쳐 인하될 경우 그나마 명맥을 유지하고 있는 쇠고기시장이 초토화될 것이라 주장한다. 한미 FTA로 한국 농업과 축산업은 이제 설 자리를 잃게 됐다고 정부를 비난한다. 새로운 유전자 조작 작물이 있더라도 한국이 '건강에 위해성이 창출된다고 믿을만한 이유가 없으면' 위험도 평가를 할 수 없도록 규정했기 때문에 한국인은 안전성이 입증되지도 않은 유전자 조작 농산물에 무방비로 노출되는 셈이라며 유전자 조작 농산물 수입에 따른 농산물 안전에 대한 문제도 함께 제기한다. 세이프가드의 실효성에 대해서도 의문을 제기한다. 쇠고기를 예로 들면, 한미 FTA 발효 1년간 수입량이 27만 톤을 넘으면 40퍼센트의 긴급수입제한관세를 발동할 수 있고, 12년 차에는 33만 6,000톤을 넘을 때 24퍼센트 관세를 매길 수 있는데 2003년 미국산 쇠고기 수입량은 19만 9,000톤에 불과하니 이 발동요건을 채울 정도로 늘어날지는 의문이라는 설명이다.

정부는 쌀 개방은 논의조차 되지 않았다며 모든 우려를 일축한다.

쇠고기시장에 대해서는 이미 관세와 무관하게 가격차가 월등한 상태에서 한우를 중심으로 하는 고가시장과 수입 쇠고기를 중심으로 하는 중저가 시장으로 양분되어 있는 만큼 쇠고기 관세 철폐에 따른 피해 대상은 한우를 생산하는 국내 축산농가가 아니라 호주 같은 글로벌 경쟁자들이라는 점을 강조한다. 국내 3대 쇠고기 수입국인 호주, 미국, 캐나다의 순위만 바뀔 뿐이라는 것이다. 한편 국내 쇠고기시장에서 외국산 쇠고기가 이미 50퍼센트 넘게 차지하고 있다는 점을 들어 수입가격 하락에 따른 소비자 후생도 크게 증가할 것이라고 예측한다.

흔들리는 개성공단, FTA가 돌파구?

기왕에 체결된 한국-싱가포르 FTA나 한국-EU FTA와 달리 한미 FTA는 개성공단에서 생산한 제품을 우리의 역외 생산품으로 인정하지 않아 FTA에 따른 관세특혜를 받을 수 없다. 남북 화해와 평화를 주요한 정책적 목표로 삼고 있는 야당과 진보 진영이 개성공단문제를 FTA 재협상의 주요한 대상으로 거론한 것은 어쩌면 당연해 보이기도 한다. 반대론자들은 최근처럼 남북관계, 한미관계, 북미관계가 미묘하게 변화할 경우 정치적 이유로 개성공단이 표류할 수 있는데, 남북관계의 안전판이라 할 수 있는 개성공단 제품의 역외 가공 인정이 추후 논의과제로 남겨진다는 것은 평화체제구축을 포기하는 것과 다름없다는 생각인 것이다.

정부는 현실론을 거론한다. 현재와 같은 남북 간 경색국면하에서 개성공단문제만 떼서 논의할 수 없다는 입장이다. 더구나 별도의 위원회에서 역외 가공 인정 여부를 재검토할 수 있는 여지를 남겨놓았으니 전체적인 남북관계의 변화 추이를 보며 특혜관세 부여문제를 논의하는 것이 타당하다는 입장이다. 또한 개성공단에서 생산되는 규모가 연 3억 달러 내외이고 그중에서도 10퍼센트 남짓만 수출품이니만큼 당장의 경제적 실익도 적다는 점을 강조한다.

중소 상공인 지원 정책은 표류할 수밖에 없나

최근 정치권에서 본격적으로 논의되고 있는 중소기업 적합업종 선정작업이 한미 FTA로 인해 좌초될 것이라는 점도 반대론자의 주요한 논점이다. 한국에 진출한 미국 투자자가 정부의 규제로 피해봤다고 주장하면서 투자자-국가 분쟁ISD: Investor-State Dispute 조항을 원용하여 국제기구에 제소하면 우리는 꼼짝없이 당할 수밖에 없기 때문에 대기업의 중소기업으로의 영업권 이양 같은 문제를 풀 수 없고, 결국 중소기업 적합업종 선정이라는 공익적 목표 달성은 사실상 불가능해진다는 점을 지적한다. 또한 기업형 슈퍼마켓SSM 규제법안이 좌초한 배경에 한국-EU FTA의 '정부가 기업을 대리해 정부 간 소송을 할 수 있다'는 제도가 있었다면서 이보다 더 강력한 한미 FTA가 시행된다면 중소기업 상생법이나 유통법은 아예 입법 자체가 불가능할 것이라고 주장한다.

이에 대한 정부의 입장은 다소 궁색해 보인다. 투자자-국가 분쟁 조항은 이미 우리나라가 맺은 85개에 달하는 양자투자협정BIT에서 합의한 것으로서 글로벌 표준이기 때문에 한미 FTA가 없더라도 중소기업 적합업종 선정이나 기타 기업형 슈퍼마켓 규제법안 등은 국제적 기준에 맞는 방안을 모색해야지 이걸 빌미로 한미 FTA 체결을 부정하는 것은 옳지

않다는 입장이다. 한미 FTA를 받아들일 것이냐 여부를 결정하는 잣대가
결코 될 수 없다는 점을 거듭 강조하고 있다.

한미 FTA, 독배인가 성배인가

한미 FTA를 찬성하는 이들의 생각은 단순하다. GDP에서 무역이 차지하는 비중이 70퍼센트에 이르는 대한민국의 입장에서, 특히 미국에 수출하는 양이 절대적으로 많은 상황에서 한미 FTA 체결은 당장 수출에 도움을 주기 때문에 이를 마다할 이유가 전혀 없다는 것이다. 더구나 무역이라는 것이 상대가 있는 게임인 이상 FTA로 관세가 철폐될 경우 미국을 상대로 수출을 모색하는 여타 경쟁국들에 비해 한국이 가격경쟁력에서 우위를 점하게 될 것은 자명한 이치고 이는 대미 수출 확대와 국내 경제성장률의 증가로 이어질 것이라고 강조한다. 그리고 해외자본의 국내 투자가 증가함으로써 해당 산업이 활성화되고 그로 인한 일자리 증가도 예상된다고 덧붙인다. 5.66퍼센트의 GDP 상승, 34만 개의 일자리 창출, 연 1억 달러가 넘는 무역수지 개선 등 정부가 내놓는 한미 FTA 체결에 따른 미래 청사진은 매력적이다. 한미동맹관계의 개선과 같은 정치적 이점을 거론하기도 하고 대한민국이 동북아의 허브로 발전할 수 있는 중요한 발판을 마련하게 된다는 점도 강조한다. 일본정부와 민간연구소가 'FTA로 인해 일본이 자동차·기계·전자 분야의 수출에서 한국에 밀려 심각한 타격을 받을 것'으로 전망했다는 부분도 빼놓지 않고 인용한다.

반대 측은 찬성론자와 완전히 다른 입장을 견지한다. 주로 NAFTA의 경우를 예로 들며 실패를 확신한다. NAFTA로 혜택을 본 국가는 미국뿐이었다는 주장이다. 캐나다도 당초 복지정책을 실현하려던 계획에 차질을 빚고 있고 실업자가 증가하고 있으며, 멕시코에서는 국민의 상당수가 극빈층 또는 저소득층으로 전락했고 소수의 부자만 그 혜택을 누리고 있다는 점을 강조한다. 이른바 4대 선결조건(스크린쿼터 축소 혹은 폐지, 미국산 쇠고기 수입 재개, 약값 재조정 중지, 자동차 배기가스 규제완화)에 이르면 반대론자의 주장은 더욱 거세진다. 문화마저 종속당하고 공공서비스 등 사회기반이 무너질 것이라 우려한다.

FTA 독소조항은 반대 진영의 핵심적 논거다. 그중 하나가 투자자-정부 분쟁해결ISD 조항인데, 한미 FTA가 한국의 법과 충돌하면 한미 FTA가 우선되지만 미국에서는 미국 연방법, 심지어 주법까지도 한미 FTA와 충돌하면 미국의 법률이 우선된다는 것이다. 이렇게 된다면 미국의 주정부가 한국기업의 시장 진출을 막아도 아무런 문제가 되지 않지만 만약 대한민국이 규제를 한다면 미국 투자자가 소송을 제기할 것이기 때문에 정부를 포함한 모든 공공기관, 심지어 법원까지도 미국기업을 규제할 수 없게 된다는 주장이다.

찬반양론은 이런저런 논거와 명분을 배경으로 하고 있겠지만, 그 모든 것을 관통하는 이면에는 이른바 '이익 균형'이 자리하고 있다. 한쪽은 이익의 편에 서 있고 다른 쪽은 손실에 무게를 둔다. 사실 FTA를 통한 효과라는 것이 이익이든 손해든 간에 과거의 자료에 입각하여 미래를 추정하는 것이니만큼 애당초 그 숫자라는 것도 극히 주관적일 수밖에 없고 게다가 찬성을 주장하는 쪽은 수출 증대로 인한 플러스 부분만 확대하려 할 것이고 반대 측 역시 손실 부분을 강조해 마이너스 요소를 찾는 데 집중할 가능성이 충분하기에 아예 '객관성'은 들이밀지 말아야 할 잣대인지도 모르겠다. 그러나 설사 한계가 자명하다 하더라도 합리적인 논쟁과 합의를 위해서는 각 진영의 주장을 상식선에서 한 번 살펴볼 필요가 있다고 하겠다.

이번 미국과의 자유무역협정은 재화(상품)뿐만 아니라 용역(서비스)과 투자 분야에 이르기까지 그 적용범위가 넓다. 그러나 그중에서도 가장 논란이 심한 분야가 자동차와 쇠고기니만큼 이 둘을 먼저 살피는 것이 순서일 듯싶다.

텔레비전에서 FTA라도 나올라치면 허구한 날 자동차가 어쩌고저쩌고 하니, 별 관심 없는 사람은 FTA를 자동차 수출 관련 협정쯤으로 생각할 수도 있을 것이다. '현대가 자동차 파는 일에 왜 나라까지 나서서 이렇게 난리야' 하고 고개를 갸웃하는 촌부도 물론 있을 것이고 말이다. 그런데 한미 FTA가 시작되면 우리나라 자동차가 많이 팔리기는 팔리는 거야 하고 묻는다면 내 생각은 '그렇다'이다. 모든 수입 자동차에 대해 미국이 2.5퍼센트라는 관세를 물리고 있는 상황에서도 시장점유율 10퍼센트가 눈앞에 보인다는 둥 하면서 현지 언론에서 하루가 멀다 하고 현대와 기아의 약진을 대서특필할 정도로 한국의 자동차가 미국에서 많이 팔리고 있는데, 만일 한국에 대해서만 관세를 폐지한다면 당연히 더 팔리겠지 생각한다는 뜻이다. 그럼 얼마나 더 팔릴 것 같은데 하고 물으면 이건 내 분석 밖의 영역이다. 다만 미국의 자동차시장 규모가 우리의 그것과는 결코 견줄 수 없을 정도로 거대하다(우리의 8~10배 규모란다)는 사실에 방점을 찍는다. 미국 자동차가 글로벌 경쟁력을 갖추고 있어서 우리가 관세만 인하해주면 누구나 사고 싶을 정도의 매력적인 제품으로 변한다면 모르겠으되, 수입 자동차 중에서도 그저 그런 수준이니 가격 좀 내렸다고 금세 판매가 급증할 것도 아니고 증가한다손 치더라도 내수 규모의 한계로 관세 인하에 따른 대미 수출 증가분을 상쇄할 정도는 아니지 않겠느냐 판단한다는 뜻이다. 적어도 완성 자동차시장에서만큼은 이익의 균형이 아니라 일방적 이익이 기대된다고 해도 무방할 것이다. 물론 이렇게 얻어진 이익이 국민 대다수의 삶에 얼마나 긍정적으로 작용할 것이냐는 차치하고 말이다.

그렇다면 쇠고기는 또 어떤가. 맛 좋고 값싼 미국산 쇠고기가 한국 밥상을 점령할까? 이에 대한 답 역시 '그렇다'이다. 그러나 호주나 캐나다산 쇠고기를 대체할 것이냐 혹은 우리 한우시장까지 넘볼 것이냐에 대한 물음에는 '글쎄' 정도다. 한편으로 생각해보면 이미 가격차가 많이 벌어진 상태여서 가격이 더 떨어진다고 비싼 한우 대신 값싼 미국 쇠고기를 먹을 것 같지는 않아 보이고, 또 다른 한편으로 생각해보면 한우와 견줄 수 있는 프리미엄급 미국산 쇠고기가 가격경쟁력까지 갖춘다면 한우시장도 충분히 잠식할 수 있을 것 같다는 말이다. 그래도 굳이 고른다면 한우시장의 붕괴까지 갈 가능성은 낮지 않느냐이다. 지금부터 쇠고기시장을 개방하는 것이라면 모르겠지만 이미 오래전에 시장이 개방된 탓에 국민의 소비 패턴이 이미 어느 정도 자리 잡았다고 보기 때문이다. 한우는 고가품으로 일정한 시장을 형성하고 있어서 미국산 쇠고기가 고가시장에 진입하는 데는 상당한 시간이 소요될 것이라 생각한다. 물론 조금씩 한우시장이 축소되는 것이야 피할 수 없는 대세지만 말이다.

한미 FTA에 대한 논쟁의 이면에는 현실론과 명분론이 혼재해 있다. 찬성 측은 통상국가라는 '현실'에 입각해 FTA는 선택이 아니라 생존적 필수라 주장하고, 반대론자는 척박한 내수시장의 '현실'을 들어 FTA가 가져올 중소기업의 괴멸을 우려한다. 갈수록 격화되고 있는 국제적인 무역전쟁 속에서 적극적인 시장개방이야말로 국가 명운이 걸린 '명분'이라 주장하는 찬성파가 있는 반면, 우리보다 더 견고한 내수시장을 갖고 있는 경쟁국도 결행을 주저하는 FTA를, 그것도 세계 최강대국과 맺으려는 것 자체가 국가 미래를 담보로 도박을 벌이는 행위와 다를 바가 없다며 결사 저지를 외치는 언필칭 '명분론자'도 있다. 찬성이 '대세'를 거론한다면 반대는 '주권'과 '자존'을 내세운다.

양 진영 모두 배수진을 치고 상대를 몰아붙이는 형국이다. 정부는 우리보다 훨씬 반대 목소리가 컸던 미국이 비준했으니 더 이상 지체할 시간이 없다면서 연말을 데드라인으로 선포한 상태다. 조금만 다른 목소리를 냈다간 금세 '매국'으로 내몰 기세다. 매국의 딱지는 반대 진영에서도 즐겨 사용하는 족쇄 같은 것이다. FTA를 주장하는 세력은 나라를 팔아먹은 매국노 이완용과 다를 바 없고 한미 FTA는 제2의 '을사늑약'이라고 공격한다. 일순간 전 국민이 매국노로 변해버린다. 따라서 나의 스탠스는 천생 어중간하다. 이건 이래서 문제고 저건 저래서 곤란하다는 식의 전형적인 양비론이다. 나는 그럼에도 한미 FTA 체결이 차선이나 차악쯤은 된다고 믿는 사람이다. 야당이 주장하는 몇 가지 보완대책이 이루어지고 난 이후의 FTA가 '최선'이라면 나름대로 이익의 균형을 맞춘 지금의 FTA는 '차선'에 해당한다는 의미고, 국제무역의 조류를 외면한 결과 남 다하고 난 후 마지못해 체결되는 FTA가 '최악'이라면 여러 문제에도 불구하고 경쟁국보다 먼저 체결되는 현재의 FTA가 '차악'이라 생각한다는 뜻이다. 최선을 위해서라면 재협상의 가능성까지 차단할 필요가 있겠느냐는 차원에서는 이른바 야당의 재협상론에 동조하는 편이고, 최악을 피하기 위해 차악을 선택해야 한다는 차원에서는 정부의 '현실론'에 닿아 있다.

그러나 차선이 됐든 차악이 됐든 미국과의 자유무역협정을 체결하기 전에 FTA에 따른 득과 실, 그리고 문제점과 해결책 등에 대해 최소한의 국민적 공감대가 선행되어야 한다는 점만은 변하지 않는 소신이다. 미국이 비준을 해버렸으니 더 이상 협상은 불가능하다는 말만 되풀이하는 정부의 소통방식은 언제나 마뜩찮고, 과거 정부에서 체결한 걸 가지고 왜 이제 와서 난리냐는 식의 '책임 떠넘기기'는 꼴불견이다. 시시콜콜 협정조문의 문제점은 지적하면서 막상 FTA 이외의 대안은 제시하지 못하는 반대 진영의 '한가함'이 답답하고, 치밀한 논리와 튼실한 반대 논거를 제시해도 부족할 판에 곳곳이 허점투성이인 채로 같은 말만 되풀이하는 이른바 '독소조항' 레코드판을 듣는 것도 이제 고역이다. 솔직히 반대 진영에서 '이익 균형'을 말할 때마다 실망스러운 적이 한두 번이 아니었다. 자동차가 많이 팔리고 쇠고기는 적게 수입되고 제약회사의 손실이 예상보다 적다면, 그래서 이익이 균형점을 찾았다 한다면 한미 FTA에 찬성하겠다는 뜻인지 묻고 싶다. 과문한 탓인지 모르겠지만, 반대 진영의 핵심적 논리는 '서민의 삶과는 크게 영향이 없는 일부 대기업의 이익에 봉사하기 위해 다수의 중소 상공인과 농민이 사지에 내몰릴 수도 있는 개방을 받아들일 수 없다'는 게 아닌가 말이다. 한미 FTA는 국내여건이 성숙될 때까지는 절대 불가하며 내수시장 보호장치가 충분히 마련되었다는 전제 위에서 논의해야 한다고 아예 선언하기를 진심으로 바란다. 이른바 '이익 균형' 논쟁은 이제 그만두어야 한다. 남이 만들어놓은 프레임에 갇혀 좌충우돌 하는 꼴은 더 이상 보기 싫다. 현실이냐 명분이냐, 실리냐 가치냐를 전면에 걸고 국민적 지지를 확보하라. 그래야 논쟁이 되고 싸움이 되고, 내 편과 네 편으로 갈려 '끝장'이 날 수 있지 않겠는가. 그렇게 하고서도 지지를 잃는다면 그들이 포기해야 한다!

한미 FTA는 기쁨에 겨워 마셔야 할 성배인가 아니면 목숨을 내놓고 마셔야 하는 독배인가. 이미 최선과 최악의 가능성을 부정해버렸으니 언감생심 성배의 자리까지야 탐할 수 없다지만, 적어도 믿음과 소망의 영역에서만큼은 너와 나를 살리는 '상생의 잔'이 만들어질 것이라 믿어왔다. '막연한 기대'일망정 여전히 한미 FTA는 현재진행형이기 때문이다. 다만 '고성'에 묻혀 '대책'이 실종될 수도 있겠다는, 자꾸만 과거의 기억이 데자뷔로 어른거려 걱정이다. 혹여 너와 나 모두를 죽이는 맹독이 가득

담긴 그런 독배를 앞에 두고 그저 '독 없는 독배'이기만을 넋 놓고 기도해야 하는 상황이 올 것 같아 씁쓸하고 답답하다. 더구나 현실은 주인에게 자초지종도 알려주지 않고 그저 잔만 비우라 재촉하는 형국이 아닌가. 아, 이래저래 회색은 괴롭다!

05 한미 FTA에 환호하는 한인사회

미국 땅에 외로이 떠 있는 한국 섬! LA의 코리아타운을 설명할 때 곧잘 등장하는 표현이다. 이름만 미국이지 모든 것이 한국과 똑같다는 자조적 의미로 사용되기도 하지만, 그 말 속에는 어느 민족도 해내지 못한 거대한 공동체를 만들어냈다는 자부심과 긍정의 힘이 엿보인다. 공식적인 숫자로도 30만 명에 달한다는 한인동포의 팍팍한 이민생활을 그나마 지탱해주는 친정이나 고향 같은 곳이다. 고국을 떠나 태평양을 건넜던 많은 동포들이 바로 그곳에서 아메리칸 드림을 꿈꾸기 시작했다. 말도 서툴고 문화도 다른 아메리카에서 생활의 기반을 잡기에 그만한 곳이 없었을 것이다. 청소부와 막노동은 기본이요 남들 하기 싫어하는 일이라면 무엇이든 닥치는 대로 해치웠을 테고, 새벽에서 밤까지 계속되는 노동의 고단함으로 한없는 눈물을 흘렸으리라. 이민의 역사야 100년에 이른다지만 다들 모여 산 지는 채 반세기도 지나지 않았다고 한다. 그사이 스무 살 청춘은 백발의 노신사로 변했고 몇몇은 억만장자의 반열에 오르기도 했다. 재봉틀을 돌리고 상점을 열고 자동차를 팔면서 그 험한 역사를 살아냈을 것이다. 2008년 가을이 올 때까지는 그래도 희망이라는 것을 품고 살았다고 그들은 말한다. 그러다 한순간에 막다른 골목길로 내몰렸다고.

미국을 삼킨 금융위기로 가장 피해를 본 사람들은 가진 것 없는 가난한 동포들이었다. 어렵게 장만한 집을 하루아침에 잃기도 하고, 갈수록 줄어드는 수입에 빚만 쌓이는 악순환이 되풀이되었다. 한줄기 구원의 빛을 고대하지만 좀처럼 상황은 나아지지 않는 세월이 벌써 3년이나 흘렀다. 그사이 조국으로부터 '머지않아 사람들이 몰려오고 돈이 밀려들 것'이라는 희망의 메시지 하나가 날아들었다. 옷 만드는 자버시장이 활기를 찾을 것이고, 밀려드는 사람들로 음식점과 상점이 북새통을 이룰 것이라 소곤댔다. 무비자 시행에 이어 한인타운이 제2의 황금기를 맞을 것이라고들 김칫국 마서대기에 정신이 없었다. 역시 어려울 땐 내 핏줄, 내 나라만한 것이 없다고 감격해 하는 이도 있었다.

그러나 그뿐, 조국의 하늘은 메아리를 보내지 않는다. 여전히 진행형일 뿐이다. 조바심에, 더 이상의 기다림에 지친 그들이 마침내 입을 열기 시작했다. LA의 심장에 '코리아타운'의 깃발을 높이 세웠던 우리의 동포들이 조국을 향해 외치고 있다. 한미 FTA를 비준하라!

한미 FTA 얘기만 나올라치면 핏대를 세우는 친구에게 "그분(?)이 오시면 네 형편이 좀 나아지느냐" 물었다. 뭐 그런 '당근' 같은 소리를 하냐는 듯 막힘없이 자신의 주장을 펼쳐놓는데 고개가 끄덕여진다. 사실 무비자 시행을 앞두고 의욕적으로 시작했던 여행사업에서 그리 재미를 보지 못하고 있다는 얘기를 들었었고, 10년을 넘게 운영해오던 자동차 액세서리 가게를 지난해 정리하면서 거의 재정적으로 파산 상태라는 사실을 잘 알고 있어서인지 그의 설명은 훨씬 절박했다. 말이 여행사지 직원 하나 없는 온라인 기반의 패키지 전문 1인 여행사에 불과하기 때문에 일반 여행사처럼 정형화된 여행상품을 팔 수도 없고 항공권 가격에서도 경쟁력을 확보할 수 없어 보통 6인 이하의 소규모 단체를 대상으로 공항 픽업에서부터 관광가이드와 운전을 도맡아 처리하고 있다고 했다. 소규모 맞춤관광을 원하는 단순 관광객과 비즈니스 목적의 방문객이 주 고객이라면서, FTA가 체결되면 여하튼 무역과 투자가 늘어날 것이고 궁극적으로 미국을 방문하는 사람, 특히 비즈니스 고객이 확대될 것이기 때문에 결국 자신의 고객도 늘어나 사업이 훨씬 나아지지 않겠냐는 설명이다. 그에게 한미 FTA는 마지막 비상구이면서 생존의 '희망'인 셈이다.

　　재미동포, 그들은 무늬만 한국사람이지 경제적 혹은 계급적 이해는 본질적으로 미국인의 그것과 같다. 미국이 어려우면 당장 사는 게 팍팍해지고 미국이 잘 살면 떡고물이라도 떨어지니 너무도 당연한 이치가 아니겠는가. 직장을 잃었다고 해서 한국정부가 실업수당을 주는 것도 아니고, 아프다고 해서 그 잘 되어 있다는 한국의 건강보험혜택을 받을 수도 없는 상황인데 조국의 경제적 이해에 무조건 복무할 수는 없는 노릇이라는 말이다. 그러나 그들의 구체적인 삶의 현장은 한국과 밀접히 연결되어 있다. 하여 동포들의 사회·경제적 이해는 토종 미국인과 또한 사못 다르다.

미국인이면서 동시에 한국경제권의 영향을 받는 이중적 '존재'가 바로 재미동포의 자화상인 셈이다. 한미 FTA를 바라보는 한인사회의 입장이 전체 미국사회의 그것과 같으면서도 다를 수밖에 없는 이유다. 한국에 대한 미국의 수출 및 투자 증가가 가져올 일자리 창출과 초과 이윤 획득에는 시큰둥하면서도 미국에 대한 한국의 수출과 투자에 대해서는 반색할 수밖에 없는 현실이 이러한 역설적 상황을 웅변한다. 미국이 한국에 수출할 재화라고 해봐야 농축산물이 전부일 테니 수출 증가로 한인 동포의 직접적 이해(고용 창출)가 충족될 가능성은 낮다고 보는 것이고, 한국에 대한 투자 역시 유통 및 지식서비스 또는 금융에 국한될 것으로 보이는 상황에서 일부 전문인력을 제외하면 직접적으로 혜택을 보는 동포의 숫자는 미미하다 판단한다. 반면에 한국으로부터의 수입 증가는 직접적으로 무역 관련 비즈니스(통관, 운송 등)의 확장을 촉발하고 궁극적으로는 미국 내 유통조직의 건설로 나타날 것이기 때문에 자연스레 한인의 취업 및 비즈니스 기회가 늘어날 것으로 보며, 대미 투자의 증가 역시 실제적인 차원에서 한인의 고용을 확대시킬 것이라 확신하는 분위기다. 한인 커뮤니티가 미국 전체 경제의 일반적 특성보다는 재미한인 혹은 본토에 의존하는 독특한 자급자족적 성격의 경제구조를 갖고 있어서 생긴 현상이 아닌가 생각한다.

한인들의 주요 비즈니스는 서비스업이다. 그중에서도 음식점, 잡화점, 세탁소 같은 소규모 영세자영업이 주를 이루고 있으며, 자동차 판매와 부동산 중개 및 보험 중개 등과 같은 개인 서비스업, 여행·호텔·슈퍼마켓 등의 기업형 서비스업, 법률·회계 같은 전문 서비스업에 많이 종사하고 있다. 게다가 고객 기반이 거의 전적으로 한인에 의존하고 있다는 점 때문에 미국 전체에 비해 한인 커뮤니티 경제는 훨씬 더 취약한 상황이다. 한인들의 소비에 자신의 생계를 전적으로 의존해야 하지만 소비를 해줄 그 한인조차 또 다른 동포를 상대로 돈을 벌어야 하는 폐쇄적 순환 경제구조 — 경제의 주요한 축인 생산이 사실상 배제된 채 '소비-소비'라는 기형적 특성을 갖는다 — 로 인해 소비 부진이라는 늪에 빠질 경우 이를 돌파할 모멘텀을 확보하기가 더 어렵게 되는 것이다.

물론 미국 최대의 의류도매시장이라는 '자버'시장의 70퍼센트 이상을 한인이 차지하고 있어 그곳에서 만들어진 잉여가 한인 커뮤니티로 일부 흘러 들어오고는 있다. 그러나 여전히 한인경제의 주력군은 한국으로부터의 '수혈'이다. 즉, 끊어진 '생산-소비'의 순환궤도를 '이전 수입'이 잇고 있는 형국이다. 끊임없이 이어지는 이민의 행렬, 교육 및 비즈니스를 위해 몰려드는 일시 체류 인력, 그리고 단기 관광 수요 등이 만들어내는 '본국으로부터의 송금'이 폐쇄적 한인경제의 젖줄인 셈이다. 지난 무비자 시행에 한인 커뮤니티가 환호했던 이유도 단기 관광 수요가 확대되어 한인경제가 새로운 성장의 모멘텀을 가질 수 있으리라 기대했기 때문이다. 그러나 때마침 찾아온 미국의 경제위기로 인해 한인의 기대가 많이 위축되었다.

아무튼 어렵사리 버텨낸 3년의 세월 끝에 가뭄에 단비 격으로 한미 자유무역협정이 체결된다고 하니 동포들은 쌍수를 들어 환영하는 것 같다. 다른 건 몰라도 사람들의 왕래가 많아질 것은 자명한 이치고 덤으로 돈까지 따라 들어온다고 하니 그저 강 건너 불구경할 수 없었을 것이다. 재미동포, 그들에게 한미 FTA는 잊힌 영광의 '재현'이고 물밀 듯 쏟아져 들어오는 '한국사람'이자 또 '돈'이다.

　　오늘 아침 재미 한인신문들은 일제히 강석희 어바인 시장의 한국 정치권을 향한 한미 FTA 체결 촉구 발언을 비중 있게 다뤘다. 지역 정가에서 비교적 성공한 몇 안 되는 한인 정치인으로서 내년에 있을 총선에서 연방 하원의원직 도전이 예상되고 있는 인물이니만큼 그의 일거수일투족에 대해 한인언론이 관심을 갖는 것은 어쩌면 당연한 일일 것이다. 더구나 한인 커뮤니티의 전반적인 찬성 분위기를 거론하며 연일 한미 자유무역협정 비준의 정당성을 설파하고 있는 한인언론(한국 메이저 신문사의 미주 현지법인)의 입장에서는 초읽기에 들어간 한국의 'FTA 정국'에 쐐기를 박을 뭔가가 필요했을 터, 나름의 대중적 인기와 영향력을 갖고 있는 강 시장의 메시지가 반가웠을지도 모르겠다. 아무튼 한인 커뮤니티를 기반으로 중앙정계에 진출해야 하는 강 시장이 한미 FTA를 자신의 전략적 아젠다 혹은 지렛대로 활용하는 것을 신호탄으로 한미 자유무역협정 비준을 찬성하는 목소리가 욱일승천하는 형국이다. 강 시장이 "한미 FTA 타결은 250만 재미동포가 한결같이 바라고 있다고 감히 말할 수 있다"고 일갈하자 한인이 많이 사는 지역인 플러튼의 연방 하원의원 에드 로이스 씨는 "한미 FTA는 양국 경제에 긍정적이다"라고 맞장구를 친다. 적어도 이곳 한인 커뮤니티에서만큼은 한미 FTA가 '사실상' 체결된 것이나 다름없어 보인다.

LA 이야기

01 타운하우스에 꽂히다

집 구하기, 고행의 길을 걷다

남들은 10년이 다 되어도 하기 힘들다는 내 집 장만이라는 거사를 결혼 후 5년 만에 해치우고 집주인의 반열에 너무 일찍 오른 탓일까, 미국생활에 대한 막연한 두려움 중에 셋방살이 걱정이 단연 으뜸이었다. 집을 구한 후 가족을 부를 요량으로 무작정 비행기에 몸을 실었고, 혈혈단신으로 미국 금융시장을 개척하겠다고 뛰어든 선배의 방 한 칸짜리 아파트에 빌붙는 데 성공했다. 가진 것이 없으면 염치도 사치가 되는 법, 안면몰수의 열매는 달았다. 그로부터 무려 한 달을, 그것도 LA 한복판에서 아무 걱정 없이 '내 집 구하기 작전'에 올인 할 수 있었으니 말이다. LA 공항에 누가 마중 나오느냐가 미국생활의 모든 것을 결정한다며 동창 녀석이 한사코 자신이 살고 있는 동네로 이사 오기를 권한다. 집 구하기가 본격적으로 시작된 것이다.

　　Which city(어느 지역)? 이제껏 자유주의 교육철학의 신봉자라도 되는 양 말끝마다 '인성'이 제일 중요하다며 가식의 여유를 부렸건만, 이역만리 미국까지 온 이상 '맹모삼천지교'는 몰라도 아이들 영어 배우기 좋은 곳으로 가야 하는 것 아니냐는 아내의 열변 앞에 나의 이성은 무너져 내린다. 너무도 빨리 '미국발 강남 따라잡기'의 열렬한 숭배자가 되어 있는 나를 발견한다. 토랜스Torrance, 라 카나다La Canada, 파사데나Pasadena……. 그러고 보니 LA는 전부가 명문 학군이네!

　　How large(몇 평짜리)? 이제는 미적분보다 어렵다는 도량형 환산의 벽을 넘어야 한다. 스퀘어피트에서 미터로 이를 다시 평수로(이제 한국은 엄연한 미터법의 나라로 바뀌었지만 여전히 평형에 익숙하니 어찌하겠는가) 고치는 험난한 과정을 겪어야만 집 크기의 윤곽이 잡힌다. 다 큰 딸과 아들이 있으니 방이 세 칸은 있어야겠고, 미국 아파트는 목조건물이라 옆집 아저씨 코고는 소리도 들린다는 말을 듣는 순간부터 생전 없던 아파트 기피증이 생겼으니 아파트는 아예 고려대상이 아니다. 점점 명료해진다. '명문 학군의 방 세 칸짜리 주택.' 나의 홈 스위트 홈이 다가오고 있음을 느낀다.

　　How much(얼마)? 이제 마지막으로 돈과의 3차 방정식을 푸는 일만 남았다. 이 대목에 이르러서야 나의 철없는 '학군 타령'과 '세 칸짜리 대저택'은 냉정한 현실과 맞닥뜨린다. 살고 싶은 곳은 너무 비싸고 싼 건 비지떡이다. 너무 낡았거나 너무 좁거나 혹은 시끄럽거나. 나의 욕심을 만족시킬 수 있는 경계선은 3,000달러이다. 월세로 300만 원(나의 희망 환율은 여전히 천 원이다)인 셈이다. 전세로 환산하면 4억 원이 넘는 거액, 숨이 턱 막힌다. 전셋값 비싸다는 한국에서도 찾아보기 힘든 가격이다. 1,000 달러면 1억 5,000만 원, 2,000달러면 3억 원…….

거의 소득의 30퍼센트를 집세로 내고 살아가는 집 없는 미국서민의 팍팍한 삶이 순간 아프게 다가온다. 내 코가 석잔데 오지랖도 넓다. 나의 관념적 '진보주의'는 어김없이 한국의 전세제도와 미국의 월세제도의 경제적 비교형량으로 치닫는다. 목돈이 없어 해마다 전세금이 오르는 공포 속에서 살아야 하는 우리네 서민이나 기껏 벌어 집세 내면 남는 것 하나 없는 아메리카의 세입자나 가엾기는 매한가지인데도 말이다. 그건 그렇다 치고 소득의 50퍼센트에 이르는 월세계약에 도장을 찍고만 나의 허영은 또 어찌할 것인가.

토랜스, 그리고 웨스트하이스쿨

LA 시내에서 남서쪽으로 20마일가량 달리면 토랜스가 나온다. 바다(태평양)를 끼고 있어서인지 사시사철 온화한 날씨가 매력적인 곳이다. 한여름에도 에어컨 없이 살 수 있고 겨울에는 웬만해서 난방이 필요 없는 곳으로 유명하다. 중산층 백인이 가장 살고 싶어 하는 지역이 LA 남서쪽에 위치한 해안도시들(사우스베이)인데, 토랜스는 그중 인구가 가장 많고 면적이 넓은 곳으로 한국을 포함한 아시아 이민자 비중이 상대적으로 높은 반면 인근의 다른 해안도시들에 비해 조금 덜 부유한 지역으로 꼽힌다. 태평양이 내려다보이는 대저택이 즐비한 팔로스 버디스Palos Verdes, 젊음이 넘치는 해변거리로 유명한 맨해튼 비치Manhattan Beach나 허모사

비치Hermosa Beach 그리고 리돈도 비치Redondo Beach 등은 바로 해안에 인접한 도시들이지만 토랜스는 일부 지역만 바다에 인접하고 있을 뿐 대부분은 동서남북으로 고루 퍼져 있을 정도로 큰 도시이기 때문에 해안도시라기보다는 그저 큰 도시라는 인식이 강해 다른 자그마한 도시들에 비해 좀 못 사는(대중적인) 곳으로 생각되는 것이 아닐까 추측할 따름이다.

또한 토랜스는 일본의 다국적기업인 도요타와 혼다의 미국 지사가 위치하고 있어 일본 커뮤니티가 유독 강한 곳으로도 많이 알려져 있다. 거리 이름에서도 일본어가 제법 눈에 띄고 일본 레스토랑을 쉽게 찾아볼 수 있다. 태평양 전쟁 시절 일본 민간인 수용소가 인근(가디나)에 위치한 탓에 아직까지 토착 일본인이 이곳에 많이 살고 있어서 그렇다는 설도 있다. 그뿐만 아니라 미 서부 지역 최대 무역항이라는 롱비치와 LAX 공항이 근처(차로 20분 거리)에 있어서인지 관련 기업들이 제법 많이 입주하고 있어 다른 도시에 비해 자족기능이 우수한 편이라고 할 수 있다. 대형 쇼핑몰은 기본이고 학교, 은행, 도서관, 극장, 대형 마켓체인 등 생활에 꼭 필요한 거의 모든 것이 잘 정비되어 있다. 특히 만 명이 넘는 많은 한인이 거주하고 있어 대형 한인 슈퍼마켓이 두 곳이나 있고, 음식점 등 한인을 위한 편의시설도 제법 많으며 공립학교 수준도 남가주에서는 중상위에 속한 편인지라 미국생활에 익숙하지 않은 초보 이민자에게는 안성맞춤의 거주지역이 아닌가 생각한다.

한국과 달리 이곳에서는 렌트를 목적으로 운영되는 공동주택을 아파트라 부른다. 비록 공동주택 형태라 할지라도 개별적으로 분양되었다면 이는 아파트가 아니라 콘도이고, 한국의 연립주택같이 생겼으되 전체가 임대를 목적으로 운영된다면 이는 연립주택도 빌라도 아닌 아파트인 것이다. 즉, 공동주택 중 개별 소유자와 계약을 맺으면 콘도, 관리회사와 맺으면 아파트, 뭐 이런 식으로 이해하면 쉬울 것이다. 우리가 흔히 단독주택이라고 부르는 집은 일반적으로 하우스라 부르는데, 옆집과 떨어져 있는 독립된 형태의 마당이 있는 집을 싱글홈Single Home이라 하고, 옆집과 붙어 있는 집을 어태치트 하우스Attached House라 부른다. 타운하우스(쉽게 주택단지라고 생각하면 된다. 단지 출입을 통제하는 정문이 있다 하여 일명 '게이트하우스'로도 불린다)에 있는 집들은 대개 어태치트 하우스 형태다. 정리하면, 집은 크게 아파트·콘도·하우스로 나뉘고, 하우스는 다시 싱글홈과 타운홈 등으로 나뉜다.

아파트는 보통 5층 미만(2층이 대세)이고 복도형이 일반적이다. 대부분 목조건물이고 지은 지 수십 년씩 될 정도로 오래된 아파트가 많아 층간 소음이 심한 편이다. 어린아이가 있는 가정이 1층을 선호하는 이유다. 아파트 임대료나 아파트 회사 관리방침에 따라 다르겠지만, 일반적으로 레인지(가스 혹은 전기)는 빌트인이지만 냉장고나 전자레인지 등은 개별적으로 준비해야 하는 경우가 많다. 일부 고급 아파트를 제외하고는 자신의 집에 세탁기를 설치할 수 없으며(대개 공동 코인 세탁실 운영), 야외 수영장과 간단한 체육시설을 갖추고 있다. 방 두 칸을 기준으로 토랜스 지역의 아파트 임대료는 1,500~2,000달러다. 같은 아파트인데도 학교까지의 거리나 편의시설 그리고 크기 등에 따라 상당한 편차를 보이는 데에 놀랐다. 세 칸이라면 이보다 200~300달러가량 더 비싸다.

콘도는 일반적으로 고층이고 고급스럽다. 집주인이 사는 경우가 많고, 땅값이 비싼 LA 같은 대도시에서나 볼 수 있는 주거 형태라 보면 될 것이다. 그래서인지 아직까지 토랜스에서는 콘도를 찾지 못했다. 애당초 콘도를 염두에 두지 않았기 때문이기도 하다. 또한 단독주택은 아파트에 비해 월세가 비쌀 뿐만 아니라 임대물량도 많지 않다. 마당이 있는 집에서 살아보는 것이 보통 사람들의 로망이겠지만, 최소 월 3,000달러는 줘야 하고 셋집 구하기도 쉬운 일이 아니어서 이 또한 '살 집 리스트'에서 제외한 상태였다.

타운홈은 단독주택의 독립성과 아파트의 편리함을 동시에 가지면서도 상대적으로 저렴한 임대료 덕분에 비교적 한인들이 많이 이용하는 주거 형태다. 이 또한 위치와 편의시설 그리고 크기에 따라 천차만별이지만 방 세 칸을 기준으로 월세가 2,500~3000달러 수준이다. 아파트를 가자니 왠지 모르게 답답하고 초라해 보이는 것 같아 주저하는 나 같은 철없는 단기 거주자나 집 장만의 시기를 노리는 중산층 이민자가 선호한다. '한 1년 남짓 살 건데 좀 편하게 살면 어때', '회사에서 집세를 지원해 준다잖아' 하는 핑계를 위안 삼기 시작하자 아파트가 눈에 들어오지 않았다. 더군다나 방 세 칸짜리 아파트 월세가 2,000달러가 넘기에 조금만 더 보태면 안락한 나만의 공간을 가질 수 있으니 아파트를 멀리할 만도 했다. 타운홈으로의 이주를 굳히고 말았다.

다음은 아이들 학군이 문제였다. 큰아이가 8학년에 편입할 예정인데 1년만 지나면 고등학생(여기는 고등학교가 4년제다)이니 학군이 중요한 고려사항이었다. 이곳도 한국처럼 거주지 우선 원칙이 있어 가고 싶은 고등학교는 인근 거주자가 우선이고 타 지역에 사는 사람은 해당 학교나

교육청의 동의는 물론이고 결원이 생겨야만 전학이 가능하기 때문에 애당초 좋은 공립학교 근처로 이사하는 것이 해당 학교에 배정받기 위해서는 가장 중요한 절차인 셈이다. 토랜스 중심지에서 약간 서쪽에 위치한 웨스트하이와 부자들이 산다는 팔로스 버디스와 가까운 사우스하이가 대표적인 공립학교다. LA와의 거리를 감안해 웨스트하이 지역으로 결정하고 나니 다음은 일사천리였다.

우리 이렇게 좋은 집에 살아도 되는 거야?

방 세 칸에 화장실이 2.5개[샤워시설이 딸린 화장실을 완전한 한 개의 배스bath라 하고, 세면대와 변기만 갖춘 미니 화장실을 0.5배스라고 부른다], 1,700스퀘어피트(약 48평) 크기의 집으로 이사했다. 1층은 주차장(2대 주차 가능)과 세탁실, 2층은 거실과 주방, 3층은 방으로만 꾸며져 있다. 부동산 경기가 정점에 달했던 2005년 무렵 한국 부동산 개발업체가 개발했다고 하는 뱅갈로스Bangalows라는 이름의 타운하우스 안에 위치하고 있으며, 전체 100가구 중 50퍼센트 이상이 한국사람이다. 한 달 집세가 2,900달러(최고가에 비해 10퍼센트 이상 하락한 가격이다) 정도이고, 가가호호 확인해보지는 못했지만 집주인보다 세입자가 더 많이 사는 듯 보였다. 단지 한가운데에 제법 넓은 수영장이 있는 그야말로 꿈의 집이다. 첫눈에 반해버렸다.

집을 얻고 인터넷을 뒤져 귀국길에 오르는 한인들로부터 중고 가구(식탁, 소파, 냉장고, 세탁기 등을 전부 구입하는 데 1,000달러가 채 들지 않았다)를 장만하고 얼마 뒤 한국에서 도착한 이삿짐을 다 푸는 데 꼬박 일주

일이 걸렸다. 내일이면 뉴저지 처남 집에서 약 7주에 걸친 미국 전지훈련을 무사히 마치고 이곳 토랜스에 도착하는 그리운 가족과 재회한다. 가족과 만날 생각에 잠을 이루지 못했다.

밤 9시가 넘은 시각이다. 공항에서 토랜스로 이르는 내내 호기심으로만 가득 차 보이던 아이들 눈망울에 마침내 우리 집이 들어오기 시작했나보다. 리모컨 한 번 누르니 거대한 철제 정문이 열리고, 이내 별빛에 반사된 수영장이 얼핏 눈에 들어온다. 와! 탄성이 터진다. 또 한 번 리모컨을 누르니 주차장 문이 열린다. 집 안에 있는 전등이란 전등은 모조리 켜고 이곳저곳을 설명하기에 바쁘다. "여기는 우리 따님 방, 저기는 아들 방, 그리고 저기는……." 내가 더 흥분했나 보다. 지난 한 달간 지내온 눈물의 분투를 보상받고 싶어서일까 아니면 오랜만의 해후에 달떠서였을까. 아무튼 10여 년 전 집을 처음 장만했을 때가 이보다 더 좋았을까 싶을 정도였다. 라면과 김치로 늦은 저녁을 때우고 있을 때였다. "근데, 아빠. 우리 이렇게 좋은 곳에 살아도 되는 거야?" 딸아이의 한마디가 갑자기 뇌리를 후빈다. "그런 소린 어린애들이 하는 게 아냐." 부러 역정을 내며 순간을 모면하지만 아프다. 열네 살의 어린아이보다 못한 늘그막의 철없음이 창피하다. "아무리 남의 돈이라지만 분수도 모르고……. 편안함과 안락함에 순간 정신 줄을 놓았나 보다. 미안타, 아이들아!"

02 미국 은행 엿보기

　은행 안이 한산하다. 한가하다 못해 적막할 지경이다. 코리아타운 동쪽 끝, 비즈니스 빌딩이 모여 있는 곳이라 손님들로 북적일 것이라 예상했다. 더구나 지금 시각은 한창 바빠야 할 은행 마감 무렵이다. 짧은 미국생활이지만 인터넷 속도 탓에 속 터져 죽을 뻔했던 내 경험에 비추어볼 때 온라인 때문에 실제 은행 방문이 확 줄었을 리는 없을 테고. 그렇다면 사상 초유의 금융위기가 왔다니 벌써부터 은행이 망하는 신호가 나타나는 것일까. 더구나 이곳은 금융위기의 빌미를 제공한 그 수많은 글로벌 은행 중 하나인 미국 최대, 아니 세계 최대 은행인 뱅크 오브 아메리카가 아닌가.

　눈앞에 펼쳐진 생경한 풍경이 낯설고 그 이유가 궁금하다. 한편으론 정신없이 바삐 돌아가는 우리의 은행이 오버랩 돼서 그런 생각이 든 것일 수도 있겠다 싶다. 사실은 이런 모습이 정상일 수도 있는데 말이다. 권총인지 가스총인지를 차고 손님의 일거수일투족을 노려보는 경비원의 모습이 오히려 반갑고, 입출금을 담당하는 창구와 그렇지 않은 사무공간 으로 나뉘어져 있는 풍경 또한 친숙하다. 저만치 대기표 발급기가 있는 것으로 보아 가끔은 손님이 붐비기도 하는가 싶다. 우리와 다른 모습을 찾느라 사방을 둘러본다.

드디어 하나가 눈에 들어온다. 은행에 들어오고 나가는 방법이 독특하다. 우선, 은행에 들어가려면 문과 문으로 만들어진 조그만 공간에 진입해서 양쪽 문이 완전히 닫혔는지를 확인한 후 벨을 눌러야만 최종 입구가 열린다. 나갈 때도 같은 방식이다. 아마도 총기로 인한 사고를 예방하기 위한 방책이 아닐까 생각해본다. 그러고 보니 길게 늘어선 입출금 창구도 비슷하게 생겼다. 어디를 가는지 옆 창구에 있던 은행원은 벨을 누르고 문이 열리자 밖으로 나온다. 갑자기 영화에서 보던 카지노 딜러들에 대한 감시장면이 떠올라 피식 웃음이 난다. 그런데 우리 은행도 저렇던가? 갑자기 생각이 나질 않는다. 그런 것 같기도 하고 아닌 것 같기도 하고.

'New Account'라는 팻말이 붙어 있는 곳에 눈길이 간다. 계좌를 개설하는 곳인가 보다. 좋게 말해 일 처리가 신중한 것이지, 한국에서처럼 전화 받으면서 동시에 계산도 하고 컴퓨터 작업도 수행하는 전천후 은행원의 모습을 상상했다가는 복장 터져 사망할 수도 있다는 친구의 말이 생각나 한 번 유심히 지켜본다. 진지하게 그러나 느릿느릿한 손놀림으로 뭔가를 컴퓨터에 입력하고 복사도 하는 모습을 보니 단박에 친구의 말뜻을 알아차리겠다. 휴, 어른들 말마따나 저러다 굶어죽기 십상이겠다 싶다. 그런데 창구 직원들을 보니 모두 서서 일하고 있다. 앉아 있다가 손님이 오면 일어서는 것이 아니라 아예 서서 업무를 보는 것 같다. 고객과 눈높이를 맞추려는 발상에서 시작한 일인 듯싶지만 왠지 어색해 보인다. 고객을 생각한다면 창구 높이를 낮추고 고객 의자를 준비하면 될 텐데 말이다. '혹시 이거, 직원들 편한 꼴을 보지 못하는 어떤 못된 은행 경영진이 생각해낸 거 아냐?' 별 하릴없는 망상까지 해본다.

은행아, 말이나 트고 지내자

계좌를 개설할 때 말고는 은행을 가야 할 일이 그리 많이 생길 것 같지 않다. 하지만 살림은 이제껏 아내 몫이었으니 아내 말을 따르리라. 솔직히 대부분의 지출은 카드(신용 또는 데빗)나 체크(은행도 개인수표)로 하고 현금이 필요하면 ATM(수수료만 지불하면 타행에 설치된 ATM에서도 현금 인출이 가능하다)에서 찾아 쓰면 그만인 우리 같은 사람들은 굳이 집과 가까운 은행을 고집할 필요가 없다. 물론 자주 은행에 들러야 할 사정이 있는 사람이거나 예금이 많아(이곳의 예금자보호 한도는 개인 25만 달러, 부부 합산 50만 달러다. 금융위기로 인한 예금자의 불안을 덜어주기 위해 최근 한도를 올렸다) 은행의 명성이나 평판이 중요한 자산가라면 예외지만 말이다. 아무튼 우리 가족(특히 아내)에게는 의사소통의 편리함이 가장 중요한 선택기준이고 마침 집에서 가까운 곳에 지점이 있으니, 한미은행(예전에 한국에 있었던 그 한미와는 완전 다른 한인은행이다)이 가장 적당해 보인다.

여권, 비자 관련 서류(I-20, DS-2019 등), 약간의 돈deposit(100달러 내

외)을 준비하고 '주거래 은행'이 될 한미은행에 도착했다. 주소와 사회보 장번호를 묻는다. 사회보장번호는 아직 받지 못했는데……. 헛걸음 한 것 같아 난감하던 차에 사회보장번호가 나오면 나중에 알려줘도 된다는 말에 안도한다. 두 번 걸음을 하지 않게 되었으니 다행이다. 서류를 작성 하고 나만의 계좌번호와 임시 체크를 받는 데까지 무려 한 시간 가까이 걸린다. 그나마 완벽히 서류를 준비해간 덕에 빨리 끝낸 것이라고, 게다 다 미국은행에 비하면 엄청 빠른 것이라는 '자화자찬'까지 듣자니 기가 차다. 어렵사리 은행과의 '말문 트기'에 성공은 했지만 언필칭 금융선진 국이라는 미국의 업무 프로세스 치고는 어딘가 모르게 답답하고 경쟁력 이 없어 보인다. 우리가 그토록 닮고자 했던 선진금융의 모습이 이런 것 인가 하는 섣부른 회의가 들 정도다. 첫인상 치고는 고약하다.

일반적으로 미국의 입출금 계좌는 체킹계좌checking account와 저축 계좌saving account의 두 종류가 있다. 하지만 최근에는 거의 제로금리 수 준으로 은행금리가 떨어졌고 일정액의 잔액을 유지해야 연 1%도 안 되 는 이자라도 받을 수 있어 실익도 없이 번거롭기만 한 저축계좌보다는 주로 체킹계좌를 개설한다. 더구나 자금을 운용할 목적이라면 은행 CD 를 사거나MMF 계좌를 별도로 개설하면 될 것이기 때문에 입출금 계좌는 그야말로 일상적 대금 지급(결제)에만 사용되는 플랫폼 정도로만 생각해 야 한다.

우리나라와 달리 잔고가 없는데도 데빗카드를 사용하면 결제는 이 루어지지만 나중에 상당한 액수의 페널티(은행마다 다르지만, 건당 수십 달 러씩 붙는다)가 부과된다는 점을 명심해야 한다. 결제할 때(체크를 발행하거나 데빗카드를 사용할 때)는 미리미리 잔고를 확인해두는 습관을 기르는 것이 매우 중요하다. 참고로 잔고가 마이너스일 때 대개 3일 안에 채워야 페널티를 막을 수 있다. 또한 이러한 출금over-withdraw을 막기 위해서는 은행에서 계좌를 개설할 시점에 미리 '잔고 내 출금over-withdraw protection' 조항을 넣는 것도 한 방법이다.

03
미국의 정치 현장을 기웃거리다

토요일 오후, LA 근교 자그마한 마을에 위치한 제법 큼직한 저택에 도착했다. 영화에서나 본 적이 있는 가든파티에 참석한다는 기대로 약간은 들떠 있었던 모양이다. 몸에 맞지 않은 옷이라도 입은 양 한참을 엉거주춤 서 있는데 저만치서 오늘의 주인공이 다가온다.

찰스 한Charles Han, 김창준 전 의원의 뒤를 이어 제2의 한국계 미 연방 하원의원이 되겠다며 출사표를 던진 인물이다. 나이는 마흔이란다. 180은 돼 보이는 장신에 인물이 출중하다. 조금은 뺀질거리는 낯빛을 갖고 있지만 눈에 거슬릴 정도는 아니다. 공화당 후보만 아니었으면 좋았을 텐데. 순간 철없는 나의 정치적 순결에 피식 웃고 만다.

이곳에도 코리안타임은 여전히 유효한가보다. 4시에 시작한다기에 행여나 늦을세라 서둘렀는데 5시가 넘어서야 이른바 공식행사가 시작되었다. 어림잡아 70여 명 정도 왔을까. 한국인이 70퍼센트 정도는 돼 보인다. 그러나 이곳은 엄연히 아메리카가 아닌가. '성조기여 영원하라'가 울려 퍼지고 무슨 맹세 같은 것을 읊조리더니 이내 뜻 모를 잉글리시의 연속이다. 찬사와 헌사가 이어지고, 예의 돈 이야기가 나오기 시작한다. '정치에서 돈은 어머니의 젖과 같은 것'이라는 말을 누군가 하고 있다. 유독 요 대목에서만 나의 리스닝 실력이 발휘된다.

아무튼 동서고금을 막론하고 돈 없는 정치가 어디 있으며, 지지자 호주머니를 강탈하는 데에 정치인 따라올 자가 어디 있겠냐만은 아메리카의 선거자금 모금방식은 사뭇 세련되어 보이고 자발적이기까지 하다. 지지자를 대상으로 하는 행사라는 점을 감안하더라도 내고 싶은 기부금액을 써서 모금함에 넣는 방식(미국에서는 체크라고 하는 자기앞수표가 일반적으로 사용된다)은 신선할 뿐 아니라 격이 있어 보인다. 족히 예순 살은 돼 보이는 지역 내 조직 총책임자부터 이제 막 유권자의 반열에 오른 것 같아 보이는 10대 소녀에 이르기까지 자원봉사자들로 파티장 구석구석이 넘쳐난다. 한 술 더 떠 와이셔츠 소매를 걷어붙이고 본격적으로 서빙에 나서고 있는 후보자의 모습은 가히 충격적이다(수많은 국회의원 후원회를 가봤으되 이런 장면을 본적이 없기 때문이리라). 이곳에는 아무리 둘러봐도 무게 잡는 사람이 없다. 지금 심정은, '이런 말하기 쪽팔리지만 배울 점이 있다.' 그러나 '여전히 파티는 어색하다.'

집으로 돌아오는 내내 상념에 잠겼다. 궁금하다. 그 자발성의 정체는 무엇이며 자유스러우면서도 너무나 자연스러운 만남의 형식은 또 어떻게 이루어질 수 있을까. 부러움으로, 답답함으로, 어색함으로 오늘 하루가 지나간다. 내 조국이 갑자기 너무도 그립다.

집 나간 환율 군에게 부치는 편지

지금으로부터 꼭 11년 전 이맘때쯤으로 기억한다. 천지가 개벽할 일이 벌어졌다. 금리는 20퍼센트를 훌쩍 넘기고 800원 안팎이던 환율은 급기야 2,000원에 육박할 정도로 끝 모를 추락을 거듭했다. 당시 금융회사 자금과장이었던 나는 하루에도 수백억씩 부족한 자금을 메우느라 주거래 은행 창구에서 숙식을 해결해야 했고 그로부터 몇 년 후 외국인의 손에 넘어가게 된 회사의 운명과 함께 첫 직장을 잃는 아픔을 겪었다. 다시는 생각하고 싶지 않은 말로만 듣던 '금융공황'이었다. 끔찍한 경험이다.

한국의 상황이 풍전등화의 위기라고 난리다. 요 며칠 사이 환율이 20퍼센트 이상 폭등했다. 제2의 IMF가 찾아올 것이라며 입방아 찧는 사람도 있다고 한다. 겉모습만 봐서는 그때나 지금이나 별반 다르지 않은 것 같아 속이 탄다. 그나마 펀더멘털fundamental은 그때보다 훨씬 좋다는 말에 기대를 걸어본다. 다시는 '끔찍한 경험'을 하고 싶지 않기 때문이다.

최근의 사태로 나의 삶에 작은 변화가 생겼다. 1달러보다는 1,000원에 익숙해 있는 딸에게 오늘은 1,200원 내일은 1,300원이라고 말해주는 것도 속상한 일일 뿐 아니라 한 달 생활비로 300만 원(이제는 400만 원이 있어야 한다!)을 생각하고 있었던 아내의 긴 한숨소리를 듣는 일도 고역이다. 며칠 전 일이다. 무려 두 달이나 끌었던 '환전 시기 알아맞히기' 게임에서 완전히 백기를 들고 말았다. 생활비가 다 떨어져 통장에 달랑 200달러가 전부일 때도 기다리고 또 기다렸던 나의 자존심을 접었다는 뜻이다. 진작 송금했으면 이 정도는 아니었을 것이라는 아내의 핀잔 때문만은 아니었다. 혹시나 1,000원이 깨질까 학수고대하며 두 달을 기다렸던 내가 본전은 고사하고 100만 원이라는 거금을 잃으면서까지 1,250원이라는 기막힌 환율에 도장(?)을 찍게 된 것은 오롯이 '두려움' 때문이었다. 머뭇거리다간 얼마 남지 않은 돈마저도 푼돈으로 만들어버릴 것 같았기에. 5,000달러 송금하는 데 뭐가 그리 거창하냐고 말하면 달리 변명할 말을 찾을 수 없지만, 그래도 고마운 것은 타이밍 하나는 죽여줬다는 아내의 칭찬(?)이다. 시간 맞춰 오늘부로 생활비가 똑 떨어졌고 1,250원이 꼭지인 줄만 알았던 환율이 이틀 만에 천정을 뚫어버렸다. 1,380원! 승리의 기쁨도 잠시, 허탈하고 부끄럽고 죄스러움이 밀려온다.

여보! 금융 분야에서 20여 년을 밥 벌어먹고 살았다는 이유 하나만으로 나를 '금융전문가'의 반열에 올려준 당신이 불쌍할 뿐이오. 너무 충격이 컸던 탓인가, 얼핏 잠이 들었다. 조금은 쓸쓸하고 허망하지만 여전히 달콤한 꿈을 꾸었다. '집 나간' 환율이 드디어 제 정신을 차리고 돌아온다는 해피엔딩 스토리. 어라, 환율이 도로 1,000원이 되었네! 환율이라는 놈이 나의 진심 어린 충고를 받아들였음에 틀림없다. 편지가 약발(?)을 발휘한 것이다.

친애하는 환율 군!

요즈음 나는 자네에게 몹시 화가 나 있네. 아니, 좀 더 솔직히 말하면 자네가 정말 밉다네. 지금으로부터 10년 전 부친의 갑작스런 사업 실패로 졸지에 거지 신세가 됐던 자네의 쓰라린 아픔을 아는 처지라 최근 자네가 보이고 있는 이상스럽고 분노에 찬 행동을 이해 못하는 바는 아니네만 그래도 그렇지 이건 도를 벗어난 행동일세. 당시 자네는 어려서 몰랐겠지만, 외국에 사는 자네 집안 먼 친척뻘 된다는 IMF 씨라는 분이 돈 몇 푼 빌려주면서 자네 부친께 얼마나 가혹한 요구를 했었는지, 나는 그때만 생각하면 지금도 눈물이 앞을 가린다네.

서론이 너무 길었네. 당장 돌아오시게나. 이제 자네 집도 어느 정도 기력을 회복하지 않았나. 더군다나 집안의 기둥이어야 할 자네가 눈앞의 천 몇 백만 원에 현혹돼서 부친이 일구신 가업을 잇지 않겠다고 하면 아마도 자네 부친은 쓰러지실 걸세. 솔직히 이러는 나도 자네 집에 얹혀사는 신세라 훈계할 입장은 아니지만 제발 나를 봐서라도 돌아와주게. 자네 집안이 잘돼야 나도 월급을 받고 미국에 유학 가 있는 자식들 학비라도 부칠 수 있지 않나. 요즘 같아서는 정말 죽고 싶은 심정이네.

이만 총총.

캐피탈업계에 지원을 허하라

국내 기업에 설비자금을 공급하던 리스 회사와 자동차 같은 내구성 소비재 구입을 촉진시켜왔던 할부금융회사, 그리고 신용카드회사들이 하나의 법률 아래 통합된 지도 벌써 10년이 지났다. 세월이 흐른 만큼 제도뿐만 아니라 영업자산의 내용과 관행도 많이 바뀌었다. 하나의 회사가 기업금융과 소비자금융을 같이 취급함에 따라 영업자산 편중현상이 해소되었고 시스템 리스크가 줄어들었다. 과도하게 확장되었던 레버리지를 축소했고 자본을 확충해 재무건전성을 높였으며 연체율을 포함한 부실자산의 비율도 현저히 떨어졌다는 것이 안팎의 평가다. 부동산 PF가 거의 유일하게 부실의 징후를 보이는 부문이나 저축은행에 비해 절대적인 투자규모도 적을 뿐만 아니라 부실 정도도 걱정할 수준이 아니라는 것이 또한 전문가의 일반적 진단이었다.

지난 6월까지는 분명 그랬다. 필자가 여신금융 공부를 위해 이곳 미국 LA에 있는 USC대학에 오기 전까지는 아무런 문제도 발생하지 않았다는 말이다. 그렇다면 그사이 도대체 무슨 일이 일어났기에 연일 캐피탈회사가 신문 지면을 장식하는 것일까? 속속들이 전개과정을 모르니 답답할 노릇이다. 그러나 그 '비밀의 화원'은 예상외의 빠른 속도로 실체를 드러내 보였다. 이른바 글로벌 금융위기의 파고가 어렵사리 회생의 발판을 만들어가고 있는 우리 업계로 밀려든 것이다. 회사채 만기 연장이 거부되기 일쑤고 조달금리는 하루가 다르게 치솟고 있다고 한다. 자산 사이드는 별다른 조짐을 보이지 않고 있지만 파멸의 공포는 걷잡을 수 없이 커지는 느낌이다. 때마침 정부 당국에서 여신금융업계에 대한 지원책을 논의하고 있다고 하니 참으로 다행한 일이지만, 일부겠으나 시장자율에 따른 구조조정을 주장하며 정부의 개입을 반대한다는 기사를 접하고 보니 초조하게 논의과정을 지켜볼 수밖에 없는 필자로서는 마음이 편할 리 없다.

정확히 지금으로부터 12년 전의 일들이 다시 한국에서 재현되고 있다. 기아와 한보를 필두로 한 대기업의 몰락으로 촉발된 이른바 IMF 사태가 또다시 한국에 찾아올지 모른다는 위기감으로 나의 조국이 몸살을 앓고 있다. 당시 은행계 리스회사 자금과장이었던 나는 매일 상환해야 하는 수백억 원의 자금을 구하느라 매일 밤을 주거래 은행 창구에서 지새웠던 기억을 갖고 있다. 세월은 그렇게 10년이 넘게 흘렀으나, 그사이 나의 첫 직장은 한국에서 미국으로 다시 한국으로 주인이 여러 번 바뀌는 '동네북' 신세로 전락했을 뿐이다. 금융자산은 그때의 절반으로 줄었지만 자산건전성은 월등히 좋아졌다고 한다. 단지 하나, 거액의 매각 이익만 머나먼 미국 땅으로 사라진 채 우리의 품으로 돌아온 것 말고는 말이다. 6년 전 이맘때쯤으로 기억한다. 나라가 온통 LG카드문제로 난리였다. 과도한 레버리지를 이용해 신용카드대출에 앞장섰던 신용카드회사들이 부실의 나락으로 떨어졌고, 그 중심에 국내 최대의 신용카드회사였던 LG카드가 있었다. 구제금융 논의가 시작됐고 의견은 둘로 갈렸다. 예금을 기반으로 대출하는 은행이 아니니만큼 퇴출 여부는 시장자율에 맡겨야 한다고 주장하는 쪽과 수조 원에 이르는 채권을 보유한 다수의 금융기관과 펀드투자자의 피해를 그냥 둘 경우 연쇄부실의 파장이 예상된다며 지원의 정당성을 설파하는 그룹으로 나뉘었다. 논의는 격렬했고 많은 시간이 지난 후 마침내 지원은 이루어졌다. 4년의 세월이 흘렀고 각고의 노력 끝에 부실 덩어리 LG카드는 회생에 성공했으며, 또 다른 주인에게 제값을 받고 팔렸다. 그 말 많던 공적자금이 회수된 것은 물론이다.

오늘자 ≪월스트리트 저널≫ 1면에 나온 단어들이다. bail out, turmoil, crisis, decrease, decline……. 온통 암울한 단어 일색이다. 서브프라임 모기지 사태로 촉발된 금융위기로 인해 내로라하는 글로벌 금융 플레이어들이 한순간에 사라지는가 싶더니 미국 자동차 산업의 빅 3마저 100년의 역사를 마감할지 모를 절체절명의 순간에 서 있다고들 연일 대서특필이다. 미국 2위의 가전 유통체인인 서킷 시티Circuit City가 문을 닫고, 아메리카 소비산업의 대명사처럼 여겨지던 스타벅스마저 대규모 점포 폐쇄를 단행했다. 바야흐로 금융에서 잉태된 치명적 바이러스가 실물에 전염되고 있다.

필자가 살고 있는 LA 남서부 조그마한 도시 토랜스도 예외는 아니다. 시간당 15달러도 채 되지 않는 일용잡일을 구하기 위해 (접수를 위해) 하룻밤을 꼬박 새워야 할 정도로 구직의 길은 험난하고, 어제까지 멀쩡한 것처럼 보이던 유명 의류유통체인인 멀빈스Mervyns가 폐업세일을 시작했다. 의욕을 잃은 점원의 눈빛이 애처롭고 구직이 됐다는 소리에 환한 웃음을 보이는 어느 멕시칸의 사진이 아프다. 바야흐로 미국은 경기침체Recession의 공포가 시작됐다. 스와프미트라 불리는 이곳 재래시장에 가보았다. 가난한 서민이 주로 이용하는지라 경기에 가장 민감한 곳이라고들 한다. 빈집이 여럿 눈에 띈다. 손님이 반으로 줄어 죽을 맛이라며 대부분이 한국교포들인 상점주인들이 이구동성으로 걱정을 쏟아낸다. 금융이 실물을 죽이고 있는 현장을 목도한 것이다. 부동산 가격이 떨어지자 상환 여력도 없으면서 집을 구했던 다수의 모기지 이용자가 상환을 중단해버린다. 그냥 집을 가져가라는 식이다. 복잡하게 얽힌 금융공학의 덕택인지 모기지는 어느새 금융상품으로 변해 있었고 규제의 사각지대에서 떼돈을 벌던 다수의 IB들이 손을 들고 만다. 불은 옆집 상업은행에까지 번졌고 불안을 느낀 소비자가 지갑을 닫는다.

소비로 연명하는 미국은 급기야 추락의 길로 접어들고 만다. 이른바 '죽음의 악순환 고리'가 형성되는 순간이다. 7,500억 달러에 달하는 천문학적(그 규모에 입이 딱 벌어진다) 구제금융을 발표한 것도 바로 이 악순환을 조기에 차단하기 위한 것이리라. 금융이 붕괴되면 여타 산업은 회복불능의 상태로 빠져들 것이라는 점에서 금융산업만은 어떤 수단을 동원해서라도 정상화시키겠다는 당국의 의지를 읽을 수 있는 대목이기도 하다. 유일 국제통화인 달러를 찍기만 하면 되는 미국이 갖는 선택의 자유로움이 부러울 뿐이지만, 아무튼 실물위기로 번지는 것을 필사적으로 막고 있는 미국의 선택은 옳은 방향이다. 다가오는 실물의 위기를 어떻게 넘기는지 지켜보는 일만 남았을 뿐이다.

며칠 전 한국에서 중소기업을 경영하고 계신 지인으로부터 전화 한 통을 받았다. 대뜸 리스회사를 소개해달라는 청이었다. 수출 오더를 받고 납품해야 될 날짜는 다가오는데 생산에 필요한 기계를 도입하려고 캐피탈회사와 상담해보아도 모든 곳이 다 하나같이 리스가 어렵다고만 한다며 한참이나 열변을 토하셨다. 드디어 올 것이 온 것이다. 위기가 급속도로 실물산업에 전염되는 것을 체감하는 순간이었다.

금융이 막히면 산업은 기계를 멈추어야 한다. 자동차를 사려는데 할부가 여의치 않다는 푸념도 들려온다. 돈이 돌지 않으면 자동차를 생산하는 기업도 생산을 중단해야 한다. 신용카드회사가 필요한 영업자금을 구하지 못하면 가장 먼저 신용이 상대적으로 떨어진 고객의 한도부터 줄일 것이다. 개인은 줄어든 한도를 메우기 위해 소비를 줄일 것이며, 이는 다시 공장의 문을 닫게 할 것이다.

미국이 기침하면 우리는 몸살을 앓는다. 외국인이 주식을 팔면 우리 주식시장은 남보다 한 발 앞서 폭락의 장을 연출한다. 환율은 천정부지로 치솟고 은행은 자신만 살아남겠다며 시중의 자금을 빨아들인다. 멀쩡한 기업도 자금회수 앞에는 속수무책이다. 캐피탈회사도 예외는 아니다. 금리는 둘째 치고 조달이 막힌다. 그나마 몇 푼 안 되는 돈마저 은행이 거둬들이니 돌아올 자금이 없다. 흑자부도의 공포가 엄습해온다. 자산가치 폭락에 위기를 느낀 한국의 소비자는 지갑을 닫는다. 기업은 망가지고 금융도 죽음의 길을 재촉한다. 한국판 '저주의 악순환 고리'가 형성되는 순간이다. 원인만 다를 뿐 한국이나 미국에서의 전개양상은 너무나 흡사하다.

12년 전에는 부실기업에 과도하게 대출함으로써 금융이 망가졌지만, 작금의 상황은 정반대의 방향으로 전개되고 있다. 금융의 위기가 역으로 기업의 붕괴를 재촉하고 있는 형국이다. 더구나 우리가 저지른 죄도 아닌, 이름도 생소한 서브프라임 모기지 부실(우리가 12년 전 저지른 잘못을 세계 금융 최강국 미국이 기업에서 개인으로 대상만 바꿔 따라한 것이다) 사태로 인해 글로벌 금융경색이 온 것이고 덩달아 우리의 금융시장이 요동친 결과이고 보니 어찌 보면 억울할 일이다. 여신금융업계에 대한 지원을 요구하는 이유도 바로 여기에 있다.

필자가 몸담았던 회사의 경우처럼 시장자율에 맡겼더니 종국에는 외국기업 좋은 일만 시키고 우리가 다시 사지 않았느냐며 죽으나 사나 국민 혈세 써가며 정상화를 지원해야 한다는 다분히 국수주의적 주장을 펴려는 것이 절대 아니다. 또한 LG카드 사태처럼 수많은 반대에도 불구하고 지원했더니 성공하지 않았느냐며 무조건적인 지원의 정당성을 설파하려는 의도도 갖고 있지 않다. 다만 대출자산의 부실에 따른 위기가 아닌 이상 산업과 채권 보유자에게 미칠 엄청난 영향을 감안해서라도 최소한의 유동성문제를 해결해달라는 업계의 요구는 정당할 뿐 아니라 염치없는 주장도 아니라는 점만은 분명히 밝히고 싶다. 단언컨대 악순환의 고리를 끊는 첫걸음은 금융을 안정시키는 데서 시작해야 한다. 은행을 안정시키는 일 못지않게 여신금융회사를 살피는 일 또한 중요하다는 과거의 소중한 경험에 귀 기울여주길 바랄 뿐이다.

06 경매로 쫓겨나고, 보증금 강탈당하고

Notice of Default (부동산 압류통지서)

　3월의 어느 날, 모처럼 대학에서 주최하는 컨퍼런스에 참석하느라 심신이 많이 지친 상태였다(너무 오랫동안 너무 많은 영어를 들었다). 무심코 현관문을 여는데 이상한 쪽지 한 장이 붙어 있다. 제목부터 심상치 않다. "Notice of Default." 집주인의 이름이 나오고, 원리금을 갚지 않았으니 집을 압류foreclosure하겠다는 내용이 적혀 있었다. 90일의 말미를 줄 테니 그사이 집을 비우라는 부분에서는 그만 가슴이 덜컹 내려앉았다. 좌충우돌 끝에 이제야 겨우 미국생활에 적응하려는데 무슨 날벼락이라는 말인가. 앞으로도 계약기간이 4개월 이상 남았는데 당장이라도 지금 사는 집에서 쫓겨날지도 모른다는 생각에 눈앞이 캄캄했다. 주인과의 통화를 시도했다. 대수롭지 않다는 듯 은행과 채무조정 중이니 걱정하지 말란다. 주인의 느긋함이 오히려 짜증스럽다. "왜 미리 알려주지 않았느냐"
는 항의에도 아랑곳하지 않는다. 더더군다나 기막힌 일은 다음 주부터
한국에 장기체류해야 하니 나중에 연락하겠다며 전화를 끊는 것이었다.
마음이 다급해졌다.

　　은행에 연락을 해보았지만 개인의 신용정보에 관한 사항이라 자세
한 내용을 알려줄 수 없다면서 90일 이내에 집을 비우라는, 통지서에 나
와 있는 말만 반복할 뿐이었다. 여러 전문가들의 의견을 구했다. 은행원
친구는 빨리 이사 갈 집을 구하라고 하고, 몇 달 전 압류로 집을 뺏긴 경
험이 있다는 선배는 세입자에게 오히려 좋은 기회니 집세 내지 말고 버
티는 데까지 버티라고 조언한다. 이곳도 세입자 보호가 강한 편이라 최
소 서너 달은 공짜로 살 수 있으며 나중에는 이사비용까지 받아낼 수 있
다면서 말이다. '법치의 나라' 미국에서조차 법보다 주먹이 가깝다는 말
에 놀랐지만 이미 쪼그라들 대로 쪼그라든 내 마음은 더 이상의 월경을
허락하지 않았다. 이사 가리라 마음먹었다.

　　한국에서 체득한 법 상식을 총동원해 세입자 방어에 나섰다. 향후
생길지도 모를 분쟁에 대비해 내용증명을 보내는 것이 우선 같았다. 주
인 심정이야 찢어지겠지만 거금 5,000달러에 육박하는 보증금을 맡겼으
니 잠자코 있다간 생돈을 날릴 수도 있는 일 아닌가. 내 코가 석잔데 남
생각할 겨를이 없었다. 계산해보니 90일째 되는 날이 6월 중순이었다.
그 날짜에 맞춰 이사하기로 했다. 이미 맡겨둔 보증금이 한 달 반치 집세
니만큼 다음 달까지만 집세를 내고 이사할 때까지 남은 한 달 반 동안 집
세는 내지 않을 테니 이미 맡겨둔 보증금으로 상계하라고 할 참이었다.

더 주는 것도 없고 더 받을 필요도 없는, 이보다 더 깔끔한 해법은 없다고 생각했다. 그런데 암초를 만났다. 내용증명을 보낼 집주인의 주소를 몰랐다. 지금껏 집주인 우편물이 우리 집으로 배달되어왔고 그럴 때마다 내가 직접 주인에게 전달했었다. 또다시 주인에게 전화했다. 이젠 아예 받질 않는다. 그러기를 수십 차례, 연락두절 상태가 계속되자 혹시 이사할 때부터 이미 집에 문제가 있었던 거 아닌가 의심이 들기 시작했다. '그럴 수도'가 '그랬었구나'로, 의심이 확신으로 바뀌자 분노가 이성을 마비시킨다. 하는 수없이 이메일을 이용하기로 했다. 육하원칙에 맞게, 그리고 한국적 어투로 매우 건조하게 전후 사정을 설명하고 6월 중순경 이사 가겠노라 통보했다.

효과는 즉각적이었다. 이메일 답신이 도착했다. "은행과는 협상이 잘되고 있으니 아무 걱정 말고 집세만 내면 된다"는 내용과 함께 "계약서대로 이행하지 않으면 소송을 각오하라"는 경고가 날아들었다. '적반하장도 유분수'라는 말은 꼭 그럴 때 쓰는가 싶었다. "계약을 위반한 쪽은 내가 아니다. 은행에서 모두 잘 해결됐다는 통보가 온다면 남은 기간 정상적으로 집세를 내겠다. 하지만 은행이 압류를 취소하지 않는 한 내 재산을 보호하기 위해 어쩔 수 없이 보증금과 내 집세를 상계하겠다"고 재차 이메일을 보냈지만 마이동풍이었다. 그냥 자기만 믿고 기다리면 된다는 식이었다. 게다가 미안하다는 말은 엿 바꿔 먹었는지 오히려 당당하기까지 했다. 이렇게 몇 번의 성과 없는 이메일만 주거니 받거니 하는 것으로 감정의 골만 깊어갔다. 게다가 생전 처음 보는 전화번호로 잠시 연락이 되는가 싶더니 다시 감감 무소식이었다.

두 달이 지나고 이제 이사할 날이 채 보름도 남지 않았을 무렵, 드디어 집주인이 나타났다. 다짜고짜 화부터 냈다. 그럴 줄 몰랐다느니, 같은 한국사람끼리 너무 한다느니 하면서 시종일관 위협적인 자세였다. 나보다 네댓 살은 족히 어렸지만 집주인과 세입자 사이는 변하지 않는 법, 꾹 참고 듣기만 했다. 사실 압류한 은행으로부터 '이제껏 세입자한테 집세를 받지 못해 은행이자를 내지 못했다'라고 집주인이 그러더라는 말을 들었던 터라 만나기만 하면 꼭 따져 물으리라 다짐했었다. "작년 입주 시점부터 한 번도 제 날짜 어기지 않고 꼬박꼬박 집세를 냈는데, 왜 은행에 가서는 내가 집세를 내지 않아서 이자를 못 낸다고 그랬느냐?" 뭐, 이리 물어볼 참이었다. 그런데 뭐라? '한 대 쥐어박고 싶은 충동을 억지로 참고 있는데, 네가 화를 돋우는구나.' 화가 머리끝까지 치솟았지만 이내 마음을 접었다. 집주인은 이제껏 어디서 무얼 하고 지냈는지, 얼굴이 초췌할 대로 초췌해져 있었다. 짠하고 짠했다. 오죽했으면 그랬을까도 싶었다. 그저 입 다물기로 했다.

나중에 들은 얘기지만, 내가 이사 나간 후에도 몇 달간 누군가에게 세를 주고 집세를 꼬박꼬박 챙겼다고 한다. 그러나 변칙은 마냥 오래 지속할 수 없 법, 종국에는 은행에 집을 뺏겼다고 한다. 지금은 재기에 성공했는지 가끔 궁금할 때가 있다.

해도 해도 정말 너무 하시네!

같은 단지 건넛집, 고르고 고르다 선택한 집이 이전에 살던 곳의 바로 길 건넛집이었다. 말 그대로 엎어지면 코 닿을 거리였다. 호되게 당한 신고식 탓에 되도록이면 다른 곳에서 살고 싶었지만, 갑작스럽게 결정된 이사인지라 다른 생각을 할 여유가 없었다. 특히 학교생활에 막 적응하기 시작한 아이들에게 변화를 가능한 한 줄여주고 싶었다. 지난번 집과 구조는 같지만 더 넓고 오히려 세는 300달러나 싼지라 집 보고 마음먹을 때까지 하루도 걸리지 않았다. 다만 첫 만남 자리에서 "경제사정이 어려워 은행과 채무조정을 시도해보려 한다"라는 말을 할 정도로 주인아주머니 성격이 솔직해 보였는데 어째 신뢰가 들기보다 오히려 옛 집의 안 좋은 기억이 오버랩 된다는 점이 흠이라면 흠이랄까. 아무튼 설명할 수는 없지만 찜찜한 느낌은 지워지지 않았다.

집주인과의 관계는 원만한 편이었다. 하루만 집세가 늦어도 (통상 우편으로 체크를 전달하기 때문에 임차계약서에서 일반적으로 3일간의 여유기간을 인정한다) 득달같이 확인 전화하는 것 말고는 부딪힐 일이 없었다. 게다가 주인이 샌프란시스코에 살고 있어 현실적으로도 자주 만날 수 없었다. 그러니까 작년 말쯤, 마침내 집주인의 숨겨진 저력을 확인할 수 있는 사건이 터졌다.

뜨거운 물을 틀 때면 망치로 내리치는 듯한 소리가 났는데, 지난번 집도 그랬기 때문에 미국 보일러의 일반적 특징인 줄 알고 지냈다. 그런데 그 정도가 너무 심하다 싶었는데, 오늘 아침에는 아예 뜨거운 물이 나오지 않았다. 주인의 대리인 역을 맡고 있는 부동산 중개인에게 연락하니, 주인과 통화하느라 그랬는지 한참이 지난 후에야 보일러 수리 기술자를 보내주겠다고 한다. 세를 살다 집 어딘가에 문제가 생기면, 보통 첫번째는 집주인이 모든 비용을 부담해 고쳐주지만 그다음부터는 70달러 상당의 방문비용의 경우 세입자가 부담하는 게 관례라고 한다. 따라서 이번 보일러 고장은 의당 주인이 고쳐주겠지 생각하면서도 딴소리 하면 어쩌지 하고 내심 걱정하고 있던 차였다. 그런데 아무런 조건도 달지 않고 순순히 사람을 보내준다고 하니 '주인이 기본은 있구만' 하고 생각했다. 그 난리가 벌어지기 전까지는 말이다.

　보일러 배관이 지나는 곳 옆에 큰 구멍을 뚫기도 하고, 생판 처음 보는 큰 기계를 갖고 와서는 이리저리 검사를 하는 것 같더니만 세 시간이 지나도 원인을 찾지 못했다. 연신 고개만을 갸웃거리고 있는데, 전혀 예상치 않게 주인이 나타났다. 와우, 여자 혼자 쉬지 않고 여섯 시간 이상을 운전해서 왔단다. 그 집요함에 입이 다물어지지 않았다. 무슨 큰일이라고, 세준 집 보일러 고치는 일로 머나먼(500km 남짓 떨어진) 샌프란시스코에서 그것도 차로 달려올 생각을 했단 말인가. 살짝 불길한 생각이 스쳤다. 아니나 다를까, 보일러 아저씨에게 뭐라 한참을 쏘아대더니 그만 됐으니 철수하라고 했다. 수리비도 주지 않은 모양이다. 씩씩거리던 아저씨가 그냥 가버렸다. 얼마 지나지 않아 새로운 수리공이 등장했다. 구관이 명관이라 했던가. 이번에는 아예 보일러를 통째로 바꾸어야 한다고 말했다. 주인은 자신이 결정한 일이라 그런지 수백 달러를 들여가며 보일러를 교체했다. 그저 지켜볼 수밖에. 뜨거운 물이 나오고 더 이상 소리가 나지 않으니 나로서야 달리 뭐라 할 말이 없었다. 그날의 해프닝은 그렇게 끝이 났다. 얼핏 주인의 얼굴이 심하게 일그러지는 걸 보고 말았다.

　1년의 계약기간이 끝나고 한 달씩 계약을 연장하는 방식으로 또 몇 달을 지냈다. 더 이상은 회사로부터 주택자금 지원을 받을 수 없을 것 같아 좀 작은 집으로 이사를 가기로 마음먹었다. 계약서에 따라 이사 예정일로부터 정확히 한 달 전 주인에게 집을 비우겠다고 통보했다. 그러나 그때까지도 앞으로 내게 닥칠 그 답답하고 기막힌 사연을 예상하지 못했다. 바야흐로 주인과의 마지막 혈전(?)이 기다리고 있었는데도 말이다.

보증금은 집세의 한 달 또는 한 달 반치 정도의 금액을 선납하는 것이 보통이다. 다달이 내야 하는 집세를 내지 않았을 때를 대비하는 측면도 있지만, 세입자 잘못으로 집에 중대한 결함이 생길 경우에 보증금으로 집을 수리하려는 목적에서 미리 받아둔다고 한다. 그러나 사람이 살면서 자연스럽게 생긴 흠wear and tear에 대해서는 면책되는 것이 일반적이다. 어디까지가 세입자 잘못이고, 자연스러운 흠의 경계가 어디냐 하는 문제가 남지만 그 역시도 관행과 합의에 의해 원만하게 해결되고 있다. 집을 비우려니 그 문제가 걱정이었다. 어느 선까지 내가 부담해야 하는지 정말 어려운 일이었지만 그냥 쉽게 가기로, 내가 조금 더 부담하기로 마음먹었다. 이미 한 번 경험한 주인의 저력을 시험하고 싶지 않았기 때문이었다.

1년을 넘게 살았으니 카펫 바닥은 샴푸청소까지 해줄 참이었다. 화장실과 유리창 역시 사람을 불러 대청소를 하고, 이삿짐 들고 나가면서 생긴 패인 자국이나 페인트가 벗겨진 곳도 말끔히 손질해주리라 마음먹었다. 아무리 넉넉히 잡아도 1,000달러면 족할 것 같았다. 20년 넘게 토랜스에 살고 있는 친구에게 그 얘기를 했더니 깜짝 놀란다. 미쳤단다. 샴푸청소면 충분하고, 어느 누구도 그 이상은 요구하지 않는다면서 말이다. 그래도 좋은 게 좋은 거니까 하는 심정으로, 정말 기꺼운 마음으로 나의 이런 의사를 주인에게 전달했다. 그런데 이게 웬일인가. 부동산 중개인을 보낼 테니 집 점검에 협조해달라면서 규모는 나중에 얘기하잖다. 기분은 상했지만 꼼꼼히 체크하려고 그러나 싶어 이해하기로 했다. 점검하러 와서는 한참을 이리저리 살피더니 부동산 중개인도 내 생각에 동의했다. 그렇게 하자고 했다. 청소와 페인트 업체는 자기들이 정하겠단다. 그리하라고 했다. 그걸로 다 끝난 줄 알았다.

그런데 이사 갈 날이 일주일 앞으로 다가왔을 무렵 청천벽력 같은 내용을 담은 편지가 한 장 도착했다. "점검해보니 너무 험하게 집을 사용한 탓에 집 내부 전체 페인트를 칠해야겠고 바닥 샴푸 및 대청소는 기본이고, 블라인드도 모두 교체해야겠다"는 통보였다. 미쳤나 싶었다. 가는 말이 고울 리 없었을 터, 몇 마디 던지자 주인의 말투가 상식을 벗어나기 시작했다. 우리는 원래 그렇게 한다나 뭐라나. 억울하면 소송하라는 것이다. 이사 나가는 날 총비용 2,500달러를 제외한 1,500달러를 입금할 테니 그리 알라면서 전화를 그야말로 일방적으로 끊어버렸다. 기가 막혔다. 분했다. 그러나 방도가 없었다. 돈은 집주인 수중에 있으니 말이다. 하나마나 한 짓, 부동산 중개인에게 항의해보지만 자기 역시 할 말이 없단다. 알아서 하라고 했다.

앉아서 당하고 있을 수만은 없었다. 주위 전문가들에게 물으니 소액 재판을 걸란다. 99퍼센트 이상 승소한다는 설명이었다. 무조건 세입자 우선이기 때문이라나. 이번만은 본때를 보여주자 마음먹어보았는데, 예상외의 곳에서 또 복병을 만났다. 월세계약의 주체가 회사니 회사 이름으로 소액재판을 청구해야 한단다. 미치는 줄 알았다. 집세는 회사에서 지원해주었지만 맡긴 보증금은 내 돈인데, 내 돈 받자고 회사 이름으로 소송할 수는 없고, 더구나 미국 현지 사장이나 되어 가지고 누구에게 이를 알리고 일을 진행시킨단 말인가. 분을 삭이고 체념에 이르기까지 정말 한참이 걸렸다. 개에게 물렸다 생각하기로 했다. 아무리 생각해도 내 분수에 넘치는 집에서 산 탓이리라.

07 체크, 넌 뭐냐

한국과 비교해서 미국의 생활방식 중 가장 독특한 것 하나를 꼽으라면 나는 주저 없이 체크 사용을 들겠다. 우리나라도 체크와 유사한 가계수표라는 것이 있지만 거의 사문화될 정도로 일반 국민에게 정착되지 않고 있는 데 반해, 미국에서는 비록 은행에서 교부한 수표(체크)를 사용한다 하더라도 은행이 대지급 의무를 지지도 않는 지극히 사적인 '약속증서'에 불과한 종이 쪼가리를 거의 현금처럼 자연스럽게 통용하고 있기 때문이다. 아무튼 나의 이해와는 무관하게 지금 이 시각에도 미국 전역에서 체크가 사용되고 있는 것만큼은 사실이다. 왜 그럴까 궁금하다.

얼핏 드는 생각은, 현금은 분실하면 회수가 불가능하지만 체크는 발행인의 서명 없이는 무용지물이나 다름없어 설혹 분실하더라도 경제적 손실로 이어지지 않는다는 점 때문에 처음에는 주로 고액결제에 사용되지 않았나 싶다. 그러나 이러한 논리는 철저히 돈을 주는 사람 입장에서의 얘기일 테고 '받는 사람이야 회수위험(부도위험)이 있는 체크보다 당연히 현금을 선호할 텐데 어떻게 거래가 이루어질 수 있을까' 한 번 더 생각하면 뾰족한 답이 나오질 않는다. 받는 사람이 안 받겠다는데 '주고받기'가 이루어질 리 만무하기 때문이다. 그러나 한 번 신용을 잃으면 정상적인 경제생활을 할 수 없을 정도로 치명적이라는 미국의 신용문화 탓일 거라는 추론이 더해지면 조금 고개가 끄덕여진다. 즉, 체크가 부도남으로써 감당해야 할 고통이 얻는 이익보다 현저히 크기 때문에 발행하는 사람은 웬만해서는 부도를 내지 않으려고 애쓸 것이고 이러한 관행이 자리 잡아감에 따라 받는 사람도 별다른 거부감 없이 체크를 받아들이는 선순환의 고리가 만들어졌을 것이라는 추측이다. 상당히 설득력이 있는 주장 같다.

그런데 가만히 보니 이곳은 온라인을 통한 자금거래가 거의 없다. 나만 그런가 하고 이 사람 저 사람에게 물으니 자기들도 비슷하다고 한다. 심지어 주위의 여러 사람들로부터 자동이체는 가급적 하지 말라는 충고까지 듣는데, 그 이유가 가관이다. 이중인출도 자주 일어날 뿐 아니라 자동이체를 중단하려면 상당한 시간과 노력이 들기 때문이란다. 인터넷 후진국이라더니 정말인가 보다. 우리나라는 온라인을 통한 금융(결제)이 삶의 구석구석까지 침투한 지 이미 오랜데, 여기는 아직까지 구석기 시대를 살고 있는 것 같다. 여기가 미국인 거는 정말 맞나 싶을 지경이다.

요즘 들어 전기나 가스 요금 청구서에 자동이체를 독려하는 문구나 특전이 자주 눈에 띈다. 얼마나 이체를 하지 않으면 그럴까 싶다가도 체크를 보낼 때 사용하라는 빈 봉투가 어김없이 청구서에 동봉되어 있는 걸 보면 그러면 그렇지 하기도 한다. 공과금을 수납하는 관공서가 체크로 받는 것을 선호하는 정도니 말 다했다 보면 될 것이다. 더 가관은 현금은 절대 안 되고'No Cash' 체크만 받는'Check Only' 곳도 많다는 사실이다. 아무리 도난 등이 걱정돼서 그런다지만 '현금이라면 만사 제쳐두고 일단 받고 보는 세상'에 살다 와서인지 몰라도 도무지 이해 안 가는 대목이다.

얼추 얼개가 완성되었다. 나만의 추론이지만, 분명 처음에는 돈 주는 사람의 편의에 따라 체크라는 것이 만들어졌을 테고 이후로는 수많은 세월과 시행착오 그리고 신용문화가 정착되면서 받는 사람도 체크에 흔쾌히 동참하게 됐으리라. 그러나 만약 미국이 한국처럼 국토가 좁아 전국 가가호호 인터넷 망이 가설되었더라면 체크의 생명이 더 짧아졌을지도 모를 일이다. 다행인지 불행인지 여전히 미국은 그 거대한 땅덩어리 탓에 인터넷 보급 속도가 더디고 온라인 결제라는 시대의 조류에 온전히 편승하는 데 장애를 갖고 있다. 아직까지도 체크라는 20세기의 유물이 선진금융의 메카인 미국에서 그 생명력을 보존하고 있는 비결이 아닌가 싶다.

08 코리아타운, 난 지금 한국에 살고 있다

영어를 잘하려면 미국에 가라. 반은 맞고 반은 틀리다. 한국사람 하나 없는 중부의 어느 한적한 시골 마을이면 모르겠으되, 무늬만 미국이지 간판까지 한국보다 더 한국적인 코리아타운인 이상 맞지 않은 말이다. 하루 종일 영어 없이 살 수 있는, 여기는 캘리포니아 '한국특별시'다.

코리아타운은 LA 한복판에 있다. 동쪽으로는 금융과 행정의 중심지인 다운타운이 자리하고 있고 서쪽으로는 패션과 문화의 거리인 베버리힐즈와 할리우드가 있다. 그 어느 소수민족도 이처럼 거대한 '해방구'를 갖고 있지 않다. 이민의 역사가 훨씬 더 길다는 중국이나 일본은 고작해야 '차이나타운'과 '리틀도쿄'라는 이름으로 다운타운의 일부를 점령하고 있을 뿐이다. 백인과 어깨를 나란히 할 정도로 절대 다수의 인구를 자랑한다는 히스패닉(라티노) 커뮤니티도 도시 전체에 산재해 있을 뿐 하나의 거대한 공간적 블록을 형성하지는 못하고 있다. 남북을 잇는 후버Hoover 거리와 크렌쇼Crenshaw 거리를 축으로 하여 동서 대로인 베버리Beverly와 피코Pico를 경계선으로 한 직경 수 킬로미터에 이르는 그야말로 방대한 지역이 코리아타운이다. 온통 영어 간판으로 도배되어 있는 한국의 유명 거리와 달리 이곳은 오히려 한국적이다. 마치 1980년대의 한국을 온전히 보존하고 있는 듯한 풍경에 '여기가 미국 맞나' 하는 착각에 빠지게 되는 미국 속의 작은 한국이다.

아침에 출근해서 '굿모닝' 대신 '좋은 아침' 소리가 들려도 어색하지 않다. 오고 가는 전화벨 소리에 '헬로' 해보지만 여지없이 '안녕하세요'로 바뀌고, 점심으로 양식을 먹어본 지가 얼마나 됐는지 모를 지경이다. 모처럼 말 섞어보는 외국인조차 '안녕하세요' 한다. 우연히 점원 없는 가게에 들러 '헬로' 했다가는 이내 '여기……' 하기가 일쑤다. 미친 사람처럼 지나가는 백인 하나 붙잡고 뭐라 뭐라 대화를 이어가지 않는 한 이곳에서 영어로 말하기는 하늘에 별 따기보다 어렵다. 아무리 생각해봐도 '영어를 잘하려면 한국에 가는 편이 나을 듯' 싶다.

머리를 자르고 싶은가? '헤어숍'에 익숙한 한국사람이라면 눈을 크게 뜨고 거리를 헤매어야 할 것이다. '미장원'이나 '미용실' 말고는 찾기가 쉽지 않을 테니 말이다. 어디를 찾는가? 한국어 전화번호 안내서비스 213-365-1111로 전화해보라. 유창한 한국어로 친절하게 안내해줄 것이다. 영어 한마디 못하는데 점원이 영어로 물어본다고? 걱정 마시라. 우리말로 몇 마디 하기만 하면 그 어딘가에서 마징가 Z가 '짠!' 하고 나타날 것이다. 주인이거나 혹은 다른 한국인 점원이거나.

　‘한국에서의 출장’ 같은 하루 일과를 마치고 집으로 귀가하는 시간, 라디오에서 ‘영어’가 흘러나온다. 비로소 여기가 미국임을 깨닫는다. 다른 날과 달리 오늘은 정말 오랜만에 영어를 한마디밖에 안 해서 그런지 영어를 들으니 오히려 반갑다. 점심 무렵에 들른 약국에서 "I'm looking for something ……" 하는 내가 얼마나 신기하고 생경하던지. 나의 결론이다. ‘영어를 배우고 싶은 자, 코리아타운에 발을 들여놓지 말지어다.’

09 아프지 말지어다

아들 녀석이 다쳤다고 아내에게서 다급한 전화가 걸려왔다. 가슴이 철렁 내려앉았다. 평소 운동을 좋아하던 아이인지라 잔부상이 잦았기에 그다지 대수롭지 않게 넘기려 했지만 이번에는 좀 심각한 상황인 듯싶다는 아내의 호들갑이 심장을 오그라뜨렸다. 911 응급차에 실려 갈 정도의 큰 부상이라고 하니 별의별 나쁜 생각이란 생각은 모두 다 드는 것이 아니겠는가. 그러나 호들갑과 걱정 그리고 초조와 불안의 터널을 지난 것치고는 결말은 싱겁게 끝났다. 천만다행으로 큰 부상은 아니었다. 팔이 부러진 것 말고는 별 이상이 없었다. 아무튼 안도의 전화가 오기까지 초조하게 기다려야 했던 그 지옥 같았던 몇 시간은 정말이지 돌이키고 싶지 않은 기억이다. 2009년 6월의 얘기다.

사람이라는 것이 참 간사한 동물이다. 다친 것은 다친 것이고 안도의 한숨이 지나가기가 무섭게 그놈의 현실(병원비)이 걱정되니 말이다.
또 한 번 병원비 걱정에 초조하게 며칠을 기다렸는데, 아니나 다를까 입
이 딱 벌어질 정도의 폭탄이 쏟아졌다. 이런저런 소소한 비용은 차치하
고 물경 5,000달러가 나왔다. 우리 돈으로 환산하면 600만 원이라는 거
금이다. 기절할 뻔 했다. 그러나 이번에도 천우신조는 내 편이었다. 만약
을 위해 미국으로 출국하기 전에 가입했던 1년짜리 여행자보험 만기일을
딱 일주일 앞두고 부상을 당했기 때문이다. 우수리 비용을 다 합쳐도
1,000달러 이내에서 '선방' 할 수 있었다. 이제는 보험도 없으니 천생 다
치지 않도록 매사 몸조심하는 수밖에 없다는 하나마나한 가족 훈시를 끝
으로 그날의 해프닝은 그렇게 막을 내렸다.

비싸도 너무 비싸다

그 일 이후로 나의 관심은 온통 의료보험에 가 있었다. 어떻게 하
면 싼 값에 보험에 가입하느냐가 핵심이었다. 더구나 본전의 기쁨을 선
사했던 여행자보험도 이미 만기가 지났으니 한참 커가는 아이들을 둔 부
모 입장에서는 보험 없이 하루하루를 지낸다는 것이 정말이지 살얼음판
을 걷는 기분이었다. 사소한 미열에도 가슴이 철렁 내려앉기 일쑤고 매
주 벌어지는 축구시합에서 넘어져 쩔뚝거리는 아들의 모습이라도 볼라
치면 언필칭 '새가슴'이 될 수밖에 없었다. 뭔가 안전판을 만드는 것이 시
급하고도 중요했다.

절묘한 타이밍이라는 말이 이럴 때 쓰라고 있는 것이라 할 만큼 딱
그 시점(아들이 사고 나고 바로 그다음 달)에 취업이 되었다. 명색이 금융회

사고 비록 실권은 별로 없을망정 내가 회사대표를 맡게 되었으니 우리
가족을 위해 의료보험 하나 가입하는 것쯤은 문제없으리라 믿었다. 그러
나 의료보험 가입조건을 알아보고 나서는 그 엄청난 보험료에 입이 다물
어지지 않았다. 충격적이었다. 기가 막힐 지경이었다. 4인 가족 기준으
로 월 1,000달러는 내야지 그나마 보험이라고 부를 정도였다. 우리로 치
면 진찰료와 비슷한 코페이co-pay를 병원에 한 번 갈 때마다 대략 20달러
가량 지불해야 하고, 본인부담액deductible도 100달러여서 감기 같은 것으
로 병원에 갔다가는 우선 100달러가 될 때까지 내 호주머니에서 지급된
연후에나 그 초과분이 병원에 지급되는 방식이고, 그 초과분조차도 80퍼
센트만 보험회사가 부담하는 조건이었다. 결국 그 허접한 보장(다른 건 다
차치하고 그 엄청난 병원비의 20퍼센트도 결국 내 호주머니에서 나가야 한다)을
받으려 해도 1인당 250달러, 즉 30만 원을 매달 회사가 보험회사에 지불
해야 하는 것이다. 4인 가족이니 월 1000달러, 120만 원이 드는 셈이었다.

　　얼추 계산해보니 직원 10명에 소요되는 보험료 총계가 1만 달러를
훌쩍 넘겼다. 회사가 50퍼센트만을 지원해준다 해도 회사 부담은 월 600
만 원이고 나 역시 월급에서 60만 원 정도를 매달 공제해야 하니 쉽게 의
사결정을 내릴 수가 없었다. 그래도 개인이 편안해야 회사도 성과가 나
는 법이라 믿고 눈 딱 감고 보험계약에 도장을 찍으려는 순간 예기치 않
은 복병이 나타났다. 한 회사에서 5명 이상의 상시고용을 몇 달 이상 지
속해야 그나마 가입이 된다는 것이었다. 그런데 전체 직원이 몇 개의 회
사에 나뉘어 소속되어 있고 그 회사조차 대부분 신설 회사다 보니 그 절
묘한 조합을 맞추기 위해서는 지주회사 소속으로 전 직원을 옮기고도 또

몇 달을 기다려야만 했다. 회사 형편상 불가능한 방안이었다. 결국 언감생심 아메리카 의료보험의 혜택일랑 아예 볼 생각 마라는 말이었다.

그렇게 1년이 흘렀다. 보험 없는 초조한 나날을 보낸 지가 말이다. 임시방편으로 아이들은 학교에서 소개해준 학생보험에 가입했다. 이마저도 질병이 아닌 부상만 커버됐지만 연 보험료가 300달러 남짓이니 그나마 감내할 정도의 수준이기에 가입을 결정한 것이다. 그럼 아내와 나는? 가까운 약국에서 구입한 타이레놀과 소화제 그리고 위장약으로 버티고 있다. 아이들은 어린지라 결코 질병 따위에 걸리지 않을 것이라 굳게 믿으면서 말이다.

비싼 건 비단 보험료뿐이 아니다. 병원비는 그야말로 살인적이다. 팔 하나 부러져 응급실에 실려가서는 엑스레이 몇 장 찍고 깁스 한 것이 전부인데도 600만 원이 나오는 나라이니 더 이상 뭐라 하겠는가마는, 자전거 타다 넘어져 목에 깁스 하고 하루 입원했다는 친구의 병원비가 4만 달러 나왔다는 말 앞에서는 '정말 이 나라는 해도 해도 너무하구나' 하는 장탄식을 금할 수가 없었다. 논리적으로야 보험료가 비싼 건 병원비가 비싸기 때문이겠지만, 그렇다면 도대체 왜 그토록 미국의 병원비는 비싼 것인지 그저 궁금할 뿐이었다.

오바마 케어, 그 서막이 열리다

미국은 서방 국가 중 유일하게 의료보험을 민간에 의존하는 국가다. 따라서 우리와 같은 전면적인 공적 의료보험제도가 없다. 장애인이나 65세 이상 노인을 위한 공적 의료보험인 메디케어Medicare나 65세 이

하 저소득층 등을 위한 공적 의료급여인 메디케이드Medicaid 같은 부분적
인 공적 프로그램이 있지만 대부분의 일반 국민은 사적 의료보험에 의존
하고 있다. 자신의 처지에 맞게 자신의 비용으로 알아서 민간 보험회사
의 보험상품에 가입하도록 내버려두고 정부는 사회적 최소 안전망만 책
임지는 방식을 택하고 있는 것이다. 예컨대 월 1,000만 원을 주고 민간보
험에 가입해서 양질의 의료서비스를 받는 사람이 있는 반면 아예 의료혜
택을 받지 못하는 사람의 숫자 또한 거의 5,000만 명에 이를 정도로 요지
경이라는 말이다. 미국 유머에 '병원 치료 덕에 거의 다 죽어가는 사람이
살아나서는 병원비 부담에 자살한다'는 말이 있는데, 이보다 더 적절히
미국의 의료 현실을 설명하는 말은 없다고 생각한다.

그런데 더 희한한 것은 이처럼 '자유방임적' 의료제도를 갖고 있는
미국이 세계에서 가장 많은 의료비를 국가예산으로 집행한다는 사실이
다. 23퍼센트(국방비 비중보다 높다)에 이르는 예산이 공적 의료지원에 사
용됨에도 국민의 15퍼센트 이상이 여전히 의료보험의 사각지대에 놓여
있다는 사실을 어떻게 믿을 수 있겠는가. 현재 미국의 국민의료비 규모
는 GDP의 18퍼센트 정도에 이르고 있는데 2030년에는 28퍼센트, 2040
년에는 34퍼센트에 달해 국가재난사태가 불가피할 것이라는 전문가들의
전망은 또 어떤가? 한편 미국 전체 인구의 55퍼센트 정도가 고용주가 부
담하는 의료보험에 가입되어 있는데 가구당 평균 고용주 부담 의료보험
의 연평균 보험료가 2008년 기준으로 1만 2,000달러 수준이며 지금과 같
은 증가 속도가 계속된다면 2025년에는 2만 5,000달러, 2040년에는 4만
5,000달러 수준에 이를 것으로 예상하기도 한다. 아무리 미국이 세계 초

일류 강대국이라지만 이러한 예상처럼 진행된다면 결코 쉽게 감당하기 어려울 것이라고 전문가들은 내다보고 있다.

지난 미국 대선부터 거의 2년에 걸쳐(사실은 케네디 대통령 시절부터 거의 50여 년 동안) 미국을 뜨겁게 달궜던 '의료개혁' 논쟁이 촉발될 수밖에 없는 이유가 바로 이 때문이다. 명색이 세계 초강대국이면서, 더구나 어마어마한 국가예산을 쏟아부으면서도 5,000만 명에 이르는 국민을 의료보험 사각지대에 방치하고 있는 '기막힌 상황', 바로 그 지점에 개혁의 명분과 목표가 자리 잡고 있는 것이다. 마침내 오바마 대통령이 칼을 꺼내 들었다. '오바마 케어'가 그것이다.

최근 국회를 통과한 '오바마 케어'의 핵심 내용은 다음과 같다. ① 개혁안의 완료 시점에 미국의 모든 국민(약 95퍼센트)이 의료보험에 가입하도록 하고, 보험 미가입자에 대해서는 수입의 2퍼센트 이상의 벌금을 물린다. ② 의료보험 가입이 어려운 저소득층을 위해 연방정부와 주정부가 전액 부담하는 의료 부조 프로그램인 메디케이드의 가입자격을 확대한다. ③ 의료보험 가입 지원을 위해 세액공제tax credit혜택을 부여한다. ④ 모든 민간 의료보험회사들은 과거 병력, 개인의 건강상태에 따른 가입 거절을 할 수 없도록 한다.

그런데 이러한 개혁을 집행하는 데 향후 10년간 1조 달러 가까운 추가 재정이 필요하다고 한다. 아무리 미국이라지만 심각한 재정적자와 경상적자의 상황에서 쉽게 부담을 결정할 만한 돈이 아니다. 그러나 돈의 규모보다 공적 보험public option의 포함 여부가 핵심 쟁점이었다. 강력한 공보험이 시장에 출현하여 저렴한 보험료를 기반으로 시장에 일대 돌풍을 일으키면 개혁의 최대 목표인 의료비 인하가 달성할 수 있으리라 내다봤기 때문에 오바마 정부 입장에서는 사력을 다해 이를 쟁취하려 했다. 그러나 오바마 케어의 최종 법안에서 이 조항은 빠져버렸다. 민간 보험회사의 집요한 로비 때문이리라. 이렇듯 당초 오바마 케어의 핵심 내용이었던 공보험이 개혁 법안에서 빠지게 됨으로써 오바마의 개혁은 시작부터 절름발이 신세로 전락할 수밖에 없게 되었다. 아이러니하게도 민간 보험회사 입장에서는 이번 개혁 법안으로 인해 시장의 파이가 더 커졌고(미보험 가입자의 대거 시장 유입) 이로 인해 더 많은 수익을 기대할 수 있는 여건이 마련되었다. 재주는 곰이 부리고 돈은 왕서방이 번다는 말이 딱 이 짝인 셈이다. 사실 보수 우파의 공격 핵심은 민간 의료보험과 경쟁하는 공적 보험이었다. 이것만 오바마가 양보하면 초당적 합의는 쉽게 진행될 것이라고 공공연히 밝혔기 때문에 이번 법안 통과의 실질적 승자는 오바마가 아니라 보수 우파 진영이라고 하는 것이 필자의 판단이다. 아무튼 사실상 공보험이 해체된 의료개혁안을 진보 진영이 어떻게 수용할지 지켜볼 대목이다.

10 정원이 있는 그림 같은 집, 그러나……

구조조정, 그 칼날 위에 서다

싱숭생숭한 오후다. 오늘로써 벌써 서너 달 째 이어져온 구조조정이 사실상 마무리되었기 때문이다. 내 손으로 직접 뽑았던 대부분의 직원들을 오늘부로 내보냈다. 신임 대표가 부임할 다음 달 말이면 나를 포함한 남은 직원들 모두가 짐을 싸게 될 것이다. 한때 열 명이 넘던 직원들을 데리고 금융의 본거지인 이곳에 대한민국의 깃발을 한 번 꽂겠다는 각오로 야심차게 시작했던 사업이었다. 예기치 않은 커다란 풍랑을 만나 좌초 일보 직전인 상황에서도 어떡해서든 전열을 가다듬고 새 출발의 깃발을 다시 쳐들 심산으로 구조조정을 시작했지만 그 끝은 생존을 위한 초라한 '잠행'으로 마무리되어버렸다. 그렇다고 바짝 엎드리는 것이 상책이라 판단한 본사의 결정을 마냥 비판만 할 수 없는 노릇이었다. 이유가 어디에 있든 상황을 여기까지 이르게 한 관리책임만큼은 면할 길이 없었기 때문이다. 내 스스로의 목을 치는 수밖에 없었다. 그러나 지휘봉을 잡은 지 채 일 년도 지나지 않아 뜻을 접는 심정은 씁쓸하다 못해 아리다. 체류 신분을 바꿔가면서까지 미국생활을 연장한 것은 순전히 자식 둔 아비의 업보에 기인한 것이었지만 최소한의 족적이나마 남기고 싶은 나만의 꿈이 아예 없었던 것은 아니었으니 착잡하다. 아쉽고 또 아프다.

경제적 곤궁은 불문가지다. 처음 일 년은 고문 자격으로, 그다음 일 년은 현지 대표로서 급여뿐만 아니라 집세까지 지원을 받았으니 분에 넘치는 호사도 가끔은 용서될 수 있었지만, 끈 떨어진 신세가 되었으니 '줄이고 줄이는' 것만이 생존을 위한 유일한 방책일 것이다. 이제야 비로소 제대로 된 '생존'과 맞닥뜨리리라. 불안하지만 즐기는 수밖에.

그래도 로망이다

며칠째 집을 얻으러 다녀보지만 성에 차지 않는다. 마음에 좀 들면 가격이 비싸고 가격이 맞으면 비지떡이다. 다 쓰러져가는 아파트도 2,000달러에 육박한다. 타운홈은 2,500달러 이하를 찾아볼 수 없다. 단독주택은 아예 상상조차 못할 금기영역이다. 조만간 빈털터리가 될 것임에도 아직은 몸의 붓기가 덜 빠진 모양이다. 여전히 아파트로는 눈길이 가지 않는다. 그래도 마지막일 수 있는데, 정원이 딸린 단독주택에 한 번 살고 싶었다. 어디 2,000달러 이하짜리 단독주택이 없나, 오십 줄이 코앞인데 나의 로망은 집요하다. '노망'이라 해도 어찌할 수 없다. 새로운 방법을 찾아보리라 마음먹은 이유다. 이제껏 도와준 한국인 부동산 에이전트와 결별하고 거금 30달러를 들여 유료 사이트를 검색하기 시작했다.

누군가 간절한 바람을 들었나 보다. 아보카도 나무가 있는 아담한 단독주택을 발견했다. 1,950달러란다. 더구나 의무계약기간도 6개월이다. 살다가 아니다 싶으면 내년 봄에 다른 곳으로 이사하면 된다. 눈에 콩깍지가 씌었으니 많은 단점도 보이지 않는다. "아이들 학군 때문에 여기는 안 돼"라는 아내의 태클도 "그냥 알리지 않고 다니지 뭐. 어차피 내년에 학교 근처 아파트로 이사 가면 되는 거 아냐" 하며 깔끔하게 단칼에 정리해버린다. "방이 두 칸뿐이잖아" 하면 "우리는 덴Den(거실 옆에 붙어 있는 식당 공간)을 쓰면 돼" 하는 식이다. 나의 고집을 꺾을 사람은 아무도 없었다. 어렵게 찾아온, 정원이 딸린 단독주택에서 살고 싶은 오랜 로망을 그리 쉽게 포기할 내가 아니었다.

아보카도에 물리다

그 비릿한 맛을 한 번 맛보고는 다시는 입에 대지 않았었다. 몸에 좋다면 초가삼간 빈대도 잡아먹는 판국에 그 정도의 맛이라면 상급에 속한다고 할지 모르겠으나, 난 당최 아보카도를 무슨 맛으로 먹는지 이해할 수 없었다. 무심코 캘리포니아롤을 씹다가 물컹한 그 무엇에 놀라 뱉곤 할 정도니 나의 아보카도에 대한 '미움'은 연원이 꽤 오래된 것이다. 그런데 말로만 듣던 아보카도 나무가 뒤뜰을 완전히 장악하고 있는 것이 아닌가. 족히 10미터는 될 듯한 높이에 사방으로 뻗어나간 가지 하며 무성한 잎사귀와 아보카도 열매가 주렁주렁 달려 있는 그야말로 아름드리 나무가 턱 하니 버티고 서 있었다. 한여름의 태양쯤은 넉넉히 가려주고도 남을 성싶었다. 무심코 아보카도 열매 개수를 세어보았다. 하나, 둘, 셋…… 열……. 얼핏 보아도 백 개는 가뿐히 넘을 것 같다. 그런데 이 많은 열매를 전부 다 우리보고 알아서 하란다. 따먹든지 남을 주든지. 아내 왈, 한 개에 1달러 정도 나가는 고급 과일이란다. 모처럼 보는 아내의 함박웃음에 가슴이 뿌듯해진다. 이사 오길 잘한 것 같다.

쿵! 아보카도 나무 밑에 주차해놓은 밴 위로 아보카도가 떨어지는 소리다. 처음에는 차에 흠이라도 날까 가슴 졸이며 뛰어나가곤 했지만 양동이를 손가락으로 눌렀을 때 살짝 들어갔다 나오는 것처럼 그저 약간 패이다 만다는 사실을 알아서일까, 이젠 그러든지 말든지 무감각해져 뒷문조차 열어보려 하지 않는다. 무사히 잘 떨어져 온전한 형태를 유지하기만을 바랄 뿐이다. 콘크리트 바닥으로 곧바로 떨어지면 살이 터져 마치 물고구마가 짓뭉개지는 것처럼 볼썽사납게 변하기 때문이다. 게다가 평생 개똥도 한 번 치워본 적이 없는 내가 그 야리꾸리한 모양의 '잔해'를 그것도 매일 직접 처리하는 모습을 상상해보라. 그 찝찝함이 오죽하겠는가. 그래도 아내는 못해도 예닐곱 개씩은 매일 채집하는 기쁨을 맛볼 수 있으니 여전히 만족스러운 모양이다. 이 사람 저 사람, 집에 놀러오는 지인들에게 몇 개씩 쥐어주는 맛도 그러려니와 샌드위치며 캘리포니아롤을 만들 때마다 자신이 직접(?) 농사지은 아보카도를 넣는 재미가 쏠쏠한가 보다.

그러나 나는 솔직히 아보카도라는 말만 들어도 헛구역질이 날 정도다. 너무 많이 먹은 탓이다. 한 달에 한 번 먹던 롤을 일주일에 한 번은 먹었고(그것도 아보카도가 듬뿍 들어 있는 특제 롤이다!), 어쩌다 샌드위치에 들어 있는 아보카도라도 몰래 뺄라치면 어김없이 날아오는 아내의 잔소리도 참아내야 했다. 더구나 이제는 다 떨어졌겠지 하고 쳐다보면 언제 떨어졌냐 싶게 또 주렁주렁 열려 있는 아보카도의 생명력에 질려버렸다. 가을이 지났으면 수확도 멈추는 것이 자연의 이치가 아니던가. 이제껏 백 개는 족히 먹었는데 아직도 백 개는 더 남아 있는 듯 보이니 안 보이는 곳에 아보카도 화수분이라도 숨겨져 있는 게 아닐까, 그리 생각할 수밖에 없었다.

하우스는 춥다

남캘리포니아에도 겨울은 있다. 한밤의 기온이라 해봤자 영상 5도(화씨42도)가 가장 추운 경우인데 이 정도의 추위에 털목도리와 부츠를 신고 다니는 사람들이 있으니 우리네 기준으로는 '참, 유난스럽다' 할 일이지만, 몇 년 살다보면 '그럴 만도 하네' 싶을 정도로 생각이 바뀌게 된다. 아마도 주거문화 탓이지 싶다. 난방이 우리네보다 턱없이 약하고 집 구조 또한 단열이 거의 되지 않게 지어졌기 때문에 쉬이 추위를 타는 것일 게다. 익히 알려져 있듯이 이곳의 집들은 대개 목조건물이다. 지진에 대비하기 위해서라고들 한다. 100년이 넘는 집들도 허다하다. 뼈대는 놔둔 채 중간 중간 외관만 몇 차례 고치면서 집으로서의 생명을 유지해온 것이라고 한다. 좋고 비싼 집은 예외겠지만, 보통 사람들이 사는 하우스가 유독 추운 이유다. 우리 집은 40년산이다. 더구나 지난겨울은 정말이지 추웠다.

겨울이 우기에 속한다고 하지만, 비가 기껏해야 한 달에 한두 차례 정도 오는 정도다. 그것도 밤새 '안녕' 하는 수준이고, 한낮이면 언제 그랬냐는 듯 섭씨 20도를 오르내리는 화창한 날씨가 계속되곤 한다. 그런데 이번 겨울은 유난하다. 벌써 한 달째 주말만 되면 어김없이 장대비가 쏟아지니 말이다. 을씨년스럽다 못해 오싹할 정도로 춥다. 자정을 막 넘긴 시각, 잠자리에 들려는데 자는 줄 알았던 아내가 부스스 일어난다. 거의 기계적으로 아이들 방에 들러 이부자리를 매만지고 히터를 켠다. "몇 푼이나 한다고……." 짜증 섞인 목소리로 힐난해보지만 아내는 아랑곳하지 않는다. 끼이익, 찰칵. 육중한 쇳소리가 신경을 할퀸다. 30년은 족히 넘었을 기계식 가스히터에 불을 댕기는 소리다. 이제껏 히터는 오직 버튼으로만 조작하는 줄 알고 살았던 나로서는 이 기묘하기 짝이 없는 완전 수동식 가스히터 작동법이 아직도 익숙지 않다. 도와주지도 않으면서 괜히 짜증만 내는 이유다. 녹슨 쇠꼬챙이를 이리저리 비틀어 방구들 저 깊은 속에 숨겨진 또 하나의 아귀와 맞추어야만 작동하는, 오로지 감에 의존해야 하는, 히터와의 한바탕 전쟁을 아내는 말없이 그러나 신속하게 끝내고 있다. 물끄러미 보고 있자니 그 옛날 연탄구멍 맞추느라 정신이 아득했을 어머니 생각에 잠시 먹먹해진다. 올해 따라 봄이 오는 기색은 더디고, 아보카도 그늘에서 맛보는 해질 무렵의 낭만 또한 그다지 달콤하지 않다. 뼛속까지 저려오는 추위만 피할 수 있다면 당장이라도 나의 로망쯤은 포기할 수 있을 것 같다. 누구도 막을 수 없는 변덕이 드디어 빛을 발하기 시작하나보다. 다행인지 계약기간 6개월이 얼마 남지 않았다.

11 이민으로 돈 버는 나라

영주권이 뭐길래

나는 한국사람이다. "Where are you from(어느 나라에서 왔습니까?)" 라고 물으면 주저 없이 '코리아'를 외친다. 부모가 한국사람이고 한반도 땅에서 태어났으니 틀림없는 대한민국 국민이다. 뭐 대단한 애국심까지는 아니지만 국가 대항 축구시합에서 일본에 대패했다는 기사만으로도 하루 종일 우울한 그저 평범한 조선사람이다. 그런 내가 어쩌다 지금은 미국에 살고 있다. "Where are you from" 하면 코리아를 말하려다 이내 LA 혹은 토랜스로 방향을 틀 줄도 알고, 시도 때도 없이 울려 퍼지는 사이렌과 헬리콥터 소리에도 아랑곳하지 않고 편안히 잠자리에 들 수 있을 정도가 됐다. 미국 물이 제법 든 것이다. 이렇게 몸은 미국에 있으되 마음은 한국에 두고 온 지 벌써 3년이다. 그런데 언제부터인지 마음이 병들기 시작했다. 덩달아 몸도 말을 듣지 않는다. 타향살이를 계속할 이유를 찾을 수 없다. 더 이상 머물다간 죽도 밥도 안 되겠다 싶다. 고향으로 돌아가리라 마음먹는다. 이제 얼마 남지 않았다.

지난 가을 얘기다. 잠깐 머물다 가는 그저 긴 여행지에 지나지 않던 미국이 돌연 나에게 영원히 살 생각이 있느냐 물었다. 사실 '질문은 내가' 했다. 끝이 보이지 않던 미국생활이 얼추 마무리되어갈 무렵 어느새 고등학생이 되어버린 딸아이의 한숨이 밟혔기 때문이다. "이제 가면 어떻게 고등학교 과정을 따라간단 말이냐"며 반협박조로 매달리는 통에 달리 할 말이 없었다. 나 없이도 남은 가족들이 미국에서 살 방도를 찾아야 했다. 그린카드, 영주권이 필요했다.

프랑스 국민, 중국 국민(인민인가), 일본 국민……, 모두 다 '국민'인데 미국은 '시민citizen'이다. 로마제국의 시민처럼 스스로를 시민이라 부른들 기타 등등에 지나지 않는 약소 국민으로서야 달리 뭐라 할 수 있겠냐만은 왠지 모르게 거슬린다. 자기들이 뭐라고 말이다. 그래도 시민의 자리는 달콤해 보인다. 부럽다. 죽을힘을 다해야 한 끼 식사를 마련할 수 있는 이름 모를 나라의 '궁민窮民' 신세는 최소한 면할 것 같고, 아무리 발버둥 쳐도 평민 혹은 하층민일 뿐인 한 많은 '조국'과 달리 자식 하나 잘 키우면 단박에 인생 역전이 가능할 것도 같다. 그래서일까, 절망에서 희망을 찾는 이들에게는 미국의 몰락이 눈에 보이지 않는다. 실업률이 10퍼센트고 5,000만 명이 굶는다(식료품 보조를 받는다)고 해도 막무가내다. 반(反)이민의 파고가 미국 전역을 뒤덮어 잘 해야 일용 노동의 대가를 손에 쥘 뿐 하루하루 체포와 강제출국의 공포 속에 살아야 하는데도 국경의 철조망쯤은 문제가 되지 않는다. 아메리칸 드림, 셀 수 없이 많은 세계의 '국민'이 지금 이 순간에도 미국을 향하고 있다.

어느 나라든 마찬가지겠지만, 미국에서 사람대접 받으려면 시민이 되어야 한다. 그러나 한방에 시민이 되는 일은 불가능에 가깝다. 부모가 미국인이거나(속인주의) 원정출산을 감행하더라도 미국 땅에서 태어났다(속지주의)면 모르겠으되 부모를 바꿀 수는 없는 노릇이고, 그렇다고 원정을 감행할 만큼 부유하지도 뻔뻔하지도 못한 그저 그런 평범한 부모를 두었으니 '출생'을 통한 시민권 취득은 아예 꾸지 말아야 할 꿈일 뿐이다. 시민이 시민을 낳는 자연적 인구 증가만으로 저 넓은 아메리카 제국을 채울 수 없어서일까, 아니면 남의 땅에 깃발 꽂고 힘으로 건설한 역사의 원죄 탓일까, 저들은 이민의 물결을 무작정 막는 대신 새로운 종족을 맞아들이기로 했다. 영주권자, '영원히 미국에 살 수 있는 권리를 갖고 있는 사람'이 그들이다. 그 권리마저 10년인가마다 갱신(심사)한다고 하니 더 이상 '영주권'이라 부르는 것이 어불성설이지만, 시민 아래의 열등(?) 시민이 되기 위한 행렬은 줄어들 기미를 보이지 않는다.

자식들의 대학 학자금을 지원받으려 해도 시민 아니면 영주권자여야 하고, 집을 사건 사업을 하건 은행에서 싼 이자로 돈을 빌릴 수 있는 사람은 시민과 영주권자뿐이다. 거금을 들여 사업체를 인수(E2, 비이민 투자비자)해도 수익이 나지 않으면 이 땅을 떠나야 하고, 취업(H1, 비이민 취업비자)한 직장에서 잘리면 미국에서 쫓겨나야 하고, 공부(F1, 비이민 학생비자)가 끝나면 아메리카와 이별해야 하는 그 수많은 임시 체류자들(그들은 영원한 체류를 꿈꾼다)에게는 일정 기간 미국에 머물러야 한다는 조건만 충족하면 사실상 영원한 안식이 허락된 영주권자들이야말로 부러움 그 자체일 것이다.

영주권을 받는 둘 혹은 다섯 가지 방법

영주권을 취득하는 방법은 크게 혈연관계를 통한 가족이민과 고용 혹은 취업을 통한 취업이민으로 나뉜다. 시민권이나 영주권을 갖고 있는 사람이 자식이나 부모를 초청할 경우에 이용하는 방식이 가족이민이고, 순전히 자신의 능력과 기술만으로 이민의 문을 두드리는 방식이 취업이민이다. 직계가족 중 시민권이나 영주권이 있는 경우가 많지 않기 때문에 애당초 가족이민은 특별한 경우이고, 이른바 취업이민이 가장 일반적인 이민방식이다 그런데 취업이민은 그리 녹록한 방법이 아니다. 보통 영어 이니셜로 EBEmployment Based라 부르는 취업이민은 그 방식만도 다섯 가지에 이른다. 국제적인 수준의 능력(문화, 예술, 스포츠, 과학 등)을 보유한 사람들에게 주어지는 EB1이 있고, 석사학위 이상 졸업자(동등 자격자 포함)를 대상으로 하는 EB2, 학사학위 이상 졸업자(동등 자격자 포함)가 신청하는 EB3, 종교 등과 같은 특수한 직종에 종사하는 특별한 사람에게 주어지는 EB4, 그리고 투자이민인 EB5가 그것이다. 사실 다섯의 경우를 모두 취업EB의 범주로 묶는다는 것은 어폐가 있다. EB1에서 EB4까지는 취업의 범주에 넣을 수 있지만 EB5는 취업이라기보다 투자 혹은 고용에 가깝기 때문이다. 그러나 투자를 통해 누군가의 취업을 늘린다는 관점에서 본다면 굳이 취업이민의 범주에 부적합하다고만은 말할 수 없을 것이다. 아무튼 가족이민을 제외하고 미국에서 영원한 안식을 얻는 방법은

이 다섯 가지 말고는 없다.

그중에서도 1순위(EB1)와 4순위(EB4)는 자격 요건에서 보듯 아무나 신청할 수 있는 그런 이민 형태라 할 수 없고, 더구나 5순위(EB5)는 돈으로 이민을 사는 방식이니 더더욱 드문 경우인지라 가장 만만한 카테고리가 2·3순위(EB2, EB3) 취업이민이다. 한국사람은 그중에서도 3순위 신청자 비율이 높은데, 요리·미용·간호·컴퓨터 등 전문기능이 요구되는 분야에 집중되고 있다고 한다. 다만 2순위를 통해 영주권을 받는 데 걸리는 시간이 1년 남짓인데 비해 3순위는 몇 년씩 걸릴 정도로 오랜 시간이 소요되는 단점이 있다. 따라서 한시가 급한 이민 신청자들에게는 2순위 취업이민이 가장 원하는 방식인 셈이다. 그러나 그게 말처럼 쉬운 일은 아닌지라, 신청자격요건을 모두 맞추고 적합한 스폰서까지 구한다는 것은 거의 불가능에 가깝다고 보는 편이 맞을 것이다. 기술이 있으면 마땅한 스폰서가 없고 스폰서는 있는데 이민에 적합한 경력(기술)이나 학력이 부족하고 모든 게 다 맞았다 해도 비자 받는 데 하 세월이니 이래저래 이민의 길은 멀고도 험하다.

여러 이유로 셀프 스폰서Self Sponsor(쉽게 말해 취업하지 않는)를 인정하고 있는 카테고리가 많아 모든 경우에 꼭 스폰서 회사가 필요한 것은 아니지만, 취업이민은 대개 취업해야 할 회사를 결정하는(스폰서를 잡는) 것이 가장 중요하다. 그러나 아무 회사나 스폰서 자격이 있는 것은 아니다. 이민 신청자에게 충분한 급여를 제공할 수 있을 정도로 회사의 재정 상태가 양호해야 하고 이민을 통하지 않고는 해당 직원(직위)을 구할 수 없다는 점을 설명할 수 있어야 한다. 이민 신청자가 자신이 해당 직위에 적합한 사람임을 입증해야 함은 물론이다. 그러지 못하면 아무리 좋은 회사라도, 아무리 대단한 스펙을 갖고 있는 사람일지라도 취업이민의 문을 통과할 수 없다.

　　내 경우가 그랬다. 스폰서 회사의 중요성을 알게 해주는 사례라 해도 무방할 것이다. 당초 나는 미국에 진출한 한국계 금융회사의 현지법인 대표 자격으로 취업이민을 신청했다. 작년 가을의 일이다. 그런데 절차를 밟은 지 채 석 달도 지나지 않아 회사가 어려워졌고 대부분의 직원을 정리해야 하는 상황이 발생했다. "재정적 상황은 문제없으나 직원 없는 회사의 대표로서 취업이민을 받는다는 것은 현실적으로 어려우니 다른 스폰서를 구하는 편이 좋겠다"는 변호사의 말도 있었고 어차피 회사를 그만두어야 하는 상황이었던 만큼 주위의 도움으로 어렵사리 지금의 미주 한인신문사에 취업하게 됐다. 곧바로 비자(비이민 취업비자, H1) 변경에는 성공했는데 영주권을 얻기 위한 스폰서로서는 현 신문사가 부적합하다는 말을 들었다. 적잖이 당황했다. 이미 영주권 신청 예비 절차가 거의 끝나 조만간 스폰서 회사의 서류가 들어가야 하는 상황이었으니 오죽이나 급했겠는가. 그런 상황에서 내 전공과 경험이 신문사와 맞지 않아 2순위인 취업이민 신청이 어렵겠다고 했으니 말이다. 그렇다고 이제 와서 영주권 받는 데 몇 년씩이나 걸린다는 3순위로 말을 갈아탈 수는 없는 노릇이었다. 한국에 돌아가야 하는(가고 싶은) 내 처지와 그럼에도 미국에 붙어(쩝!) 있어야 하는 가족들을 감안해 급히 영주권이 필요했던 터라 '2순위 아니면 죽음을 달라' 할 형편이었으니 3순위는 아예 고려대상이 아니었다. 이민 담당관이 그리 판단할 근거가 상당하니 모험을 걸지 말자는 조언 때문에 하는 수 없이 다른 길을 찾아야 했다. '궁즉통'이라 했던가, 다행히 한인 최대의 회계법인에서 금융 컨설턴트로 일하는 조건으로 영주권을 후원(스폰서)해주기로 했다. 하마터면 낙동강 오리알 신세가 될 뻔했으니, 지금 생각해도 아찔하다.

돈이면 순서쯤이야

하늘에 있는 별을 따듯, 영주권도 따야 하는 그 무엇이다. 선물처럼 거저 주어지는 것이 아니라 돈과 품이 드는 고단한 과정이 필요하다는 뜻이다. 세상에 공짜는 없다지만 시민권도 아니고 '예비 시민증' 하나 얻는 데 실로 엄청난 돈이 들어간다. 영주권 스폰서(영주권 취득 후 영주권 신청인의 고용을 약속하는 회사)를 받는 데 수만 달러가 오간다는 얘기도 심심찮게 들린다. 그건 어디까지나 '검은 돈'의 영역일 뿐이라지만, 나의 관심사인 정상적인 이민 수속도 '엄청난' 돈이 필요하다. 우선 변호사 비용이 만만치 않다. 한인 변호사 중 거의 태반이 이민법 전문이고 발에 치일 정도로 그 수가 많다는데도 내가 느끼는 체감 변호사 비용은 여전히 높다.

수임료의 편차가 워낙 커서 평균으로 말하기 곤란하지만 적게는 7~8,000달러에서 많게는 2만 달러에 이른다. 그러나 비용은 여기서 멈추지 않는다. 그랬다간 나의 '엄청난'이란 표현이 호들갑이라 손가락질 받지 않겠는가. 영주권을 받기까지 기억하기도 어려운 수많은 절차를 밟아야 하는데, 그때마다 어김없이 누군가가 소위 '삥(?)'을 뜯어간다. 기억이 맞는다면, 영주권을 신청하는 맨 첫 단계에서 신문광고를 해야 한다고 해서 몇 천 달러가 나간 것 같고, 또 최근에는 최종 영주권 신청에 필요하다며 접수비용 application fee 조로 6,000달러 이상을 줬으니 얼추 만 달러 이상이 들었다. 아직 영주권을 받지 못했으니 얼마나 더 돈이 필요할지 모르겠지만 이제껏 변호사 수임료와 각종 신청비용으로 도합 2만 달러 이상이 소요됐다. 이마저도 내 처지를 동정한 친구 변호사 덕에 다른 사람에 비해서는 정말 적은 돈으로 절차를 진행한 것이다. '억'장이 무너질 정도는 아니더라도 영주권 수속비용으로 수천만 원이 드는 판국이니, 어디 돈 없는 사람은 영주권을 거저 준대도 받을 수나 있겠는가 말이다.

정부가 민원처리 대가로 급행료를 받는다는 것을 상상해본 적이 있는가. 과문하지만 나는 이제껏 단 한 차례도 이런 경우를 당해본 적이 없다. 급행료 하면 뭔가 뒤가 구리거나 급한 사람들이 차례를 어겨 새치기할 때 은밀히 건네는 돈 정도로 생각했지, 정부가 대놓고 받아 챙기리라고는 꿈에도 생각하지 못했다. 만약 우리나라에 그런 제도가 도입된다면 (비슷한 제도가 있나?) '정부가 계층 간 위화감을 조장한다'며 상상할 수도 없는 비난과 공격이 퍼부어질 터인데, 미국은 태연하게도 합법적으로 급행료를 받아 챙기고 있다. '정상적으로 절차를 마무리하는 데는 3개월이 소요되지만 급행료 express fee를 지불하면 1개월 만에 절차를 끝내는 제도가 있으니 빨리 영주권을 받고 싶은 사람은 정부에 내는 일반 신청비용 외에 천 달러를 추가로 내면 된다'는 식이다. 누구에게 불이익을 주는 것이 아니라 돈 더 내는 사람에게 혜택을 주는 것이니만큼 문제될 게 없다는 투다. 중세에는 천당 가는 표를 팔았다지만, 이곳 미국에서는 그 표를 쪼개 일반과 급행으로 나누어 팔고 있다. 자본주의의 메카답다. 기가 찰 일이다.

아예 영주권을 돈으로

"세상에, 정부가 새치기를 조장한다"며 게거품을 무는 사람들에게 50만 달러로 깨끗하게 영주권을 받을 수 있는 방법이 있다고 일러준다면 그저 '허걱' 할지도 모르겠다. 급행료라도 내고 하루라도 빨리 영주권을 받고 싶어 발버둥 치는 이민 세계의 '서민'에게는, 평생을 벌어도 만질까 말까 하는 거금을 임시 영주권과 맞바꾸겠고 나서는 이들이 도대체 어떤 사람들일까 궁금하기도 할 것이다. 투자이민 분야에서 꽤나 명성이 있는 친구에게서 들은 얘기다. 몇 년 전만 해도 한국의 자산가들 상당수가 투자이민을 통해 영주권을 취득했지만, 지금은 주 고객층이 중국으로 이동했단다. 한국에서 투자이민을 받을 사람은 이미 다 받았고 한국인에게는 투자이민 외에도 영주권을 받을 수 있는 기회가 많아 더 이상 투자이민이 매력적인 상품이 아니지만, 중국은 최근 경제성장으로 엄청나게 많은 재산가들이 생겨났음에도 합법적으로 미국의 영주권을 받을 수 있는 길이 매우 어려운 상황인지라 중국의 재산가들이 투자이민 프로그램으로 몰리고 있다는 설명이다. 오죽했으면 중국계 변호사를 고용했겠냐는 말에서 최근의 추세를 파악할 수 있었다.

여하튼 이곳 미국에서 마음 편하게 지내려면 '돈 주고 국적을?'이 아니라 '돈 내면 국적쯤이야!'로 사고의 틀을 바꾸어야 한다. 그래야 살 수 있다. 이제나 저제나 영주권 나오기만 학수고대하고 있는 3순위 취업이민 대기자들로서는 어느 날 갑자기 돈 싸 들고 와서 영주권의 좁은 문을 먼저 통과하려는 짓이 기분 좋을 리야 없겠지만, 그저 '돈이 말하는 것이겠거니' 하지 않으면 자칫 울화병에 걸릴 수도 있고 하루하루의 노동이

하잘것없이 느껴질 수 있기에 하는 말이다. 아무리 생각해도 체념 외에는 달리 방도가 없는 것 같다.

1990년 미국은 일자리 창출과 외국인 투자 유치를 통해 경제를 자극할 목적으로 EB-5Employment-Based Immigration: Fifth Preference 프로그램을 시작했다. 백만 달러[리저널 센터Regional Center(상대적으로 실업률이 높은 지역)의 경우 오십만 달러도 가능]를 투자하는 사람에게 즉시 '조건부 영주권'을 부여하고 2년 이내에 당초 정한 조건을 충족하면 완전한 영주권으로 바꾸어준다는 것이 프로그램의 주요 골자다. 쉽게 말해, 돈(투자)과 아메리카행 열차에 오를 수 있는 '예비 승차표(임시 영주권)'을 맞바꾸는 프로그램인 셈이다. 물론 까다로운 조건을 충족해야 하기 때문에 돈을 낸다고 모두 영주권을 받을 수 있는 것은 아니다. 정확하지는 않지만 이제껏 조건부 영주권을 받은 사람 중 30퍼센트가량이 영주권을 받지 못했다고 하니 생각만큼 만만한 방식은 아닌 듯 보인다. 투자 후 2년 이내 10개 이상의 풀타임(일주일에 35시간 이상) 일자리(영주권자 이상에게 부여)를 만들어내야 한다는 조건을 만족시키지 못해 실패하는 경우가 대부분이지만, 간혹 이민사기에 걸려들어 리저널 센터에 돈만 투자하고 영주권을 받기도 전에 사업체가 망하는 황당한 사건도 발생한다고 한다.

투자유치를 통해 고용문제를 풀어보겠다는 발상이야 어느 나라건 손쉽게 할 수 있는 일이니 딱히 신선하다 할 게 없지만, 전 지구의 1퍼센트를 타깃으로 삼고 아메리카 영주권이라는 미끼 상품을 연계함으로써 투자유치를 극대화하겠다는 발상을 했다는 점만큼은 평가할 만하다고 생각한다. 다만 벌써 수년째 미국이 망해간다고들 난리인데 도대체 왜

수십 만 달러를 쓰면서까지(투자이고, 원금도 돌려받을 수 있는 방식이라고들
하지만) 미국 영주권 하나 따기 위해 전 지구적으로 몰려드는지 정말 궁
금하다.

12 대한민국 발명 특허, 대리운전

어느 곳에서나 쉽게 찾아볼 수 있는 빈 택시의 행렬이 이곳에는 없다. 지나가는 택시에 손 한 번 흔들면 되는 한국의 편리함이란 애당초 부질없는 상상이다. 서로 택시를 잡겠다고 실랑이를 벌이는 장면은 영화에서나 볼 수 있는 낯선 풍경일 뿐이다. 저녁이 되면 썰물 빠지듯 사람 없는 적막강산의 거리로 변하고 마는 LA 다운타운을 거닐어본 적이 없어서 '이곳에는 뉴욕의 옐로캡과 같은 택시가 없다'고 단언할 수 없지만, 적어도 한인타운에서는 택시 찾기가 어렵다. 다만 택시가 없는 빈 공간을 편리함으로 무장한 한국형 개인택시(?)가 대체하고 있을 뿐이다. 그들이 택시면허를 갖고 있는지 여부는 관심사가 아니다. 전화 한 통이면 5분 안에 도착할 수 있고 저렴한 요금만 제공할 수 있다면 그뿐이다. 코리아타운은 코리아를 완벽히 재현한 듯 보인다.

미국에 온 지 채 한 달이 지나지 않았을 무렵, 제법 거나하게 취한 나는 혹시나 하는 마음으로 한국처럼 대리운전이 있는지 물었다. 있단다, 그것도 많이. 기쁜 마음에 다이얼을 돌렸다. '서울 전역 7,000원, 일산·분당 2만 원'을 떠올리고는 기껏해야 50달러 안팎일 것이라 생각했다. 20마일, 한국으로 치면 광화문에서 내가 살던 파주 정도의 거리건만 100달러를 달란다. 엄청난 액수에 놀라 입이 다물어지지 않았지만 미국 물이 덜 든 탓에 음주운전을 하면 죽는 줄 알았던 시절인지라 할 수 없이 대리운전을 부르고 말았다.

그런데 어라, 차가 두 대다. 저렴한(?) 대중교통 시스템 때문이라나. 돌아올 차편이 없어 이곳에서는 두 대가 함께 움직인다는 설명이다. 그래서 가격도 비싸고 이름도 '동시'란다. 동시라, 동시 패션의 준말인가? 어학연수를 왔다는 젊은 대리운전 기사가 선보인 광속의 스피드에 놀라고, 고향 떠난 외로움을 달래주는 미국에서의 우리말 대화가 정겨웠다. 다만 첫 경험치고는 너무 사치스러웠다.

금융위기의 파고는 대리운전시장마저 뒤흔들고 있다. 고용시장의 위축은 최저생계비에도 못 미치는 임금에도 기꺼이 노동력을 제공하겠다는 다수의 구직자를 양산했고, 재기를 노리는 영세사업자의 무한 진입이 시작됨과 동시에 대리운전을 이용하던 중산층이 지갑을 닫아버렸다. 결코 깨지지 않을 것 같던 100달러의 신화가 어느새 50달러의 벽마저 넘보는 지경에 이르렀다. 한인유학생의 아르바이트로 여겨지던 대리운전 기사 자리까지 멕시칸에게 넘겨지는 일들이 목격되기도 한단다. 바야흐로 소비자의 시대가 도래한 것이로되, 정작 나는 더 이상 대리운전을 이용하지 않는다. 50달러면 차라리 LA에 있는 사우나(20~30달러)에서 자는 것이 더 이익이라는 '삶의 지혜'를 터득했기 때문이다.

13
한인은행, 너무 많다

은행에도 급이 있다

미국에 살고 있는 한인의 숫자는 고무줄이다. 공식적으로는 100만 명 정도라고 하는데 비공식적으로는 200만 명이고 일부 한인단체는 300만 명을 주장하기도 한다. 쪽수가 많아야 대표성(권력)이 커진다고 믿기 때문에 벌어지는 해프닝이라는 설도 있다. 아무튼 300만 명을 기준으로 하더라도 우리나라 대구 정도의 인구다. 물론 거주하는 지역이 대구와 비교할 수 없을 만큼 거대하니 인구를 기준으로 무언가를 형량하는 일은 부질없는 짓일지도 모르겠다. 그러나 아무리 그래도 그렇지, 은행이 너무 많다. 스물 하고도 일곱, 미국 내 한인은행의 숫자다.

은행은 자산규모와 영업형태 등을 기준으로 커뮤니티 은행Community Bank, 리저널 은행Regional Bank, 내셔널 은행National Bank/Money Center

Bank 등으로 나눌 수 있다. 커뮤니티 은행과 다른 은행을 나누는 일반적 기준은 자산규모 10억 달러다. 드물게는 자산이 몇 십억 달러 규모인데도 커뮤니티 은행이라 부르는 걸 보면 이는 절대적 수치가 아닌 것으로 판단된다. 특정 지역이나 인종(이민 사회)을 거점(대상)으로 영업을 하는지와 영업형태 등을 종합적으로 고려해 커뮤니티 은행이라는 명칭이 부여된다고 한다. 어쨌든 다소 유동적인 분류기준이 적용되는 것은 확실해 보인다. 10억 달러 이하의 자산을 갖고 지역community의 상공인들과 밀착한 영업형태를 보이는 소규모 은행을 커뮤니티 은행이라 보면 대체로 맞을 것이다. 글자 그대로 소규모 지역(이민 사회)의 경제적 지원이 설립 목적이기 때문에 자금의 운용이나 조달에서 일정한 규제를 받는다. 따라서 예금이 조달의 원천(거의 전부)이고 상업용 부동산을 담보로 한 소규모 기업대출의 비중이 50퍼센트를 넘을 정도로 지역 상공인들에 대한 대출이 주를 이룬다. 이렇듯 태생적 한계로 인해 모기지 같은 부동산 개인대출이나 기업여신의 비중이 현저히 낮을 수밖에 없고 자본이 취약해 중대형 은행으로 성장하기가 사실상 어렵다.

이에 반해 리저널 은행은 적게는 몇 십억 달러에서 많게는 수백억 달러에 달할 정도로 자산규모가 크고 영업형태 또한 개인 및 기업 대출을 포함한 일반적 상업은행 업무를 모두 취급하는 중대형 은행이다. 역사도 오래되고 규모도 크지만 '국가 전체에 대한 자금 공여자로서의 은행'이라는 관점에서 볼 때 전국 단위의 내셔널 뱅크와 구별된다. 미국은 주 단위의 은행시스템을 갖고 있었기 때문에 오랜 세월 특정 주에 근거지를 둔 대표 은행들이 성장할 수 있었는데, 이러한 은행을 리저널 은행이라 보면 정확할 것이다. 최근에는 여러 주에 걸쳐 은행업을 영위하는 리저널 은행들도 있다고 하지만, 뉴욕에 본점을 두고 있는 이른바 글로 벌 은행들에 비하면 그 역할이나 국제화 정도는 취약한 수준이다. 또한 자산 순위 25위라는 기준이 리저널과 내셔널 은행의 구분에 사용되기도 한다. 아무튼 은행을 어떻게 나누든지 간에 우리가 편의상 부르는 한인 은행은, 비록 자산 규모가 10억 달러가 넘는 몇 개의 중형 한인은행조차 그 영업의 속성상 커뮤니티 은행인 것만은 분명하다. 더구나 전체 은행 숫자의 90퍼센트 이상이 커뮤니티 은행이면서도 자산총액은 전체 은행 자산의 10퍼센트대에 머물고 있는 상황을 보면 커뮤니티 은행이 얼마나 영세한지 가늠할 수 있을 것이다. 굳이 말하자면 우리의 저축은행이 미 국의 커뮤니티 은행과 비슷하다 보면 틀림없다.

미국의 한인들은 뉴욕과 남가주(미주 최대의 한인 밀집지역인 LA카운 티, 어바인 및 플러튼 등 신흥 한인 주거지역으로 부상하고 있는 오렌지카운티를 포함하는 캘리포니아 남부지역)에 주로 모여 산다. 그중 남가주에만 30퍼센 트 이상의 한인이 밀집해 있으니 언필칭 최대 한인 거주지역이 남가주인 셈이다. 따라서 이곳에 근거지를 두고 있는 한인은행이야말로 한인은행 의 본령이라고 해도 과언이 아니다. 규모나 역사에서 그렇고, 숫자에서 도 타의 추종을 불허한다. 한인은행(한국인이 주요 주주면서 경영권을 행사 하고 있는 은행을 지칭하는 비공식적 용어)은 총 12개(2011년 7월 현재)에 이 른다. 한미, 윌셔, 나라, 중앙 등 나스닥 상장 4개 은행을 비롯해 새한, 태 평양, 커먼웰스, 오픈, 유니티, 메트로 등 중소형 6개 은행과 우리·신한 등 2개의 국내 은행 현지법인(뉴욕에 본점을 두고 있다) 등이 있다. 대부분의 한인은행들은 주로 LA에 본점을 두고 한인이 많이 사는 지역(어바인, 플러튼, 토랜스 등)에 지점을 운영하는데, 지점 수(적게는 한 곳에서 많게는 10여 곳 수준)뿐만 아니라 자산규모도 1억 달러에서 30억 달러 정도로 매우 작다. 한때 한인은행 총자산이 200억 달러에 달했다고들 하지만 최근 한 통계에 따르면 157억 달러로 줄었다고 한다. 지난 몇 년 사이 2개의 한인은행이 문을 닫았으며, 살아남은 은행들조차 생존을 위한 구조조정의 일환으로 부실 자산을 대거 정리한 때문으로 풀이된다.

이런저런 뒷얘기

한인은행에 대해 얘기할라치면 어김없이 등장하는 화제가 있는데, 그중 단연 압권은 이사들에 대한 뒷담화다. 아무리 작은 은행이라도 이사 숫자는 다섯이 기본이니 남가주에만 줄잡아도 70여 명의 이사가 활약하고 있는 셈인데, 지금이야 다소 시들해졌다지만 오랜 세월 한인사회 최고의 직함이 은행 이사였다고 하니 그 개개인에 대한 이런저런 뒷얘기가 오죽 많았겠는가. 게다가 이제껏 불패 신화를 자랑하던 은행이었으니 경제적 과실은 물론이고 사회적 명성 또한 꽤 그럴싸해 보였을 테고, 부러움 반 시기심 반으로 은행 이사들에 대한 얘기가 늘 안주거리로 등장하는 것이야 어찌 보면 당연한 일이었으리라.

두 번째로 회자되는 얘기는 한인들의 지칠 줄 모르는 '은행 사랑'이다. 어디를 가든 '은행에 대한 투자는 이제 재미가 없게 됐다'고들 하는데, 막상 오늘내일 문 닫을지도 모른다는 소식이 들려오는 부실 은행이 떡 하니 증자에 성공하는 걸 보면 한인들의 끝없는 은행 사랑에 혀를 내

두르게 된다. 아직도 은행이 최고라는 인식이 남아서 그런 것인지, 아니면 들어간 돈이 아까워 기존 주주들이 물타기에 나서기 때문에 생긴 일인지는 불분명하지만 증자의 깃발을 든 은행치고 일부라도 자본을 확충하지 못한 곳은 이제껏 없었다. 정말로 연구 대상이라 할 만하다.

작년 이맘때쯤이었을 게다. 거의 숨넘어가기 직전에 기사회생에 성공한 어느 한인은행으로 한동안 얘기꽃을 피웠던 기억이 있다. 적정자본비율을 맞추려면 수천만 달러의 자금이 필요한 은행이었으니 당시에 증자를 성공하리라고 생각한 사람은 그리 많지 않았다. 한국의 모 금융회사가 투자하기로 했다는 소식이 들리는가 싶더니 이내 사실상 물 건너갔다는 말도 돌던 그야말로 절체절명의 순간이었다. 그런데 어느 날 갑자기 순전히 한인들의 힘으로만 자본확충을 끝마쳤다는 소식이 들려왔다. 또 다른 한인은행의 인수를 진두지휘하고 있던 때여서 그 누구보다 시장상황을 예의주시하고 있던 터라 당시의 충격은 대단했다. 그 무모함을 내 상식으로는 도저히 이해할 수 없었기 때문이다. 그러나 어찌하겠는가. 투자는 '결단'이고 미래는 귀신도 알 수 없는 영역 아닌가. 더구나 1년이 한참 지난 지금까지도 별 문제가 없는 걸 보니 그 누군가의 배팅이 성공한 것일 수도 있겠다 싶다. 그리 인정하기로 해야 속이라도 편할 것 같다.

아무튼 은행의 증자 성공 뉴스보다 그 '누군가'가 누군지에 대한 애기로 당시 타운이 시끄러웠다. 모처럼 대어급 안주거리가 생겼으니 여러 사람들이 물 만난 듯 보였다. 처음에는 그 누군가의 재산규모가 화제였다. 수천만 달러에서 수억 달러까지 다양했다. 남의 재산이 얼마인지가 왜 그리 궁금한지는 모를 일이지만, 추정의 논리를 듣는 일은 흥미로웠다. 얼추 재산 얘기가 식상하자 이내 그 누군가의 '투자의중'으로 옮겨갔다. 자기 사업에 이용하려는 속셈이라는 설부터 또 다른 누군가가 뒤에 있을 것이라는 음모론까지 그 수를 세기도 어려운 다양한 설들이 오고 갔다. 참으로 남 얘기 좋아하는 동네다. '남'이 '돈'과 합쳐지면 얘기가 하늘을 나는 사회다. 그 '돈'이 '은행'이면 날 새는 줄도 모르게 만드는 곳, 그곳이 바로 한인 커뮤니티다. 그래서일까, 우리 한인은행은 모두가 커뮤니티 은행이다.

14 주식 투자, 한 방 블루스

딸아이 생일이 다가오고 있었다. 만으로 열다섯이니 이제부터라도 세상 사는 방식을 하나둘 가르치리라 마음먹었다. 경제가 먼저다 싶었다. 명색이 경제전문가연하고 살았지만 말뿐이지 내 삶의 '경제성적표'는 평균 이하인 마당에 딱히 비법이라고 전수할 것도 마땅치 않지만, 제 손으로 노동해 번 돈 잃지 않고 사는 법 정도는 알려줘야 하지 않겠는가. 마침 대학 시절 '투자론' 시간에 배운 교수님의 한마디가 생각났다. "금융선진국인 미국의 중산층 가정에서는 아이들 생일에 주식을 선물해서 어릴 적부터 경제 메커니즘을 익히게 한다"는 말씀이었다. 무늬만 경영학도지 전공과는 담 쌓고 살았던 터라 왜 이 시점에 30여 년 전 교수님의 말씀이 그리 선명하게 뇌리에 떠올랐는지는 알 길이 없지만, 자본주의 경제에 대한 학습을 위해서는 주식시장만한 것이 없다는 점만은 분명해 보였다.

더구나 딸아이의 장래 꿈이 국제통상변호사라고 하니 이번 생일에는 뭔가 색다른 선물 — 경제를 공부할 계기 — 을 만들어주고 싶었다. 아내 몰래 모아두었던 비상금 2,000달러를 깼다. "일주일 동안 이 책을 다 읽고 증권회사를 골라 계좌를 트고 돈을 입금해라. 어떤 주식을 살지는 그때 가서 같이 얘기하자." 주식투자를 위한 청소년 권장도서 한 권을 구입해서는 2,000달러 체크와 함께 아이에게 건네면서 한 말이었다. 아이는 어쩔 줄을 몰랐다. 새로운 세계에 대한 기대감에 달떠 보였지만 막연함에 불안한 모습도 엿보였다. 그냥 지켜보기로 했다.

야심 찬 계획 아래 통 크게 내린 결단이었건만 일주일이 지나도록 감감무소식이었다. 처음부터 무리라 생각하면서도 혹시나 했었다. 책은 얼추 다 읽은 듯 보였다. "이제 주식종목만 고르면 되는 거니?" 짐짓 모른 체 하며 물었다. "무슨 뜻인지는 알겠는데……. 솔직히 잘 모르겠어." 사실 세상물정 알 만큼 아는 어른 중에도 주식이 뭔지조차 모르는 경우가 많을 텐데, 돈 주면 그저 쓸 줄만 알고 '돈은 어디서 때 되면 떨어지는 것'쯤으로 이해하고 있는 아이에게 주식이란 좀 과한 숙제였을 것이다. 그리 생각하면서도 어찌됐든 약간 실망이었다. 하는 수 없이 다음 스텝은 나의 몫이라 마음을 먹고 증권회사부터 고르는 수밖에.

미국의 증권수수료brokerage commission 체계는 우리와 다르다. 대형 종합증권사에 비해 온라인 증권사의 수수료가 싼 것은 우리와 비슷하지만, 우리가 '정률제定率制'를 주로 택하고 있는 데 반해 미국은 '정액제'가 대세다. 증권사마다 각기 다른 요율체계를 갖고 있어 한마디로 설명할 수는 없지만 한국의 수수료는 대체로 0.015~0.3퍼센트 범위에서 움직인다. 특히 인터넷 증권사의 수수료가 싼 편인데, 사고 팔 때마다 각각 거래금액의 0.015퍼센트만 수수료로 받는 증권사도 있다. 치열한 고객 유치전 때문이리라. 한참 주식투자에 빠졌던 1990년대 중후반을 떠올려보면 격세지감을 느낄 정도다. 과문한 소견으로는 이래도 증권사가 먹고사나 싶다. 아무튼 우리의 체계는 소액투자자와 거래를 자주 하는 사람들에게 상대적으로 유리하다. 미국과 비교하면 그런 생각이 더 강하게 든다. 종합증권사full service broker는 사고 팔 때마다 대개 20달러 이상을 수수료로 부과한다. 물론 인터넷 증권사들은 이보다 저렴(3~10달러)하고 기간을 정하거나 거래 횟수를 정해서 아예 수수료를 면제하는 곳도 있으니 고객유치를 위해 출혈 경쟁도 불사하는 점에서는 이곳도 우리와 별반 다름이 없다고 할 것이다.

실제 투자를 가정해보면 두 나라 간 차이를 쉽게 간파할 수 있다. 가장 낮은 수수료(0.015퍼센트, 3달러)를 가정해 비교해보자. 한 번 거래할 때의 금액이 2,000만 원일 때 두 나라의 수수료가 같다(2000만 원×0.015퍼센트=3,000원=3달러). 즉, 다른 조건이 같다는 전제 아래 1회 거래대금이 2,000만원을 초과하면 미국이 유리하고 그 이하면 한국이 유리하다는 결론에 도달한다. 소액을 자주 거래하는 '개미투자자'라면 한국이 미국보다 유리하다는 사실을 금세 알아챌 수 있을 것이다.

나는 이트레이드ETRADE 증권으로 결정했다. 별 이유는 없었다. 어차피 소액이라 수수료며 서비스 등을 따질 게재가 아니지 않겠는가. 인터넷 증권사로서 어느 정도 지명도를 갖고 있는데 사이트를 한 번 쭉 훑어보니 편리한 시스템이 마음에 들었다. 1회 거래에 9.99달러 하는 수수료가 다소 거슬렸지만 '거래를 자주 할 것도 아닌데' 하며 애써 무시해버렸다. 그런데 몰랐던 문제 하나가 불쑥 튀어 올랐다. 당황스러웠다. 주식 계좌를 딸아이 이름으로 개설할 수 없단다. 미성년자라 그렇다고 했다. 차선책으로 나와 딸아이 공동명의로 신청하고 나니 선물이 반감되는 모양새다. 딸아이 모습이 시큰둥해 보인다. 나 혼자 생각인가? 다음은 일사천리, 송금을 마치자 미국에서 '증권계좌 트기' 작업이 드디어 끝났다.

금융주는 1순위다. 내 본업이기도 하거니와 생판 모르는 다른 산업에 투자하는 것보다 그래도 좀 낫지 않을까 싶어서다. 게다가 금융위기의 파고를 넘기면서 그 어떤 주식보다 많이 떨어지지 않았는가. 그만큼 떨어졌으니 더 이상 추락이야 하겠는가 하는, 참으로 아마추어적인 판단이 내 마음 한편에 똬리를 틀고 있었다. 막연한 기대, 그랬다. 나의 견해에 토 달기 싫어서였을까, 이곳에서 주식형 펀드를 운용하는 친구가 골드만삭스를 권했다. 향후 경제회복이 가시화되면 원자재 가격이 재반등할 거라며 원자재 중심의 인덱스펀드를 함께 사라고 조언했다. 그리했다. 150달러가량 하는 골드만삭스 주식 9주, 23달러에 인덱스펀드 25주, 나의 첫 작품 내역이다. 왜 이 주식을 샀는지에 대한 설명과 '파는 것은 네 몫이니 가끔 들여다보고 적당한 시점에 팔라'는 하나마나한 강의가 끝나자 비로소 딸아이 얼굴에 핏기가 돌았다. 마치 큰 짐이라도 던 듯 "이제 다 끝난 거지?" 하며 제 방으로 총총 사라졌다. 아무래도 나의 사랑이 과했나 보다.

2011년 9월이다. 몇 달 만인지 모르겠다. 주식을 사고 마지막으로 딸아이와 얘기를 주고받은 것이 올 초니 말이다. "우리 주식은 어떻게 됐니?" 하고 물었다. 생판 처음 듣는 소리마냥 "글쎄"라고 답한다. 내 머릿속에서나 딸아이 관심에서나 이제 주식이 들어설 자리가 없나보다. 대략 13퍼센트가량 떨어져 있었다. 그사이 다우지수는 5퍼센트밖에 빠지지 않았는데, 기본 점수도 얻지 못한 것이다. 딸아이나 나나 서로 비난을 자제하며 물끄러미 컴퓨터 화면만 쳐다보고 있다. 종목 교체를 단행해야 하는지, 한다면 어떤 종목을 고를지 난감하다. 더 늦기 전에 '사실 아빠는 주식투자에 그리 밝지 않다'는 말을 솔직히 고백해야 하나.

소득 있는 곳에 세금 있다

올 2월경이다. 증권사에서 편지 한 통이 날아들었다. 연말 소득신고에 쓰라며 몇 달러인지도 기억나지 않는 '금융소득 확인서' 같은 것이 동봉되어 있었다. 현금 배당과 이자 수입이 생겼나. 그때는 '뭐 이런 코딱지만한 금액을 신고해' 하고 서랍 속에 쑤셔 넣었다. 나중에 안 사실이지만 미국에서는 주식을 팔 때 생기는 양도차익을 연말정산 시 근로소득 등과 함께 신고해야 한단다. 한국과 달리 주식을 팔아 남았으면 번만큼, 손해를 봤으면 손실 난 만큼 신고해야 한다는 것이다. 주식을 사고 한때나마 10퍼센트 이상 오른 적도 있었으니, 만약 그때 팔았다면 올 세금 신고 시에 '소득항목'에 기재하고 양도차익(비록 쥐꼬리만한 금액일지라도)에 대해 세금을 내야 했던 것이다. 1년 이상 장기 보유한 주식을 팔았을 때는 세율을 달리 적용한다는 설명도 들었다. 오랫동안 잊고 살았던 질문, '왜 우리는 주식(상장주식)에 대해 양도소득세를 부과하지 않을까'가 새삼 궁금해졌다.

우리나라에도 세금이 있긴 하다. 거래세가 그것이다. 농어촌특별세 (0.15퍼센트)를 포함해 거래대금의 0.3퍼센트를 살 때나 팔 때 항상 내야 한다. '이런 형태와 유사하게 부과되는 세금이 또 있는지, 거래세를 부과하는 논리적 근거는 무엇인지'는 잘 알지 못하지만 최소한 거래세가 소득세가 아닌 점만은 분명하다. 주식에 투자해 손해 본 사람의 입장에서는 돈 잃은 판국에 '삥'까지 뜯기는 것 같아 불쾌할 일이지만, 이득을 본 사람은 '이보다 더 좋을 수 없는 투자 천국'을 경험할 것이다. 한쪽만이라도 득을 봤으니 '좋은 게 좋은 것이다' 싶다가도 틈만 나면 공평 과세를 부르짖는 당국의 '추상'을 목도할 때면 왜 주식한테는 그리 관대한지 궁금해진다. 한편으론 주식투자해서 매번 손해만 봤던 나의 지난 상처 탓에 그동안 숨겨져 있던 심통이라는 놈이 심술을 부리는지도 모르겠다.

정부 입장에서야 그나마 이제껏 잘 걷힌 세금(거래세)이 줄어들면 어쩌나 걱정일 테고, 세금 유인이 사라질 경우 외국인이 이탈해 우리 주식시장이 혼란에 빠지지 않을까 하는 것도 염려되는 대목일 것이다. 양도소득세를 선뜻 도입하지 못하는 정부의 고민이 이해되는 이유다. 처음에는 주식투자의 저변을 넓히고자 인센티브의 일환으로 도입됐을 터, 우리 주식시장이 이미 커질 대로 커져버린 지금 시점에 와서 잘못 낀 '첫 단추'를 다시 꿴다는 것이 그리 간단치 않을 것이라고도 생각한다. 그러나 세수가 걱정이고 주식시장의 동요가 우려된다고 해서 마냥 이대로 갈 수만은 없는 노릇 아닌가. 세계 10위권에 이를 정도로 이미 외형에서는 세계 선진 주식시장과 어깨를 나란히 하고 있는 우리 주식시장의 질적 도약을 위해서는 꼭 한 번 짚고 넘어가야 할 과제라 생각한다.

혹여 우리 주식시장을 '돈 놓고 돈 먹는' 도박판 정도로 여기는 국제적인 투기세력이 있다면 차제에 '선진국'의 본때를 보여줄 필요도 있다. 세금을 내느니 차라리 다른 시장으로 가겠다는 국제 자본이 있다면 그리 하라 할 배짱도 부려봤으면 한다. 과문하지만 양도세가 무서워서 탈출할 만큼 우리 주식시장이 그리 허약하지 않다고 믿는다. 더구나 세수부족문제는 그리 걱정할 필요가 없어 보인다. 일본도 우리와 같이 거래세만 부과하다 양도세로 전환을 시도했는데 당초 우려와 달리 일시적으로 세수가 줄다가 1~2년 만에 오히려 세수가 늘었다고 하지 않은가. 물론 충분한 홍보와 빈틈없는 준비가 어우러졌기에 가능한 일이었을 것이다. 일본이 했는데, 세금 걷는 데만큼은 둘째가라면 서러워할 우리 정부가 이 정도의 일을 못해내겠는가. 더구나 투자의 과실에 대해 정당한 세금을 매기는 것이야말로 언필칭 '선진국'이 지향해야 할 '개념 있는 정책'일 터, 말뿐이 아닌 진정한 OECD 회원국으로서의 '자존'이 지켜지기를 간절히 소망한다.

경찰, 벌금 폭탄 그리고 경제

단언컨대 미국은 경찰 공화국이다. 밤마다 하늘을 수놓는 경찰 헬기의 서치라이트가 이를 웅변한다. 범인을 추격하는 경찰차 사이렌 소리를 듣지 않고는 잠을 이룰 수 없는 불면의 밤이 증명한다. 폴리스 라인을 지키지 않는 시위대에 날아드는 곤봉 세례가 그렇고, 교통단속이 억울하다고 운전석을 박차고 나왔다간 여지없이 겨누어지는 권총이 또한 그렇다. 무소불위의 권력을 휘두른다고 해서 붙여진 한국의 '검찰 공화국'도 그 직접적인 무력만큼은 미국의 경찰을 능가하지 못할 것이다. 물론 사회 전반에 내밀하게 작동하는 권력의 크기와 세기는 한국의 검찰이 셀지 모르겠으나, 적어도 교통과 치안 영역에서는 미국의 경찰이 더 막강한 파워를 갖고 있다는 말이다. 이와 같은 필자의 '경찰 공화국'이란 명명은 단순히 엄격함을 넘어선 경찰의 폭력성(지극히 주관적이지만) 때문만은 아니다. 엄청난 규모의 경찰 숫자가 뒷받침되기 때문에 언필칭 '경찰 공화국'이라 칭한 것이다. 한국에서는 경찰차 보는 일이 가뭄에 콩 날 정도라면 미국에서는 콩밥의 콩만큼 흔하고, 적어도 내가 사는 동네에서는 택시보다 경찰차가 많아 보인다. 지나갔거니 하고 무언가 나쁜(?) 일을 저지르려다간 필시 또 다른 경찰차와 맞닥뜨리게 되는, 하여튼 미국 경찰은 무섭기도 하거니와 그 수가 너무 많다.

콘크리트 바닥에 머리를 조아리고 수갑이 채워졌던 2009년 여름밤의 치욕으로 인해 이런 나의 생각은 확신의 영역으로 진입해버렸다. 전말은 이렇다. 술을 마시고 운전대를 잡은 게 화근이었다. 소주 세 잔이라는 애매한 상황이 음주운전의 유혹에 빠지게 했나 보다. 죄 지은 놈은 늘 불안한 법이라 했던가? 나름 사주경계도 철저히 하면서 초보 운전자처럼 운전대에 두 손을 얹고서 제법 모범적으로 운전 자체에만 온 신경을 곤두세우고 있었다. 바로 전까지만 해도 경찰차 그림자도 보지 못했건만 어느새 경찰차가 내 차 바로 뒤에 따라붙었다. 경광등의 반짝거림에 '올 것이 왔구나' 직감하면서 우측 점멸등과 함께 속도를 줄이며 차도 맨 우측으로 진로를 바꿨다. 근데 이상했다. 한국의 경찰 매뉴얼에 따르면 '0000번 차량, 속도를 줄이고 도로 우측으로 붙이세요' 같은 멘트가 나와야 할 타이밍인데 별 소리가 없다. 서야 할지 그냥 가야 할지 판단이 서지 않았다. 그때 '내 차가 아닐 수도 있겠다' 싶은 생각이 불현듯 스쳤다. '그래, 내가 너무 쫀 거야. 아마도 내 앞 차를 쫓나보지 뭐.' 이런 생각을 하며 그 길로 30킬로를 더 달렸다. 이윽고 고속도로를 벗어난 순간, 아! 미국 경찰 드라마에서 단골처럼 나오는 장면이 내 눈앞에 펼쳐져 있는 것이 아닌가! 4차선 도로를 막고 경찰차 6대(8대인가)가 바리케이드를 치고 있었다. 대낮처럼 밝힌 경찰 헬기의 서치라이트 아래 권총을 빼어든 수 명의 경찰이 서서 쏴 자세를 취하고 있음은 물론이다. 그렇게 기다리던 경찰 확성기 소리가 그제야 울려 퍼졌다. "창문을 열고 왼손을 창문 밖으로 내밀어라. 운전석에서 나와 손을 머리 위에 얹고 서라. 절대 뒤를 돌아보지 마라. 이마를 땅에 대고 손을 뒤로 하라." 이윽고 찰칵! 내 손에 아메리카 수갑이 채워졌다. 마침내 고개를 돌리라는 명령이 떨어졌고 "왜 도망갔느냐"고 물었다. '그게 아니고……. 이래저래…….' 위급할 때만 빛나는 영어 실력과 정장 패션 그리고 사장 명함이 삼위일체가 되고 나서야 나의 수갑은 풀렸다. 이어진 음주 측정 결과 무죄가 선고되고 그들은 하나둘 사라졌다. 마지막 남은 경찰관이 '운 좋은 줄 알라'는 투로 딱지 한 장 끊는 것으로 대단원의 막을 내렸다. 대략 150달러 정도의 벌금(범칙금)이 나올 것이라 했다.

웬만한 LA 한인 치고 나의 얘기를 모르는 사람이 이제는 드물다. 엄청 떠들어댄 탓이 크지만, 나에게 부과된 말도 안 되는 범칙금 액수 때문이었다. 150달러가 많아서가 아니라 너무 적어서다. 헬기가 뜨면 최소 1,000달러짜리 티켓은 각오해야 하는데 150달러라니, 뭐 이런 심산으로 말이 말처럼 달렸던 듯싶다. 그들의 눈에는 죄 없는(?) 사람에게 가해진 폭력 — 수갑과 권총 그리고 헬기 — 따윈 관심 밖의 영역일 뿐이다. 이유를 불문하고 정지신호(한국과 달리 평상시에는 경광등을 켜지 않다가 위반을 적발한 경우에만 위반 차량 뒤에서 경광등을 켠다고 한다. 당연히 경광등 신호를 보면 해당 차량은 무조건 갓길에 정차해야 한다)를 무시한 나의 과오 탓이니 그 이후의 경찰 대응은 너무도 당연하다는 입장이다. 그래도 과잉 아니냐고 하면 그들은 헛소리bull-shit란다. 총기 소유가 허용되어 있는 탓에 온갖 위험으로부터 스스로를 보호하기 위해 경찰의 대응수위를 폭넓게 인정한 것 같기도 하고, 이민 사회 특유의 원심력을 강제하기 위한 불가피한 선택이 아닌가도 싶고, 민주적 권리를 보다 폭넓게 향유하는 서방 민주 국가들에서 일반적으로 보이는 시민적 의무 준수를 위한 보다 강력한 형태일 뿐 별반 새로운 강압체제가 아닐 수도 있겠고. 아무튼 이곳의 경찰은 무섭기도 하거니와 잘못에 대한 징벌의 크기는 가히 천문학적이다.

미국에서 4년 살면서 세 번의 교통위반 티켓과 두 번의 주차위반 딱지를 받았다. 처음 한두 번이야 바뀐 시스템에 적응하지 못해 생긴 해프닝 같은 것이었다지만 나머지는 오로지 나의 잘못이다. 굳이 변명하자면 한국의 교통 정글에서 배운 나쁜 운전습관 탓이라면 탓일 게다. 웬만한 골목길에서는 경찰과 마주칠 가능성도 희박하고 소소한 잘못 정도는 다반사로 용인되는 '관용의 미덕'에 이미 익숙해져 있었기 때문에 행인 하나 없는 한적한 골목길에서조차 서행과 멈춤을 기계적으로 반복하는 '자기 규율의 나라'에서 티켓 없이 버틴다는 것은 애당초 불가능한 일이었나 싶기도 하다. 아무튼 위반은 참으로 허무하게 일어나지만 그 결과는 참혹하다.

이런 식이다. 우리 기준으로 대략 5만 원(50달러? 그사이 얼마나 올랐는지 모르겠지만) 정도 하는 티켓(범칙금)이 이곳에서는 200달러에서 400달러 수준이다. 입이 딱 벌어질 정도의 범칙금 폭탄인 셈이다. 폭탄의 위용은 곳곳에서 확인할 수 있다. 2인 이상 차량만 다닐 수 있는 고속도로

전용차선을 위반하면 341달러다. 일반 차선을 달리다 전용차선에 진입
했다면 중앙선 위반이 추가된다. 뭔가 위기를 느끼고 중간에 전용차선을
빠져나왔다면 또다시 중앙선 침범에 해당한다. 전용차선 한 번 위반했다
하면 대개 1,000달러 이상의 범칙금이 나온다고 하니 할 말 다한 것 아니
겠는가? 옆집에 사는 대만 아저씨 가족은 얼마 전 가족 나들이를 갔다 오
다 뒷좌석에 타고 있던 열 살짜리 딸아이가 안전벨트를 잘못 맸다(아프다
고 하기에 한 쪽 팔을 뺐다나 뭐라나)는 죄(?)로 400달러의 티켓을 받았다고
한다. 20년 전 이민 온 동창은 지난달 말 음주운전에 걸려 이런저런 비용
을 합쳐 5,000달러가 들었다고 한다.

　　징벌적 수준의 범칙금을 부과하는 미국이 그러지 않은 우리에 비
해 얼마나 긍정적인 결과를 만들어내는지는 잘 모르겠다. 교통질서를 더
잘 지키는지, 그 결과 교통 흐름이 개선됐는지 또는 인명 피해 규모가 얼
마나 더 줄었는지 비교자료가 없으니 그 우위를 논하는 것은 불가능하
다. 전용차선을 위반하는 차량을 거의 본 적이 없고 우리 집 앞 골목길 교
차로를 일단 멈추지 않고 달리는 자동차를 아직까지 보지 못했으며, 앞
자리건 뒷자리건 안전벨트 매는 일이 이제 우리 가족의 습관이 돼버렸지
만 나의 직관적 판단은 딱 여기까지다. 경찰의 폭압적 자세가 바람직한
지 아닌지에 대해 아무런 관심이 없을뿐더러 징벌적 벌금의 사회적 순기
능 여부에 대해서도 흥미가 없다. 솔직히 말하면 너무 다른 환경과 역사
적 배경 위에 정착된 제도를 우리의 그것과 비교하고 평가하기에 나의
역량이 턱없이 부족하고 자칫 무지만 드러낼 것 같기에 애써 관심을 끊
으려 하는 것이다. 더구나 이 글의 문제의식과도 한참 떨어진 주제이기

도 하다.

　　나의 관심은 오로지 그 '폭탄'이 만들어내는 일자리와 경제를 향할 뿐이다. 우리의 몇 배는 족히 됨직한 저 방대한 규모의 경찰 숫자가 관심이고, 세금이 아닌 범칙금으로 경찰 일자리를 만들 수도 있지 않을까 하는 기대가 그것이다. 경찰의 월급을 주기 위해 벌금 폭탄을 만든 것은 아니겠지만, 저 많은 경찰을 먹여 살리려면 세금만으로는 되지 않을 터, 범칙금도 그에 상응해서 올릴 수밖에 없었을 것이라 생각해본다. 아니 그 반대로, 교통질서를 잡기 위해 벌금 폭탄을 도입한 결과 그 수입으로 더 많은 경찰 인력의 운용이 가능했다고 보더라도 결과는 달라지지 않는다. 경찰 일자리가 늘어난 건 사실이니 말이다. 발에 차인다는 수많은 변호사들도 '폭탄' 정도는 돼야 소송이고 뭐고 할 것이기에 최소한 그들의 밥벌이를 위해서라도 벌금은 높아야 할 것이다. 이로 인해 법률 영역의 일자리(변호사들이 고용하는 사무원들을 생각해보라)도 조금은 늘지 않았을까? 조금 다른 영역이지만, 징벌적 벌금의 연장선상에 있는 보석금bail money 폭탄 역시 일자리를 만들어낸다. 보석금을 빌려주는 금융회사가 그것이다. 보석금 대부회사 찾는 일이 은행 지점 찾는 일보다 쉬울 정도로 지천에 널려 있다. 경찰, 법원, 변호사, 대부회사……. 벌금폭탄이 만들어낸(만들어냈을 수도 있는) 일자리가 흥미롭다. 일자리 창출이 최대 덕목이 되어가는 작금의 저성장 경제상황에서 우리도 진지하게 고민해봐야 할 대목이 아닌가 싶다.

이미 떠나버린 나의 대통령에게!

밥 한 그릇을 거의 다 비웠습니다. 미음 한 모금 뜨는 시늉조차 버거워하는 나의 슬픔은, 어느새 말라버린 나의 눈물은 채 하루도 버텨내지 못하고 님을 보내는 준비에 여념이 없습니다. 밤새워 마셔댔던 소주병을 치우는 일부터 시작합니다. 몇 달을 미루었던 세차도 해보고 잘 보지 않던 한국 드라마에 빠져봅니다. 그러다 문득 바라본 파란 하늘 속에서 또 다시 님의 얼굴을 그립니다. 금세 눈물 한 방울 주르르 흐르고 나는 반미치광이가 되어 분노와 저주의 대상을 찾아 또다시 인터넷 바다를 헤맵니다. 얼마나 아팠을까. 깨지고 부러지고 짓이겨지고……. 님은 천 길 낭떠러지로, 도무지 예의라곤 눈곱만큼도 없는 이놈의 세상을 그렇게 마지막 담배 한 모금도 없이 그렇게 훌훌 떠나셨는데, 하릴없는 저는 꽃 한 송이 바칠 수도 없어 그저 눈물만 흘립니다.

1995년 겨울, 모 단체 수련대회에서 님을 처음으로 뵈었지요. 고집 센 경상도 사투리로, 새로운 세상에 대한 열정 하나로 님은 저의 가슴을 벅차게 흔들어댔습니다. 강의가 끝나고 마주 앉은 갈비탕 한 그릇의 만찬 자리는 지금도 저의 자랑이자 아련한 추억입니다. 아마, 그때 님을 사모하게 되었나봅니다. 딱 한 번의 만남과 짝사랑! 2002년 초 무렵이던가요. 대통령이 되겠다고, 남과 북으로 전라도와 경상도로 갈기갈기 찢겨져 있는 우리의 미친 공화국의 머슴이 되어보겠노라고 출사표를 던지셨을 때 나의 짝사랑이 드디어 운명을 만나겠구나 하는 예감으로 한동안 설레었답니다.

이제야 고백합니다만, 감옥 갔다 온 사람들이 태반인 어느 술자리에서 만년 '운동권 열등생'이었던 제가 한바탕 꼬장(?)을 피운 적이 있었습니다. "언제는 세상은 꿈꾸는 사람들이 만드는 것이라고 가르치더니만, 세가 없다는 이유로 바보같이 이룰 수 없는 희망만을 얘기한다고 노무현을 포기하란 말입니까?" 아마 이런 얘기를 내뱉고는 자리를 박찼던 모양입니다. 그 후로 한참을 이 일로 인해 한심하기 짝이 없는 인사로 낙인찍히는 영광을 얻었으니, 님께서 나의 대통령이 되실 운명은 그때부터 준비되고 있었나봅니다.

어찌어찌 하고 그러저러한 끝에 저는 참여정부 초기 청와대에 합류하게 되었지요. 행사 중에 가끔씩 마주치는 대통령님을 뵐 때마다 "자넨 누군가" 하고 혹여 물으실까봐 빼곡히 적은 메모지를 꼬박 밤을 새워

외웠던 기억이 새롭습니다. 님에 대한 '짝사랑의 과거' 얘기였는데, 꺼내 보지도 못한 채 님을 보내버린 것이 한이 됩니다. 처음 뵙던 날 님에게서 느꼈던 나의 두근거림과 설렘에 대해, 사람 사는 세상에 대한 열정과 희망에 대해 밤 새워 떠들고 노래 한 번 해보지 못한 것이 서러울 뿐입니다. 이런 날이, 이처럼 기막히게 먹먹한 순간이 올 줄 알았다면 용기를 내볼 걸 그랬나 싶습니다. 사랑했었노라고, 님의 사람이 된 것이 자랑스러웠노라고 말이죠.

야속한 대통령님! 몹쓸 세상 그저 훌훌 털어버리니 편안하신가요? 하기야 전쟁보다 더 질기고 참담했던 시대의 '광기'와 한없는 '저주'의 바다를 벗어나셨으니 행복도 하시겠지요. '권위주의 청산'을 얘기하면 어김없이 '권위 없는 이단아'의 헛소리쯤으로 폄하되어 되돌아오고, '반칙 없는 사회'를 만들자 하면 '니들이 반칙을 알아' 하는 식으로 온갖 기상천외한 음모와 비난 그리고 짓이김이 우리를 고문하고 또 아프게 했던 저 빌어먹을 '야수의 시대', '배반의 세상'을 더 이상 보지 않으셔도 되니 말입니다. 기억하시는지요? '탄핵'이라는 정치적 '자학'이 국민적 '응징'으로 귀결될 즈음 많은 이들이 대통령님 곁을 떠났습니다. 누구는 마음에 병이 들어 그저 그만두고, 또 어떤 이는 정치의 '전선'으로 자원하기도 했었습니다. 심약하기로 둘째가라 하면 서러워할 저 역시 님과의 운명적 만남을 뒤로하고 '양지 바른' 곳을 찾아 떠났답니다. 그게 5년 전입니다.

베옷 곱게 차려 입으시고 님은 그렇게 수줍게 웃고 계셨다지요. 그러나 차디찬 여섯 자 좁은 관 속에서 대통령님은 또 그렇게 울고 계시겠지요. '너무 많은 사람들에게 신세를 지셨다' 하셨지만 우리들은 님의 고

난의 일자 주름살 덕에 한동안 넉넉했었습니다. '우리의 고통이 크다' 한
들 님만큼이야 했겠습니까. 살아도 산 것이 아니었을 그 캄캄한 '절망'과
'외로움'에 어찌 비하겠습니까. '슬퍼하지도' '미안해하지도' 말라시면 그
리 하겠습니다. 그러나 좀처럼 '원망'을 접거나 '운명'으로 받아들일 것 같
진 않습니다. 15년 전 님에게 꽂혔던 나의 짝사랑이 님이 가셨음을 아직
도 인정하지 말라 하기 때문입니다. 누가 뭐라 해도 그리 할 것입니다.
님이 온전히 우리의 가슴에 살아오실 때까지는 말입니다. 부디, 영면하
십시오. 제발, 편안하시길.

그저 편안히 잠드소서

공항 대합실 한편에서 아들 녀석이 울고 있습니다. 뭐가 그리 슬픈지 어깨를 들썩이며 꺽꺽 소리까지 내면서 말입니다. 한 달을 넘게 같이 살았던 사촌들이 한국으로 돌아가기 때문입니다. 정 떼기가 힘들어 그러는 거겠지 생각하니 짠합니다. 혼자 남겨지는 느낌이 얼마나 힘들고 서러웠겠습니까. 적절한 위로의 말 한마디 찾지 못해 막막하고 먹먹합니다. 그저 꼭 껴안아주었습니다. 어느새 나의 눈가에도 뜻 모를 눈물이 안개처럼 번집니다. 있지도 않은 티끌을 핑계 삼아 그저 하늘만 쳐다봅니다.

밤 10시가 넘은 시각입니다. 북적거렸던 집안이 휑하게 느껴집니다. 이별의 슬픔을 메우기 위해 애써 재회의 설렘을 상상해봅니다. 가슴 뻥 뚫린 허전함을 채우는 데는 가족의 온기만한 것이 없지요. 잠든 아이들 얼굴 한 번 쓰다듬고 대가족 치다꺼리에 주름살 하나 더 늘어난 아내의 처진 어깨도 감싸봅니다. 이럴 때일수록 정겨움과 편안함이 제자리를 찾아가도록 애써 힘을 내보는 수밖에요. 그런데 갑자기 천둥이 칩니다. 번쩍! 날벼락이 떨어집니다. 또 한 분이 떠나셨다는 소식을 전합니다. 새하얀 정적 속에 긴 한숨만 살 떨리게 살아납니다. 굵은 눈물 한 방울 떨어집니다. 그리 보고 싶던 울 엄니가 마치 드라마처럼 찾아오시던 날의 그 벅찬 눈물도 아니고 짧은 해후와 긴 이별의 순간에 무너져 내린 가슴 시린 눈물도 아닙니다. 그저 장대비처럼 주체할 수 없는 눈물이 쏟아집니다. 불과 몇 달 전 짝사랑을 잃고 망연자실 흘리던 분노와 설움의 그것과도 다른 것입니다. 이승에선 영영 다시 못 볼 나의 영웅, 나의 또 다른 대통령이 그리워 그저 흐르는 절절한 눈물입니다.

수업시간 종이 울린 지 한참이 지났건만 분노와 절망으로 눈물범벅이 된 까까머리 소년은 교실을 향하지 못하고 있습니다. "엄마가 전라도 깽깽이랑은 놀지 말래." 전학의 외로움을 잊게 해준, 첫 서울 친구의 갑작스런 배신이 그저 황당하고 분했습니다. 말은 칼이 되어 심장을 후볐지만 말을 한 사람도 듣는 사람도 의미와 진실을 알 길 없기는 마찬가지입니다. 철부지들의 비극적 결별은 '서울 놈들 이기는 길은 공부밖에 없다'는 비장한 결의로 막을 내립니다. 그날 이후 소년은 계속되는 환청에 한참을 시달려야 했습니다.

세월이 흘러 1980년 5월이 되었습니다. 고등학교 교정에 오르는 가파른 언덕길, 전봇대에 걸린 빛 고을 처녀의 주검을 목도합니다. "광주는 빨갱이들 천국이래. 김대중이 다 그런 거라는데……." 죽은 줄 알았던 '전라도 깽깽이'가 살아 있는 소년의 목을 다시 조릅니다. "아니야. 군인들이 죄 없는 사람들 다 죽이고 김대중 선생님에게 다 뒤집어씌우는 거란 말이야." 큰아버지와 이모들의 증언으로 무장해보지만 친구들 설득은 요원합니다. 소년은 또다시 절망합니다. 전라도에 태어난 것이 천형이라는, 술만 드시면 내뱉곤 하시던 아버지의 한숨과 탄식의 의미를 어렴풋이 깨닫습니다. 하지만 김대중을 '개대중'과 '빨갱이'라 부르는 저 참혹한 저주와 가학의 근원까지 이해하기까지는 한참이나 어렵니다. 다만 '김대중'이라는 이름 석 자만을 가슴 깊이 새길 뿐입니다. 님이 내게 오신 것입니다.

세월은, 그 무수한 해와 달의 역사는 소년을 청년으로 키웁니다. '식모와 공순이'의 슬픈 역사 속에서 그토록 풀리지 않던 '깽깽이'의 저주를 읽어내고 '5월의 광주'에서는 민주를 위해 쓰러져간 그 많은 사람과 사랑의 역사를 공부합니다. 통일을 얘기하면 빨갱이가 되는 세상, 민주를 노래하면 폭도로 매도되는 '미친 공화국'의 현실을 비로소 체득합니다. 소년의 분노는 청년의 돌이 되어 거리를 향합니다. 그러나 그뿐, 청년은 비겁하고 나약합니다. 방관과 나약함을 천성 탓으로 돌리는 데 익숙해질 무렵 소 심줄보다 더 질길 것 같던 군부독재의 세상이 막을 내립니다. 그 사이 나의 영웅들은 하나둘씩 자신의 길을 떠나기 시작합니다. 어떤 이는 혁명의 화신으로, 또 나와 같은 이는 세상 속으로, 너무도 절망했던 또 나의 몇몇 친구들은 죽음으로.

시간의 빠르기가 쏜 화살처럼 느껴지기 시작할 무렵 어느새 장년의 첫 자락에 접어든 나에게 평생 잊지 못할 운명적 만남이 다가옵니다. 2002년 여름입니다. 나의 영웅, 대통령님의 부름을 받은 것입니다. 지금도 그날의 설렘은 잊을 수가 없습니다. 님이 계시는 관저에 가야 할 일이라도 생길라치면 한걸음에 달려가서는 한참이나 문 밖을 서성거렸었지요. 혹여 대통령님의 그림자라도 볼 요량으로 말입니다. 이제는 그마저도 아린 추억입니다. 헤어짐의 징표일망정 님과 찍은 사진 한 장은 또 다른 나의 보물입니다. 청와대에서의 마지막 날이던가요. 수고했다며, 전 직원에게 초라한 상품권 몇 장이 전달되었을 때 많은 사람들이 울었지요. 아마도 대통령님의 마지막 가시는 길과 비슷하다 느꼈기 때문일 것입니다. 그렇게 님과의 짧은 만남은 끝이 났고 조만간 다시 뵈어야지 하는 공허한 메아리만 남긴 채 님을 잊고 산 지 어느덧 6년의 세월이 흘렀습니다.

저만치서 숨죽여 흐느끼는 나를 봅니다. 어린 시절 광주의 이름으로 나의 가슴을 박차고 들어오신 나의 영웅을 잃은 아픔에 통곡합니다. 세상사 속절없음이 서럽고 다시 뵐 수 없다는 상실의 고통으로 아파합니다. 이젠 광주도 민주도 통일도 세월의 무게만큼 무뎌져버린 중년의 고단함이 불쌍해 또 내가 나를 웁니다. 나의 영웅이시여, 용서하십시오. 부디 영면하십시오. 흐르는 눈물이야 어찌할 수 없지만 마음이라도 다잡아 보렵니다. 님 가신 길 고이 보내드릴 준비를 하려면 그리 해야겠지요. 나의 대통령님, 저 세상 가시거든 부디 행복하십시오. 증오도 저주도 미움도 없는 곳, 사랑만이 가득한 통일된 세상 오거든 한걸음으로 달려오시기를, 기뻐 춤추며 오시기를.

지은이 임유

서울대학교를 졸업하고, 1990년부터 10년간 한일리스금융에서 근무했다. 기업대출을 담당하고 자금과장 등을 거치면서 금융의 실무를 익혔다. 이 시기 전국리스노조협의회 의장을 역임하는 등 사무직 노조운동의 최일선에 서기도 했다. 이후 벤처기업을 창업하고 중소기업 대표를 역임하는 등 경영자의 길을 걷다 2002년에 들어와서 국민의 정부 청와대에 합류함으로써 정치와 인연을 맺기 시작했다. 이른바 노사정 모두를 경험한 것이다. 참여정부 초반까지 청와대 행정관으로 재직하다 친정이랄 수 있는 여신금융협회 상무로 복귀했다. 2008년에는 미국 남가주대학교 객원연구원 자격으로 도미를 감행, 이후 한국 금융회사 미국현지법인 대표와 미주헤럴드경제 대표를 거치는 등 약 4년간 미국을 경험하다 2012년 초 귀국했다.

미국이 굶는다
경제 에세이 in LA
ⓒ 임유, 2013

지은이◆임　유
펴낸이◆김종수
펴낸곳◆도서출판 한울
편집◆염정원

초판 1쇄 인쇄◆2013년 1월　2일
초판 1쇄 발행◆2013년 1월 15일

주소◆413-756 경기도 파주시 파주출판도시 광인사길 153
한울시소빌딩 도서출판 한울(문발동 507-14)

전화◆031-955-0655
팩스◆031-955-0656
홈페이지◆www.hanulbooks.co.kr
등록번호◆제406-2003-000051호

Printed in Korea.

ISBN 978-89-460-4664-1 03320

* 책값은 겉표지에 표시되어 있습니다.